# 攻撃と殺人の精神分析

片田珠美
KATADA Tamami

Transview
トランスビュー

攻撃と殺人の精神分析＊目次

## 第I部　性と幻想

### 第一章　性幻想による連続殺人　5

増加する連続殺人 5　残された「刻印」7　「正常」に潜む倒錯 9
大久保清の事例 10　象徴的な攻撃 12　二重生活 14
引き金となる事件 17　「原父」のイメージ 19　連続幼女誘拐殺人 22
本当に性的動機なのか 23　成人女性の「代替物」25　「解離性家族」の中で 26
ビデオ収集強迫の意味 27　障害と被害関係妄想 29　祖父再生の儀式 32
フェティシズムの構造 33　去勢の脅威 36　希薄な性欲と多形倒錯 39

### 第二章　拒絶された男の記録　41

国境を越える連続殺人 41　生母の拒絶 43　最初の性的攻撃 46
第二の拒絶 49　要求の二重構造 51　自分が何者なのかわからない 53
予言的事件 55　犯行様式の進展 59　模範囚の脱獄 61
〈娼婦〉を見る 64　一連の〈儀式〉66　失敗した〈狩り〉69
〈成熟した〉殺人犯 71　浮かび上がる連続殺人犯の影 75　逮捕 79
モンタージュ写真のまちがい 81　戻ってきた連続殺人犯 84　パニックに陥ったパリ 87

一致したDNA 89　動機なき殺人 90　「衝動」の解明 93
〈娼婦〉の意味 96　誰のものでもない〈母〉 100　乳房とフェラチオ 102

## 第三章　性と幻想 105

虐待と幻想 105　性行為の目撃 107　トラウマの〈心的〉現実性 110
三つの〈原幻想〉 112　幻想に駆り立てられた殺人 114　一線を越えさせるもの 116
幻想に組み込まれた欲望 119

# 第II部　親と子の深層

## 第一章　なぜ子供を殺すのか 123

希求される〈母〉 123　神話の中の子殺し 124　メディア・コンプレックス 127
子殺しにおける父と母の割合 132　動機の五つの分類 134　攻撃性の置き換え 139
子殺しの類型 141　母親による子殺しの特徴 148

## 第二章　母子心中 150

母親の自殺を伴う子殺し 150　強い母子一体感 153　役割の逆転 154

「死んだ方が幸せ」156　「母性」の重荷と拡大自殺 159　日本の母子心中の特徴 161
東京都二十三区内の親子心中 163　日本人の行動規範と社会的孤立 166

## 第三章　なぜ親を殺すのか 169

エレクトラとオレステス 169　ハムレットの衝動 171　母との性交 173
オレステス・コンプレックス 176　母殺しの実態 179　母殺しの三つの要因 188
家族力動と性的葛藤のケース 191　男の子にとっての母親と娼婦 197　復讐としての殺人 199
精神疾患と母への依存 201　「父」と「結婚」の問題 206　遷延したエディプス状況 210

# 第Ⅲ部　病と神

## 第一章　病と大量殺人 219

なぜ関心が低いのか 219　大量殺人と連続殺人の違い 221　大量殺人の定義 223
大量殺人の実態と犯人像 226　四つの動機 228　復讐としての大量殺人 230
家族大量殺人の構造 233　なぜ、かくも多くの人々を殺すのか 236　共通する他責的傾向 239
喪失の脅威 241　コピーキャット現象 242　心理的孤立 244
精神医学的視点から 246　被害妄想 249　「投射」の機制 252

自殺願望から大量殺人へ　253　自殺と他殺を分けるもの　255

## 第二章　神の名のもとに　261

宗教戦争とセクトの集団死事件　261　フロイトの宗教の定義　263　宗教幻想の実態　266
「父殺し」の仮説　268　トーテムとタブー　270　一神教の成立　272
神と悪魔　274　宗教と強迫神経症　276　宗教における攻撃と殺人　277

## むすび　内なる悪を見つめて　280

あとがき　290

**参考文献**　301

装幀　高麗隆彦

# 攻撃と殺人の精神分析

# 第Ⅰ部　性と幻想

# 第一章　性幻想による連続殺人

## 増加する連続殺人

映画「羊たちの沈黙」、「ハンニバル」、そしてその前日談となる「レッド・ドラゴン」の三部作は、日本でも封切られ注目を集めたが、この映画にも登場するような連続殺人犯が増加しているのは事実である。

たとえば、二〇〇三年十一月五日、シアトルのキング郡地裁で、五十四歳の塗装工ゲーリー・リッジウェー被告は、売春婦など女性ばかり四十八人を殺害したことを認めた。単独犯による四十八人の連続殺人はアメリカ犯罪史上最悪であり、被告が塗装工として三十二年間勤め、仕事の合間に聖書を読むなど、周囲から「まじめ人間」とみなされていたこともあって、世界中に大きな衝撃を与えた。

このような状況を踏まえて、プロファイリングの創始者で、元FBI行動科学課特別捜査官主任のロバート・K・レスラー（Robert K. Ressler）は、一九八四年九月、イギリスのオックスフォードで開かれた第十回国際法科学協会会議において次のような発表を行なった。

「過去十年間におけるアメリカ合衆国の殺人の新現象は、法執行官および精神衛生の専門家を困惑させている。その現象とは殺人が連続しているもので、一定期間以上にわたり、一人の人間が複数の殺人を犯すのだが、犯人の正体については事実上、何も痕跡が残っていない。この種の犯罪は昔から存在していたが、事件数と被害者数はかつてないほど増大している。

このような異常で動機のない連続殺人は、一九七〇年代なかばに初めてマスコミに注目された。いわゆる〈サムの息子〉、デビッド・バーコウィッツは、ニューヨークで、明白な動機もなく被害者に忍び寄り、四四口径ピストルで射殺していった。その時からこうした型の殺人がうなぎのぼりに上昇し、過去十年間でその割合は異常発生的に増えている。アメリカ司法省の発表では、まだ逮捕されずにアメリカを徘徊しているこうした型の殺人者の数は、三十五人から四十人と見積もられている。有名な連続殺人事件では、イリノイ州シカゴでジョン・ウエイン・ゲイシーが三十三人を殺害し、テキサスとフロリダではヘンリー・リー・ルーカスとオーティス・エルウッド・トゥールが百六十五人を殺している」。

これは、アメリカだけに限った現象ではなく、フランスの犯罪学者ロラン・モントは、一九九八年三月に逮捕されたギュイ・ジョルジュをはじめとする何十人もの連続殺人犯の名を挙げ、「皆、フランスの連続殺人犯である。この現象がアメリカの国境をとっくに越えてしまっており、わが国においても広がりつつあることは、疑う余地がない」と述べている。

このような連続殺人の犯行現場の多くに、自己愛的な性的殺人であることを示す特徴が認められることは注目に値する。殺害行為の性的側面は、殺害前・殺害後の性器挿入、あるいは体の開口部（口、膣、肛門など）への異物挿入といった、象徴的な性的攻撃という形で表われる。被害者と性交しないのに、裸にしているような場合もあるが、これは犯人が性的興奮を感じていたことを示す徴《しるし》である。この種の殺人を犯すのは、倒錯的な性的快楽を体験するためであり、しばしばサディズムあるいは屍姦をともなう。また、執念深さ、四肢切断、頭部切断、性器切除、眼球摘出、内臓摘出、死肉食なども、倒錯的な性欲動が根底に潜んでいることを示す重要な指標である。

一般的に、連続殺人犯は被害者と顔見知りではない、あるいはほとんど知らないことが多いので、被害者を物として扱うことが容易になる。その結果、犯人は被害者を完全に脱人格化してしまい、自らの犯罪幻想を充分に満足させることのみに熱中する。彼らが被害者に接近し、誘惑し、操ろうとする期間がないわけではないが、その場合も、被害者に対していかなる感情も抱かず、犠牲者が自らの幻想を満たす基準に合致しているかどうかを見分けることだけを欲しているのである。この点で彼らはきわめて自己愛的であり、被害者は、彼らの自己愛的な性的快楽の対象にされてしまう。

さらに、捜査の結果、利欲や怨恨のような一般的に理解可能な動機に衝き動かされて殺人が遂行されたのではないことが、明らかになってくる。彼らの動機は、自己愛的、性的で、さまざまな程度に倒錯的色彩を帯びているために、理解しがたい。それゆえ、動機は、通常の犯罪では、殺人犯と被害者を結びつける決定的な要因の一つとなるが、典型的な連続殺人では、被害者の近親者を対象とした捜査はほとんどむだに終わる。

**残された「刻印」**

また連続殺人犯は、遺体の身元確認を複雑、困難にするような暴力的行為をする。殺害前・殺害後に、顔をつぶしたり、手足や頭部を切断するなどして、被害者を切り刻むことがしばしば認められる。あるいは、顔に何かをかぶせたり、死体をうつぶせにするなど、より巧妙なやり方で、被害者の人格を剝奪してしまうこともある。

こうして行なわれる死体損壊、犯行現場の祭礼化など、殺害後のあらゆる攻撃は、連続殺人犯の「刻印」の一部とみなされる。「刻印」とは、殺人そのものを遂行するのに必ずしも必要ではないにもかかわらず、殺人犯がやってしまうこと、言いかえれば、自己実現のために実行せずにはいられないことである。たとえば、犯行後、死体をうつぶせにしたり、切断したりすることは、殺人の遂行のためにはまったく必要ない行為であろう。「刻印」こそが、連続殺人犯の奇妙な幻想に潜む意味をあらわにするのであり、この幻想が彼らの存在を構造化し、その生に意味を与えるのである。彼らの「刻印」から読みとられるのは、きわめて強い自己愛であり、この自己愛は、性倒錯的傾向と密接にからまりあっている。

連続殺人犯が複数の自己愛的な性的殺人を犯す場合、その筋書き、犯行時刻・場所に類似性が認められることが多いのであるが、ハリウッド映画の中ででもない限り、複数の殺人のパターンが完全に一致することなどありえない。現実には、彼らの犯行様式は時間の経過とともに変動するが、たとえ犯行様式が変化したとしても、心理的な「刻印」は不変である。なぜなら、犯行様式は、殺人を犯す際に実行することであるのに対し、「刻印」は、殺人を遂行するのに必ずしも行なう必要のないことだからである。「刻印」の多くは殺害が遂行された後に刻みつけられるのであり、これこそが、犯人の幻想の最も明白な表出なのである。「刻印」の裏に潜む幻想が、連続殺人犯の存在を構造化し、その生に意味を与えている以上、何らかの仕方で繰り返し表現されるのは、当然のことと言える。

## 「正常」に潜む倒錯

このような連続殺人犯の性的動機、強い自己愛と性倒錯、さらには彼らの残す「刻印」の裏に潜む幻想を分析することによって、性欲動の根源的、普遍的な要素を明らかにすることができるだろう。なぜならば、フロイトが指摘したように、すべての人にあらゆる種類の性目標倒錯の萌芽が存在すると想定せざるをえないからである。

フロイトは、性倒錯が、性対象（性的な魅力を発揮する人物）に関する逸脱と、性目標（性欲動によって引き起こされる行為）をめぐる逸脱に分けられると考えていた。性対象倒錯とは、同性愛、小児性愛などであり、性目標倒錯としては、フェティシズム、サディズム、マゾヒズムなどが挙げられるが、性対象が倒錯している場合には、当然性目標も倒錯しているのではないかと考えられる。彼は精神分析的観察から、どのように「健全」な人であっても、倒錯した性目標が、「正常」とされる性目標とならんで重要な位置を占めている場合があり、いわゆる「正常」な性目標には、常に性目標倒錯の要素が含まれていることを見いだしたのである。

このような性目標倒錯が、ある場合には性的な活動の現実的な担い手として現われる（性倒錯）のに対して、別の場合には、抑圧された無意識的な力として存在し、さまざまな症候を形成するものとして現われる（神経症）わけである。これが、フロイトの「神経症者はいわば性目標倒錯の陰画《ネガ》である」という言葉の意味するところである。

ところで、多くの〈健康人〉も、性欲動を何らかの仕方で多かれ少なかれ抑圧しているし、その性愛的なエネルギーの一部が自我の意のままにはならないのは事実である。その意味では、〈健康人〉もまた潜在的には〈神経症者〉なのだということを認めざるをえず、ただ〈健康人〉の形成しうる唯一の症状は夢だけだ、という違いがあるにすぎない。したがって、フロイトが指摘したように、すべての〈神経症者〉に、無意識の精神生活における性目標倒錯的な動きが認められるとすれば、連続殺人犯という〈怪物〉の「性」の闇を分析することによって、多くの〈健康人〉の「性」の謎にも迫ることができるわけである。

## 大久保清の事例

連続殺人犯として、日本でまず想起されるのは、連続女性強姦殺害事件の大久保清、連続幼女殺人犯の宮崎勤被告あるいは神戸の連続児童殺傷事件の酒鬼薔薇少年などであろう。欧米の連続殺人と比べると、事件数、犠牲者数ともまだ少ないが、一九八〇年代以降、わが国においても、異常性愛にもとづく犯罪が増加しつつあるのは事実である。したがって、今後日本でも、自己愛的な性的殺人を繰り返す連続殺人犯が増加する可能性はかなり高いのではないかと考えられる。そこで第一章では、自己愛的な性的殺人を繰り返した大久保清と宮崎勤の二人の連続殺人犯、第二章では、フランスで「パリ東部の殺人鬼」として恐れられたギュイ・ジョルジュの事例をとりあげて、性倒錯、幻想、幼児期に受けた印象などの視点から分析していくことにしたい。

八人の女性を次々に殺害し、その死体を土中に埋めた大久保清は、逮捕後、強姦致傷、強姦、殺人、死体遺棄の罪名で起訴されて死刑判決を受け、一九七六年一月二十六日、東京拘置所で死刑を執行された。

連続女性強姦殺人犯として日本中に衝撃を与え、恐れられた彼は、一九三五年に生まれ、幼いころは、まれに見るかわいい子として近所の人からも愛されていた。大久保は色白で目鼻立ちがはっきりしており、いくぶん赤みを帯びた髪とわずかに青みがかった瞳を持っていたために、「まるで外国人の子供みたい」とかわいがられたのである。

これは母キヌの、大柄、色白で、鼻筋が通っており、頭髪が赤みを帯びていた血を受け継いだものと考えられる。キヌは、その風貌、私生児としての出生から、ロシア人との混血ではないかとの風説が流布していたが、この点について、大久保清の精神鑑定を行なった中田修は、次のように述べている。

「鑑定人が調べたかぎりでは、このことは一応否定できるようである。もっとも、全く異論がないわけではない。祖母が外人との間に母を生んだ後に大久保〔清の祖父〕（母は出生後、私生児として届けられており、その後九歳のとき養女としてひきとられた先が、大久保という男性であった。彼は小学校の用務員をしており、賭博の常習犯であったようだが、母自身は「自分の（実の）父は大久保に間違いない」と語っている）と知り合ったという可能性もないわけではない」。

いずれにせよ、真相は藪の中である。母の出生にまつわるこのようなあいまいさが、清の母子関係、性欲動の発達などにまったく影響を及ぼさなかったとは考えにくく、それはたとえば、連続女性強姦殺害の犯行当時、彼がルパシカ（ロシアの男性が着る上衣の一種）を愛用していたという事実に、端的に表われているのではないだろうか。もちろんこれは、画家を気取る自己顕示性、虚栄心の表われであろうが、彼がロシア語を習っていたことも考え合わせると、ロシア人であったかもしれない母方の祖父への同一化の機制も働いていたように思われる。

清の両親は、父善次郎が大久保家に婿養子として入るかたちで結婚し、三男五女をもうけた。父は、長年国鉄に勤めた後、一九四五年、終戦直後に国鉄を退職、その後は農業に従事したり、息子に電気商、牛乳販売店を経営させたりなどした。小心、ひょうきんな性格で子煩悩な父親であったらしいが、性的に放縦な傾向があったのはたしかなようである。清の兄貞吉は次のように証言している。

「父は性的にはげしいというか、だらしないというか、その点でもわたしは好きではありません。外で子供を造ったこともその一つの例ですが、父はわたしが小学一、二年のころまで、子供の前で平気でスモウをとりました。スモウというのは関係することであります。また女郎屋で淋病でももらってきたのか、ちょいちょい便所の中で自分のものを洗うのを見ております」（参考人調書）。

この〈スモウ〉というのは性行為のことであるが、ごく幼い年頃の子供が性的な交渉を目撃すると、それを一種の虐待や征服として、サディズム的な意味に解することがある。幼児期にこのような印象を受けた場合には、成長してから性目標がサディズム的な方向に倒錯する傾向の強まることが、精神分析によって明らかになっている。したがって清の場合も、幼児期に目撃した父の〈スモウ〉の印象が、性対象の殺害へと向かう性欲動の発達を方向づけた可能性もある。

兄弟たちのうち、長男は夭折しており、次男の貞吉は無口で無愛想であったため、バッチ（末子）の清が、「ボクちゃん」と呼ばれて溺愛されることになった。清自身も、自供調書の中で「……子供のころから特にかわいがってもらったことはなつかしい。長兄が幼いころ死んで、男二人女四人の中で育ち、兄貞吉とは年がはなれていたから、おれは家族や近所の人から、ボク、ボク、ボクと呼ばれて育った」と語っている。

## 象徴的な攻撃

こうして皆にかわいがられ愛されて育った清であるが、小学六年時の性行概評に「時々大それたことをする早熟なり」と記されているように、性的早熟の傾向が顕著に認められた。「大それたこと」というのは、清が小学六年生のときに近所の三、四歳の女の子を、進駐軍にもらったガムとチョコレートで、麦畑に連れこんでいたずらをしようとした事件である。女の子が泣き出したため、近くの畑にいた人が駆けつけると、清は「ちくしょう」と捨てぜりふを残して立ち去ったが、泣きわめく女の子の幼い性器には石ころが詰め込まれていたという。この性器への異物挿入は、象徴的な性的攻撃であり、自己愛的な性的快楽を体験するために連続殺人犯がしばしば実行することだが、この事件においてすでにその萌芽を認めることができる。

被害者の親から厳重な抗議を受けたときも、母のキヌは「ボクちゃんがそんなことをするはずがあるもんか。その時間にボクちゃんはおらと一緒にいただよ」と虚偽のアリバイを申し立て、あくまでも清をかばい通した。このような母の溺愛と、父の性的放縦が、清の性衝動を抑止するのとはまったく逆の方向に働いたことは言うまでもなく、彼はその後も何回か似たようなことを繰り返して、要注意少年になっていった。

中学を卒業した清は高校には進学せず、実家で父の農業を手伝っていたが、その後、姉の嫁ぎ先である横浜の電気店に店員見習いとして住み込んでいる。そして、非常に貧弱な知識と経験しかないまま、十八歳で、父に資金を出してもらって実家を改造し「清光電気」を開業、ラジオの修理と販売を始めた。しかし、修理も満足にできないまま始めた事業がうまくいくはずもなく、清は高崎市内の同業の電気店から電気部品、現金を窃取して、事件送致となる。前科がなく、盗品を被害者に返却したこともあって不起訴処分になったが、これが最初の公式の犯罪記録である。

さらにその二年後、二十歳のときに初めて性犯罪で検挙される。一九五五年七月十一日、国鉄前橋駅前で十七歳の高校二年生の少女を誘って、前橋公園に導き、「ベンチで雑談中いきなり同女を押し倒し、抵抗する同女の顔面を殴打、首をおさえつけ、『騒ぐと殺すぞ』と脅迫し、強いて姦淫した」（逮捕状記載事実）。ただちに逮捕され、懲役一年六月、執行猶予三年の判決を受けた。このときも、和姦を主張する清の奇妙な理屈を、母キヌだけは「そうとも、そうとも。女は魔物というからの。女に経験のない若いボクちゃんがだまされるんも無理はないて。これからはせいぜい気をつけるこったなや」と同情的であった。

しかし、その年の暮れ、十二月二十六日には、またもや強姦致傷の犯行により逮捕される。「前橋市内で知り合った被害者を、オートバイに乗せて同市内松林内に連れこみ、顔面等を殴打、馬乗りになって姦淫せんとしたが、被害者が必死になって抵抗したため目的を遂げなかったが、顔面に一週間の打撲傷を与えた」（逮捕状記載事実）。この犯行によって懲役二年の判決が下り、前回の刑期一年六月も加算されて、合計三年六月の懲役を務めることになった。

一九五七年二月に服役した清は、二年十カ月後の一九五九年十二月十五日、仮釈放で出所した。出所後も、某大学の全学連の幹部と自称して学生運動の闘士を気取りながら、〈女漁り〉を続けていた清は、出所翌年の一九六〇年四月に、二十歳の女子大生に対して強姦未遂事件を起こしている。被害者はいったんは訴えたが、大久保側から示談の働きかけがあり、被害者がそれに応じたため、不起訴処分になっている。

## 二重生活

後に妻となる節子とめぐりあったのはその翌年、一九六一年三月一日のことである。前橋市内の書店で本を見た後、書店から出て駅まで歩いていた節子を呼びとめた清が、「あなたは本が好きですね」と言って、節子の読んでいた本の話をしたのである。それから何日か後にも再び節子に話しかけた清は、自分のことを専修大学の学生と紹介し、つきあいが始まった。「結婚までの約一年間の交際期間中には、肉体関係はおろか、接吻、手を握ることすらなかった」と、節子は後に述べている。

結婚式を挙げたのは一九六二年五月五日である。結婚前には、将来の生活について、現在、校正の仕事をしており、将来は詩集など出したいと語っていた清であるが、結婚式の翌日から、昼は両親の農業の手伝いなどするものの、夜は校正の仕事があるという口実で出かけるようになった。午後四時頃に外出し、午後十時にはきちんと帰ってくるという規則正しさであった。実際には、「新婚当初から当時計画していた詩集自費出版の仕事にかこつけ、毎晩のように外出して女性を誘っており、そのころ大久保宅には、大久保と結婚を誓ったという女性やその保護者の訪問が再三あり、妻がこれをとがめると、首を締めつけるなどの乱暴をくり返していた」（捜査報告書）。

このような生活の中でも、結婚の翌年には長男が誕生し、一九六四年六月には自宅を改装して牛乳販売店を開業している。この仕事では、清は毎朝午前三時に起きて、契約家庭の配達に出かけ、これをすますとさらに自由販売に向かうという働きぶりであった。それでもやはり、午後四時になると風呂に入り、夕方からは「仕事で出かける」と言って外出するのが日課であった。「その変身ぶりに近所では、昼間働いている人と夕方出ていく人とは、別人だと思われていたくらいです。その当時は『共産党の仕事をしているので、秘密だから妻にも話せない』なんて言ってました」と、妻の節子は後に語っている。

この変身ぶりから連想されるのは、多くの連続殺人犯が送っている二重生活である。連続殺人犯が表では、魅力的、模範的でまじめな男性、家庭のよき父という一面を見せながら、その裏に、快楽のために人を殺すという貪欲な倒錯者の一面を秘めていることは、逮捕後初めて明るみに出るものである。大久保清の場合にも、表裏のあるいわゆる二重人格、秘密主義、体面尊重主義がきわめて顕著な特徴として認められることが、精神鑑定で指摘されている。もっとも彼の場合、仕事、家庭の面でもすぐにほころびが出ていたようである。

一九六五年四月には長女が誕生し、清の夜遊びも減ったように思われたが、その二カ月後に、今度は恐喝事件で逮捕される。自分の配達した牛乳の空き瓶二本を、近所の同業者の義弟が配達先から回収しているのを発見した清が、その同業者を脅迫して現金を要求、喝取したのである。清は、恐喝、恐喝未遂のために懲役一年、執行猶予四年を言い渡され、この事件の裁判で、妻の節子は初めて婦女暴行二件を含む清の前科を知ることになった。

幸いにも恐喝事件は執行猶予になったが、牛乳販売店の経営は悪化し、清は「自暴自棄になり、毎日すさんだ生活を送るようになって、自家用車のいすゞベレットを乗り回して、また強姦をやるようになってしまった」(自供調書)。最初は一九六六年十二月、高校一年生の少女を車内で強姦したが、これは示談で解決しており、告訴されていない。さらに翌年一九六七年二月には、女子短大生を車内で強姦し、膣壁損傷を負わせている。この被害者は清と顔見知りだったので、彼はすぐに逮捕された。女子高生を強姦した事件もばれて、二件あわせて懲役三年六月の判決が下り、恐喝事件の執行猶予も取り消され、通算四年六月の刑となったのである。

一九六七年七月七日、府中刑務所に入所した彼は、一九七一年三月二日、仮釈放で出所している。この服役中に、妻の節子は実家に戻ってしまい、自活のために働きに出るようになっており、一九六九年二月には刑務所での面会の際に離婚を申し入れていた。このときは子供の問題について折り合いがつかず、出所してからもう一度話し合うことになっていたが、出所時に迎えに来たのは父一人であった。出所した日の夜、清は妻の実家を訪れ、「刑務所へ行くようなことは絶対にくり返さない。だからおれのもとへ帰ってくれ。頼む」と泣かんばかりにしてかきくどいたが、妻の離婚の意思はきわめて固かった。

出所した清は、「商売（室内装飾品販売業）に使う」という口実で、父に金を出してもらって車を買う。マツダ・ロータリークーペの新車であるが、この車が後に、連続殺人の犯行に用いられることになる。

## 引き金となる事件

さらに清を一連の犯行へと駆り立てることになる決定的な事件が、このころ起こっている。兄の貞吉が、三月十七日、清の妻節子の実家に赴き、「父が節子に手をつけた」と母が吹聴していること、また「節子が実家にもどるときに五十万円持ち帰った」と両親が話していたことを、節子の母に伝えたのである。三月十九日、妻の実家を訪れたときにこのことを知った清は、妻との関係がこれでおしまいになったと感じ、兄の仕打ちに対して激昂した。

兄が、このようなことを清の妻の実家まで伝えに行ったのは、以前、妻を父に陵辱されたことがあったからである。兄は一九四〇年に結婚し、一九四三年に応召して朝鮮の守備隊にいたが、一九四五年十一月に復員すると、妻の民枝は実家に帰っていた。妻の実家に駆けつけた貞吉は、妻が家に戻りたがらない理由は、父にあるという暗示を妻の両親から受けて、二人の間に何かあったことを感じたが、民枝は最後まで否定も肯定もせず黙りこんでしまうだけだった。このことから夫婦関係が悪化し、貞吉は妻の友人であった敏枝と関係を持つようになり、怒った妻が長男を置いて家出してしまったために、ついに離婚となったのである。

これが、一九四九年、清が中学三年のときの出来事であった。

貞吉は敏枝と再婚するが、二度目の妻もまた父善次郎に犯されてしまう。一九五五年、祖父の二十一回忌に家族で墓参りに行った帰りに、父と敏枝だけが遅れたのだが、そのとき父が桑畑の中で彼女を強引に姦淫したのである。その夜、敏枝は貞吉に対して泣きながら「お父さんは気が若くて困る、今日畑の中で強姦された」と打ち明けた。それを聞いた貞吉は激昂し、この代償を父に要求して、牛を売って得た金三十万円をもらって家を出た。

父と清の妻がみだらな関係にあると、母が創価学会の会員に相談したことを聞いた兄貞吉は、このような背景があったからこそ、それを事実と思い込んで憤慨し、清の妻の実家まで伝えに行ったのであろう。このような兄の行為が決して悪意によるものではなかったとしても、清の兄に対する怒りと恨みに火をつける結果になったのは明らかである。

三月二十六日夜、清は兄を自宅に呼んで、「言え、だれが言ったんだ。それともオレとさしでヤッパ（ドス）でやるか」と両親の前で脅した。また、兄を呼びに行った際にも、あのようなことを吹聴した者の家に火をつけるか殺すと言って脅したため、怯えた兄は翌三月二十七日朝、保護司のところまで行って仮釈放を取り消すよう頼んでいる。さらに同日夜、両親、兄、清が再び集まって話し合ったが、その際母が「自分が言ったかもしれない」と認めたため、清は「バッカヤロウッ！」と怒鳴って泣いたのである。

父善次郎と清の妻節子の間の性関係については、二人ともきっぱりと否定しているし、それを裏づける事実もないので、おそらくは事実に反するものであり、母が二人の仲を嫉妬して、あるいは嫁姑間の葛藤から、そのようなことを吹聴したのであろう。

いずれにせよ、この事件を契機にして清は、兄が自分と妻の仲を裂き、親子四人による家庭の再建を不可能にするような行動をとりながら、反省の様子もなく、保護司に仮釈放取り消しの依頼までしたことに憤慨した。そのため、兄を殺すかその家に放火して復讐しようと決意し、墓参りをして、祖父母の墓の面前でその決意を誓っている。さらに、「自暴自棄的気持から、誘って嘘をついたり、強がりをいったり、生意気なことをいったり、せんさくしたりする女を片っ端から殺すことを決意した」（精神鑑定書）という。

このような陳述から浮かび上がってくるのは、女性への復讐という信念にもとづく確信犯罪であるが、中田修鑑定人は、「被告人のような顕著な欺瞞者では、自己の犯行を合理化するために、時日とともにますます多くの加工を事実に加えることがある」ことを考慮して、大久保清の連続殺人は「性欲殺人および隠蔽殺人のカテゴリーに属するもの」であると結論づけている。妻の節子が「清は酒も煙草もやらず、ただただ女だけに賭けている」と語っているように、「性的─色情的亢進」が顕著に認められることから考えると、この連続殺人が「性欲殺人」であるというのは、きわめて妥当な見解であろう。

## 「原父」のイメージ

もっとも、「自暴自棄的気持ちから、誘って嘘をついたり、強がりをいったり、生意気なことをいったり、せんさくしたりする女を片っ端から殺すことを決意した」という陳述にも、一抹の真実はあるように思われる。「父が節子に手をつけた」と母が吹聴していることを伝え聞いた清は、なぜあれほどまでに激昂したのであろうか。このとき彼の脳裏に浮かんだのは、幼児期に目にした父の「スモウ」の光景、あるいは父が兄嫁を犯す光景だったのではないだろうか。そして、それとともによみがえったのが、すべての女を所有する

「原父（Urvater）」のイメージ、父に女をとられるという幻想だったのではないかと考えられる。

「原父」とは、人類の社会的原始状態に関するダーウィンの、いわゆる原始群（Urhorde）の仮説にもとづく概念である。ダーウィンは、ある集団の中にはたった一人の男しか見られないという点であらゆる原住民たちが一致しているという観察から、高等猿類の生活習慣によって人間もまた最初は小さな群れをつくって生活しており、その群れの中では、最年長で一番強い男の嫉妬が乱交を妨げていたのだという仮説を立てた。フロイトは、この仮説から出発して、近親相姦忌避の由来を説明しようとしたのである。

女たちをほかのあらゆる男から嫉妬深く守っていたこの「原父」は、あらゆる女を独占するために、成長した息子たちを追放したのだが、ある日追放された兄弟たちが団結し、「原父」を打ち殺して食べてしまう。この「父殺し」の罪悪感ゆえに、以前には誰からもうらやまれ恐れられていた父が、その存在によって妨げていたことを、彼らが自分自身に禁止するという「事後服従」により、近親相姦のタブーが始まったというわけである。そして、この息子たちの「父殺し」の罪悪感が、エディプス・コンプレックスの起源にあるのだと、フロイトは考えた。

もちろん、この「原父」の概念は、社会的原始状態を直接観察することが不可能である以上、仮説の域を出るものではない。しかし、今日も残るさまざまなタブー、未開民族に伝わるトーテミズム、アニミズム、さらには神経症者の夢などにも、「原父」をめぐる幻想の痕跡を認めることができるのである。

さて、大久保家において、性的に放縦で息子の嫁までも犯した父が、「原父」の幻想をかきたてる存在であったことは明らかである。そのため、兄貞吉は父をひどく憎んでいたし、兄に対する清の恨みも、じつは女を奪った父への憎悪が兄に転移されたものではないかと考えられる。「父、兄、義弟によれば、本件犯行当時はともかく、過去において被告人と兄とはそんなにひどく仲が悪かったわけではない」という精神鑑定書の指摘も、この推論を裏づけるのではないだろうか。

それではなぜ、清は祖父母の墓前で兄への復讐を誓った際、同時に「女を片っ端から殺す」ことを決意したのであろうか。この「女」が、母を原型にしていることは明らかである。男の子にとって、最初の性愛の対象となるのは母であり、男性はまず何よりも、幼児期の最初から自分を保護、世話し、ときには支配してきた母（あるいは母親代理）を思い起こさせるような女性を探し求める。母が父の「女」であるがゆえに、母を所有している父への競争意識、憎悪から父殺しの欲望が生じることになるのが、エディプス・コンプレックスの基本構造である。したがって、性愛の対象となる「女」の最初の原型である母に清は溺愛されていたために、このエディプス構造が彼の対象選択に及ぼした影響も、なおさら大きかったのではないだろうか。

このような文脈から考えると、彼が「女を片っ端から殺す」前に強姦したことは、容易に理解できる。彼は、「（母のような）女」を犯してから殺したのであり、それが自らの性愛的な欲望を満足させると同時に、自分の女＝妻を奪った父（それがたとえ事実に反するとしても、兄の妻を陵辱した父であれば、母が吹聴しているように自分の妻も犯したかもしれないという幻想にとらわれていたのではないだろうか）への復讐であったことはいうまでもない。

さらに、そこにはまた、性的に放縦であった父、原父の幻想をかきたてる父に同一化して、禁止されたことをやってみたいという根源的な欲望も働いていたかもしれない。その意味で、性的―色情的亢進が素質として基盤にあったのは事実としても、エディプス構造が揺さぶられるような事態がなければ、三月二日に出所してから五月十四日に逮捕されるまでの七十三日間に、八人の「女」を殺して土中に埋めるという連続殺人は起こりえなかったように思われるのである。

## 連続幼女誘拐殺人

一九八八年八月から八九年六月にかけて四人の幼女を誘拐して殺害した、「連続幼女殺人事件」の容疑者宮崎勤が逮捕されたのは、八九年七月のことである。逮捕後も、法廷などでの彼の奇異としか言いようのない言動が報じられ、残忍な犯行とあいまって日本中の人々に衝撃を与えたことは、いまだ記憶に新しい。

さらに、「なぜ異常かつ残虐な犯罪が起き、被告人に罪責感がまったくないのか、これまでの犯罪の枠を超える特異な行動を、なぜ被告人がなしたのか」を解明するために、弁護側の要求によって行なわれた精神鑑定も、第一次精神鑑定と第二次精神鑑定では鑑定結果が食い違い、第二次鑑定でも、鑑定人の結論が二対一に分かれたために、精神鑑定の信頼性までもが問われることになった。

まず、逮捕直後に行なわれた簡易精神鑑定では、「精神分裂病［統合失調症］の可能性は、まったく否定はできないが、現在の段階では、人格障害の範囲と思われる」と診断されたために、東京地検の検察官は、刑事責任能力を問えると判断して、起訴に踏み切った。第一次精神鑑定でも「性格は極端な分裂気質ないし分裂病質」「極端な性格の偏り（人格障害）によるもので、精神分裂病をふくむ精神病様状態にはなかった」という診断が下され、鑑定時の精神状態についても、「拘禁反応によるものと考えるのが妥当であり」、「刑事責任能力あり」という判断であった。

ところが第二次精神鑑定では、「犯行時、手の奇型をめぐる人格発達の重篤な障害のもとに敏感関係妄想に続く人格反応性の妄想発展を背景にし、祖父死亡を契機に離人症およびヒステリー性解離症状（多重人格）を主体とする反応性精神病を呈していた」とする内沼・関根鑑定と、「現在の精神状態は、①犯行前からの精神分裂病（破瓜型）、②収集癖、③犯行後に生じた拘禁反応の三者によって、構成されたものである」とする中安鑑定に、意見が分かれてしまったのである。

## 本当に性的動機なのか

このような鑑定結果の分裂がさまざまな議論を巻き起こしたことは言うまでもなく、精神医学的な診断の根幹に関わる問題までもが浮き彫りにされることになったが、ここでは、さまざまな謎のなかでもとくに彼の「性」をめぐる問題に焦点を当てて、分析していくことにしたい。なぜならば、第一回公判における冒頭陳述で、検察側は、四件の幼女殺しの犯行動機を、

一　誘拐を企てて、人目につかない所で誘い
二　性器を弄びたい欲望を満たし
三　連れ去った以上は帰すわけにはいかないから、殺意をもって絞殺した

と組み立てており、一貫して性的な動機を主張しているのであるが、はたしてこの連続殺人が性的な動機に還元されうるかどうかは、常に議論の対象になってきたからである。

まず、第一回公判時、「起訴状」の朗読に対して彼は、

「誘拐を企てたとか、殺意をもってとか、そういうところは間違っている。裸になってね、とは言っていない。性的欲望を満たす目的、というのは違う。全体的に、醒めない夢を見て起こったというか、夢を見ていたというか……」

と訂正している。

そこで、彼にとってこの「性的欲望」とはいかなるものであったのか、またいわゆる成熟した「性欲」の満足を目的としていたのかどうかが、重要な問題になる。

宮崎被告の収集していたビデオテープのリストから傾向を分析し、所蔵していたコミックやアニメーション雑誌の内容についても「意見書」で論じた大塚英志証人は、

「六千本近いビデオで、性的なものや残酷なものは、わずか一パーセントでしかない。捜査当局が、〈ロリコン映画〉と分析している作品は、難病の少女が病気と闘う感動的な内容であり、見当違いと言わざるをえない。幼女への関心は、女性への価値観とからんでおり、単純には言えない。俗説的な判断は早急である」と証言しており、この連続殺人を単純な性的動機に還元することに対して、警告を発している。

さらに精神鑑定においても、宮崎勤の性的な傾向については、意見が分かれている。まず、簡易精神鑑定ですでに「犯行は、やはり性的欲動が中心にあると思われるが、幼児を対象としていること、行為の冷酷非情さが問題となる」ことが指摘されている。そしてその成因として、先天的な両上肢の運動障害、自己愛的傾向などが挙げられており、「相手にしやすい幼児を、みずからの欲動を達成するために殺している」という見解が述べられている。

また、第一次精神鑑定で人格障害と診断した保崎秀夫鑑定人は、検察官の「性的なことについては」という質問に対して、「関係ないといって、答えたがらない。『女には興味がなく、マスターベーションなどしない』と。女性の性器には興味がありながら、成人をあきらめて幼女を代替物としたようで、小児性愛や死体性愛などの傾向はみられません」と答えている。

## 成人女性の「代替物」

これら二つの精神鑑定の見解は、「相手にしやすい幼児」を成人女性の「代替物」としたという点で、一致している。この点について内沼・関根鑑定は、「被告人の場合、性犯罪であることに疑う余地はないが、成人女性を相手にするのが難しいと考え、その代わりに幼女を対象にして性欲を満たそうとしたとの常識的な見方では通用しないところに、被告人の場合の難しさがある。……性についてあまりにも未熟、というより著しい嫌悪感を示し、マスターベーションの経験すらないという被告人の供述を額面通り認めるとすれば、これらの見方はまったくの見当違いと言わざるを得ない」と批判している。

さらに内沼幸雄鑑定人は、宮崎勤被告の性意識について「被告人は、成熟した性の満足をえずして、犯行にいたった可能性があります。検察官の主張は、まったく根拠がない。母親に聞いたところ、『勤のパンツを洗ったときに、精液の汚れは見られなかった』という。被告人の居室を現場検証したとき、精液反応は調べていない。学問的な研究からは、成熟した性の満足をえなかったという、かすかな可能性があります。倒錯的な犯罪は、性欲が強いことが特徴だからです」と証言しており、宮崎勤の「成熟した性」には、一貫して否定的である。

一方、第二次精神鑑定で精神分裂病と診断した中安信夫鑑定人は、「被告人は、本鑑定時にはペニスについての劣等感こそあるものの、性的関心は一切なく、逆に性的なものには嫌悪感を抱いていること、および性的に不能であることを供述していた」が、「性的関心がなく、性的なものには嫌悪感があるという供述の信頼性はきわめて低く、逆に被告人の性的関心・欲求には並々ならぬものがあることが窺えた」ことを指摘している。中安鑑定では、「女性性器を観察したい」という性的欲求が、誘拐行為、殺害行為の動因であると判断されているのである。

そこで問題になるのは、彼が幼女を対象にしたのは、成人女性の「代替物」としてなのか、それともほかの要因によるものなのかということである。そしてより根本的な問題として、この連続殺人の犯行動機として、「成熟した」性欲と呼びうるようなものが介在していたのかどうか、もしそうではなかったとすれば、いったいどのような意味において彼の性は「未熟」であったのかを明らかにしなければならない。

さらに彼は、遺体の頭部、両手首、両足首を切断して、両手首を食べたり、被害者宅に遺骨入り段ボール箱を置いたりしている。これらの行為は、多くの連続殺人犯が殺害後に残す「刻印」としてとらえるべきであり、性倒錯と密接にからまりあった強い自己愛を示唆してもいるので、彼の倒錯的傾向についても明らかにする必要があるだろう。

## 「解離性家族」の中で

宮崎勤の「性」を解明していくうえで重要なのは、まず彼の乳幼児期である。内沼・関根鑑定が「解離性家族」と呼んだように、凝集性が希薄な家族の中で幼少期を過ごした彼にとって、実際の養育者は祖父、ならびに家族同然の居候の男性（脳性麻痺を伴う軽度精神発達遅滞者）であった。

祖父は機織《はたおり》業を営んで財をなし、町会議員にまでなったが、女性関係が華やかで、従業員の女工に手をつけて子供を産ませたこともあって、祖母は深く恨んでおり、口論や殴り合いのけんかが絶えなかった。祖母は気性が激しく負けず嫌いで、勤の父には結婚を前提に交際していた女性がいたにもかかわらず、難癖をつけてこの結婚を駄目にしてしまった。その祖母が持ち出してきたのが、町内の魚屋に勤めていて、気立てがよく働き者という点で自分の気に入った、勤の母との結婚話である。勤の父は、母親が気に入った嫁ならばお家安泰と考えて結婚を了承したというが、その結果、父母はお互いに情愛を欠いたまま、祖父母の激しい感情対立のはざまで、夫婦で一緒に食事をすることもなく、ひたすら働き続けることになったのである。

父は機織業を整理し、印刷業を興して新五日市社の社長となり、新聞の折り込みチラシ広告を印刷しながら、一九五七年には週刊『秋川新聞』も創刊した。若いころから各種団体の役員を歴任し、仕事の面では、自分は新聞の取材や原稿執筆を行ない、印刷はもっぱら妻と工場長に任せていた。宮崎勤は一九六二年に生まれたが、家が借財を抱えていたこともあり、運転資金を工面するために印刷の仕事で忙しかった母に代わって、育児の大半を引き受けたのが、祖父と居候の男性だったのである。

宮崎勤の名付け親は祖父であり、おんぶやだっこをしたのも、多忙な母親ではなく、主として祖父であった。居候で知的障害の男性は、勤と一緒に童謡を歌い、おもちゃで遊び、アニメ番組を楽しんだという。また祖父は、勤を山や川や畑に連れて行き、野菜や果実を一緒に収穫し、家ではカルタ、トランプ、クイズ、百人一首、将棋などをして一緒に遊んだ。このように育ての親であると同時に遊び相手でもあった祖父と居候の男性に対して、勤は深い愛着を抱いていた。

## ビデオ収集強迫の意味

彼の祖父への思い入れの深さは、祖父死亡後に出現した祖父再生への願望妄想、家族否認（生活史健忘）、貰い子妄想、「真の」両親が別にいるという願望妄想、二重身、収集強迫、被害関係妄想、幻聴などのさまざまな精神症状、家庭内暴力、動物虐待、その他の異常行動、とりわけ「祖父の墓石を動かして中にあった遺骨を食べた」という行動から、うかがい知ることができる。さらに、最初の犯行（一九八八年八月二十二日）が、祖父の死（同年五月十六日）のわずか三カ月後であったことも、祖父への特異な思い入れを示唆するものであろう。

祖父とともに育児役を引き受けていた居候の男性も勤にとって心の支えであったことは、一九八二年一月にこの男性が親戚に引き取られ、この別離を契機に勤がビデオの世界にいっそう深入りするようになり、収集熱がいっそう亢進したこと、同年四月、短大二年に進級したころから幼女に惹かれるようになっていったことなどから、推察することができる。

居候の男性との別離後と、祖父死亡後に、ビデオの収集強迫が出現したことは注目に値する。もともと、彼は幼児期から怪獣番組やその他の幼児向けテレビ番組を好み、その種の漫画本、ウルトラマンや怪獣のメンコ、ミニチュアの収集熱が高かったのであるが、高校に進学してからは、はやっているものはつまらないと思いながらも、集めないではいられなくなった。

高校の後半から、収集対象はビデオに変わり、関心のすべてがビデオの収集に注がれるようになったのだが、一九八二年の居候の男性との別離後、さらに一九八八年の祖父死亡後には、病的な「収集強迫」の様相を呈するようになる。とくに祖父の死亡を契機に、「急にがーんと出て来て」何かにとりつかれたようにビデオ収集に熱中するようになった。その病的な収集強迫は、祖父死亡前の一九八八年までの収集量二千本から、八九年の逮捕時の約六千本への急増という事実に、何よりも端的に現われている。

この収集強迫について、内沼・関根鑑定は「分離不安への防衛機序」と論じており、「母子関係に亀裂があったため、母子分離を止揚する、いうならば母子一体の甘えを願い求めていたのだ」と解釈している。たしかに、分離不安への防衛として、特定の物に執着して収集するフェティシズム的傾向が認められることはあるが、ここで指摘されている「母子一体」は、宮崎勤が現実の母子関係の中で体験したものではなく、むしろ幻想的願望充足としての母子一体感と理解するべきだろう。

現実の母子関係に亀裂があったからこそ、彼は母子一体の甘えを希求したのであろうが、この甘い、安心していられる感じは、むしろ祖父、居候の男性と過ごした幼児期の記憶につながるものではなかっただろうか。それは、子供のころ祖父とピクニックに来たときに弁当やおやつを食べた「懐かしくて甘い場所」への回帰の欲望であり、宮崎勤自身が「母胎回帰願望」と表現したものである。

彼がビデオで埋め尽くされた自分の部屋を母胎にたとえているのは、母胎である自分の部屋の中で、テレビ・ビデオの映像世界に浸りきりたかったからであろう。母親から受けたであろう柔らかく包まれた感じ、甘い感じ、安心していられる感じに身を委ねることを欲したからこそ、ビデオが収集の対象となったのである。その意味で、内沼・関根鑑定が指摘しているように、「収集強迫の異様な高まりのなかに、祖父や居候の男性と培った幼児的世界の持続を願った被告人の心性を読み取っておく必要がある」のである。

## 障害と被害関係妄想

宮崎勤の精神発達に大きな影響を与えたと思われる、もう一つの重要な要因として、両手の先天的な障害がある。四歳二カ月になった一九六六年十月頃、スプーンや箸の持ち方が変で、「ちょうだい」というしぐさができないのに気づいた両親が、まず保健所、ついで公立総合病院（彼の生まれた病院）で受診させ、両手の先天性橈骨尺骨《とうこつしゃっこつ》癒着症と診断されたのである。これは比較的まれな疾患とされており（発生頻度は、整形外科外来患者の〇・〇二％以下）、その成因や病態は明らかではない。ただ、その原因について、勤の母が妊娠中に使用していた睡眠薬や鎮痛剤が関係しているのではないかと、父が疑っていたことは、家族力動を考えるうえできわめて興味深い。

医師から「手術をしても元［の状態］に戻り、百人に一人しか成功しない」と告げられた父は、あっさり手術を断念し、そのことを忘れてしまう。母も「仕事にかまけて、ついつい……」なんの対応もしなかったようである。

ただ、勤がこの障害のために抱えることになった悩みが、両親の想像以上に深かったことは、彼が四歳の幼稚園入園以来、深刻な被害関係妄想を発展させるようになったことからも明らかである。

障害によって手のひらを上向きに開くことができなかった勤は、食事の際に箸やスプーンを持つのにも不自由し、洗顔や大便の後始末にも苦労した。また、お年玉をもらうとき、ちょうだいができないため、ちゃぶ台の上においてもらうか、相手からわしづかみで奪い取るようにするしかなく、店で買い物をする際にも、釣り銭の必要がないよう絶えず小銭の用意を心がけるなど、日常生活のさまざまな面で不自由を強いられた。

それが幼稚園入園後、被害関係妄想にまで発展していったのは、手のひらを返せないために「お遊戯は地獄の時間」となり、スプーンや箸の扱いがぎこちないために自分の欠陥が他人に知られはしないかと、常に「ひやーっ」とする思いで過ごさざるを得なかったからであろう。その結果、あからさまにいじめられたわけでもないのに、他の子供たちから「できないんだといった格好」を示されたり、「あれ変だ」と言われたり、「変だ」という視線を送られたりするという被害関係妄想を抱き続けることになる。

この被害関係妄想は、幼稚園から、小学校、中学校に至るまで続くが、興味深いことに、高校進学を契機に目立って軽減している。これは、地元から遠く離れた私立大学付属高校に入学し、「手のことを知っている」と思いこんでいた地元の仲間から離れたこと、高校入学後は手の障害を知られる機会が減ったことなどによるのであろう。もっとも、それといれかわるように、収集強迫の高まりが顕著に認められるようになっていくのではあるが。

この両手の障害が宮崎勤の精神発達に大きな影響を及ぼしたことは、二度にわたる精神鑑定でも指摘されている。第一次精神鑑定の主文で「両手の先天的な橈尺骨癒合症への劣等感が強く、被害的になりやすく、そのために成人女性への関心はあるものの、交際することをあきらめていた」と指摘されているし、第二次精神鑑定の内沼・関根鑑定においても主文で「手の奇型をめぐる人格発達の重篤な障害のもとに敏感関係妄想に続く人格反応性の妄想発展を背景にし」と触れられているのである。

第二次の内沼・関根鑑定が、第一次精神鑑定が重視した拘禁反応については否定的であり、「成人女性を相手にするのが難しいと考え、その代わりに幼女を対象にして性欲を満たそうとしたとの常識的な見方では通用しない」という点からも、第一次鑑定に批判的であったにもかかわらず、手の障害の精神発達への影響に関しては、同様の見解を示しているのは興味深い。これら二つの精神鑑定は、手の障害による病的人格発展が背景にあるという点では意見が一致しており、異常体験反応の発現時点を拘禁時におくのか、それとも祖父死亡時におくのかという点において異なっているのである。

## 祖父再生の儀式

筆者としては、祖父の死亡という事実に対する反応、祖父死亡後の精神状態の激変などを考慮すると、異常体験反応の発現時点を祖父死亡時におくべきではないかと考える。まず、祖父が死亡した一九八八年五月十六日、遺体を病院から自宅に運ぼうとした際、宮崎勤はカバンからテープレコーダーを取り出し、父の制止を振り切って、祖父が「眠っている感じなので目を覚まそう」という考えから、その日録音した愛犬ペスの声を遺体の耳元で聞かせている。

また、祖父は見えなくなっただけで姿を隠しているのだと思った彼は、妄想に近い祖父再生願望を抱くようになり、「(肉物体=死体を映像にした)テープを飾って……。わら人形おいて、周りにロープで円を作ってその周り歩いて回る」再生儀式も行なっている。実際、ある日、彼の前に祖父が忽然と姿を現わすに至った。もちろんこれは幻視であり、祖父の姿は生前の九割くらいの大きさで、「もうすぐ他の者にも見えるようになるからな」と言うのみであった。

さらに、ある日、「おじいさんの骨を食べるという考え」がわいてきて、その「考え」に従って、深夜飼い犬のペスを連れて墓に行き、墓石をずらし、骨壺から祖父の遺骨を取り出して食べた。彼は捜査官に「祖父の墓石を動かして中にあった遺骨を食べた」と語り、弁護士が勤の父とともに祖父の墓を見に行って、納骨用の墓石がずれて隙間が生じているのを確認している。

被害者の幼女の遺体の一部(両手)を食べたのも、「焼いて食べておじいさんに送ってよみがえらせる」という考えからやったことだったし、死体損壊、死体に対するわいせつ行為、そのビデオ撮影なども、「おじいさんに捧げる」という考えにもとづく行為だった。被害者の家族宅に遺骨入り段ボール箱を置いたのも、白い「骨形態」を見つけ、「おじいさんだとぴーんとわかった」からであり、このときの心理力動には祖父と幼女の同一視が認められる。だからこそ、彼は、「お葬式をあげて下さるとのことで、本当に有難うございました」という文章で始まる「告白文」を送りつけたのである。

このように、彼の言動にはっきり変化が認められるようになったのは祖父死亡を境とした時点であり、多数の客観的事実が祖父死亡後の精神状態の激変を指し示しているように思われる。とりわけ注目すべきは、祖父の死について「半分わかってるけど実感ない。半分信じてるけど実感ない」と語る言葉に端的に表われているように、なかば是認しながら、なかば否認する態度である。彼は、いやおうなく進められる葬儀の準備にともない、祖父の死を認めざるを得ない気持ちになりながらも、一方では、「眠り続けている」「目つぶり続けていた」「姿が見えなくなった」「目を閉じたまんま」などという気持ちも抱いていた。つまり、彼の精神生活の中にあった一つの〈流れ〉は、祖父の死を認めようとしなかったのだが、心の中には、この事実を完全に認識した別の〈流れ〉も存在していたのである。

## フェティシズムの構造

フロイトは、愛する父親を亡くし、それを認識していないにもかかわらず精神病になっていない二人の若者の症例を紹介し、「この二人の自我は、現実の重要な部分を否認しているが、これはフェティシストが女性の去勢という不快な事実を否認しているのと同じ意味を持つ」と述べている。

父の死を認識していない若者とフェティシストの間に共通して認められる構造は、現実の否認である。精神分析経験から、「フェティシズムの対象は女性（すなわち母親）のペニスの代理である」ことを見いだしたフロイトは、男の子が女性にはペニスがないことを知覚した際、女性が去勢されるのならば自分の持っているペニスも奪われるかもしれないという恐怖ゆえに、その事実を認めるのを拒んだことに、フェティシズムの由来があると考えていた。したがって、フェティシストは、女性が去勢されていることを知覚しながらも、その事実を認めることに抵抗し、否認し続けているわけであり、その点で、父の死という現実を認識しようとしない若者と同じ精神構造を持つのである。

宮崎勤の場合も、祖父の死という望ましくない知覚の内容がそのまま残っているのに、それを否認し続けることに大きなエネルギーが注がれているという点で、フェティシストと同じ構造が認められる。いずれの場合も、願望にもとづいた考え方と現実にもとづいた考え方が並存しており、現実にもとづく流れが失われてしまう精神病とは異なることが重要である。

女性の性器を目にしたときの去勢恐怖は、男性であれば誰でも体験するのであろうが、この印象から三つの異なる流れが生まれるとフロイトは述べている。まず同性愛者になる人、次にフェティシズムの対象を作り上げ、それに執着し、収集することによって恐怖から自我を防衛しようとする人、そしてこの恐怖を克服する大多数の人々である。フロイト自身も、この違いがどうして生じるのかは説明できないとしており、同時に作用する他の条件の中で、数少ない病的な結果をもたらすような決定的な条件が、まだ解明されていない可能性も示唆している。

宮崎勤の場合、幼児期からの収集熱、とりわけ高校時代から始まったビデオの収集強迫が祖父死亡後に嗜《し》癖化《へきか》していったことは、彼がこの三つの流れのうちで、フェティシズムの方向に進んだことを指し示しているように思われる。

通常、フェティシズムの対象として選ばれるのは、存在しなかった女性のペニスの代理として、ペニスの象徴となりうるような器官または対象である。足や靴がフェティシズムの対象として選ばれることが多いのは、少年の好奇心が、下から、つまり足のほうから女性の性器を窺うためであり、毛皮やビロードは、性器の場所をおおっている陰毛を見たときの印象を定着させるがゆえに、フェティシズムの対象となりうる。また、下着類がフェティシズムの対象として選ばれるのは、脱衣の瞬間、すなわちまだ女性にペニスがあると信じていられた最後の瞬間を固定するからである。

そこで思い出されるのは、宮崎勤が、居候の男性との別離の頃（一九八二年）から、ビデオの世界にいっそう深入りし、テニスをしている女性などのパンチラ写真やパンチラビデオを、何かにつかれたように撮りまくるようになったことである。フロイトは、水着として着用できる下帯をフェティシズムの対象としていた、ある男性の例をあげている。この布は、性器そのものと、男性と女性の性器の差異の両方をおおい隠すものであり、女性が去勢されていることと去勢されていないことの両方を示すからこそ、フェティシズムの対象として選ばれたのである。

宮崎勤の場合も、パンチラの映像がフェティシズムの対象として選ばれたのは、テニスルックの下着がぎりぎり見えるか見えないかのところでは、性器そのものも、性器の差異もおおわれ、女性が去勢されていることと去勢されていないことの、両方の可能性も隠されてしまうからだったのではないだろうか。つまり、パンチラへのフェティシズムの構造そのもののうちに、去勢の否認と確認の両方が組み込まれていたのであり、この構造は、祖父の死をなかば否認しながら是認する態度に通じるものである。

## 去勢の脅威

その一方で、彼が成人女性の性器に嫌悪感を抱いていたことは、きわめて興味深い。フェティシズムにおいては、女性がペニスを所有していないという事実の知覚を否認し続けることに、大きなエネルギーが注がれるのであり、そのためにフェティシズムの対象がペニスの代理として作り出され、これがペニスへのナルシシズム的な関心を受け継ぐことになる。このペニスの代理は、去勢への嫌悪によって作り出されるのだが、その際に抑圧が行なわれたことを示す「消しがたい刻印」として、現実の女性の性器を疎む感覚が残るのである。彼の成人女性の性器に対する嫌悪感は、この「消しがたい刻印」にほかならないであろう。

宮崎勤の場合、独特なのは、フェティシズムの対象が下着類、毛皮、ビロード、靴などの実物ではなく、子供番組のビデオ、パンチラビデオ、パンチラ写真などの映像だったことである。幼児向け番組へのフェティッシュな執着は、内沼・関根鑑定も指摘しているように「祖父や居候の男性と培った幼児的世界の持続」を願う気持ちによるのであろうが、その他のフェティシズム的対象も映像であったのは、父の影響によるところもあるのかもしれない。勤の父にもマニア的な収集癖があり、とくに他人が持っていない「モノ」を集めることに情熱を傾けていた。性能の高い録音・録画装置を所有しており、国会における重大事件のニュースなどを克明に記録していたのである。いずれにせよ、イメージによって媒介される映像への親和性が高かったのはたしかであり、この傾向が幼女の遺体のビデオ撮影につながったのかもしれない。

また、祖父死亡後と、居候の男性との別離後に、ビデオの収集強迫が異様に高まったのは、愛する者の死、別離という体験が、女性（母親）にはペニスがないことを初めて知覚した際に感じた、去勢の脅威を呼び覚ましたからではないだろうか。もちろん、この最初の知覚、感情は否認、抑圧されたまま、意識化されることはない。むしろ、本人にはほとんど意識されない象徴的な思考の結合様式が存在するゆえにこそ、性対象ではなく、フェティシズムの対象を選択するわけである。したがって、彼のフェティシズムがとりわけ祖父死亡後に高まったのは、死と去勢が喪失という次元で結びつきやすいからではないかと考えられる。

フェティシズムの前提として、フロイトは、正常の性目標を求める衝動が低下していることを指摘しており、このような衝動の低下は、「幼児期に性的な怯えを経験した場合」に起こりうると述べている。宮崎勤の場合、「性的な怯え」の原因としてまず挙げることができるのは、両手の障害であろう。彼が障害をめぐって不幸な幼児期、少年期を過ごさざるをえず、そのために被害関係妄想までも抱き続けることになったのは、先述した通りである。この点を重視した内沼・関根鑑定は、「被告人のみじめな幼児期が、幼児虐待に匹敵するということである」と述べており、多重人格障害の診断根拠の一つとしている。

筆者は、多重人格障害という診断には賛成しかねるのであるが、手の障害が、彼の幼児期にきわめて強い影響を及ぼしたのはたしかであるように思われる。一般に、後年になって観察される正常な性生活からの逸脱は、性とは一見関わりがないように見える、幼児期に受けた印象によって決定されることが多い。彼の場合も、手の障害は、去勢に匹敵するほどの重大な意味を帯びていたのではないだろうか。

こうして、正常な性目標が押しやられて、他の代理物を求めるようになった結果、フェティシズムの対象を求める衝動として現われたのが収集脅迫である。宮崎勤の場合、正常な性目標が放棄されることになったのは、母親に育てられず、実質的な育ての親が祖父と居候の男性だったことにもよるのかもしれない。男性の場合、母親や、子供の頃の自分を世話してくれた女性の情愛について、子供の頃から育んでいる記憶が、女性を性対象として選択するうえで大きな力となるのはたしかである。この関係は、正常な性対象を選択するようになるうえで、決定的な影響を及ぼすのであり、男性の性対象倒錯を防ぐ役割も果たしている。ところが、彼の場合、母子関係は希薄というよりも、むしろ亀裂があったようであり、母親への性愛を十分に発達させたとは言いがたい。幼児は、自分のよるべなさを取り除き、欲求を充足してくれる人物を愛するようになるものであり、自分を保護、世話してくれる人物に対する愛着が、後年のあらゆる対象選択の手本となることを考えると、この母子関係は、彼の性愛の発達に決定的な役割を演じたように思われる。

もちろん、実母以外の養育者によって育てられる人間は数多くいるわけで、その人たちがみな、後年性倒錯者になるわけではなく、他の要因との相互作用によって性倒錯が形成されるのであろう。ただ、「古代の奴隷による養育のように、男の子を男性が養育すると、性対象倒錯が促進されるようである。現代の貴族に性対象倒錯が多いようであるが、これは男性の召使いが多く、母親がみずから子供を世話することが少ないことを考えると、いくらか理解しやすくなろう」というフロイトの指摘は、示唆に富んでいるように思われる。

祖父の死後、収集自体が自己目的化していった彼の収集強迫は、フェティシズムの対象を求める衝動が固定され、正常な性目標にとって代わってしまったという印象を与える。フェティシズムがもはや性欲動の一つの変形ではなくなり、病的な倒錯になったのである。このような固着による性目標倒錯の多数の事例においては性欲動が生まれつき弱いことを、フロイトは複数の文献にもとづいて指摘している。性欲動の全体というわけではなく、性欲動の一つの要因、すなわち性器領域が素質的に弱いことが前提としてあって、そのために個々の性的な活動を生殖という目標に統合していくことができず、他の性的な要因のうちで、もっとも強力な要素が維持され、性目標倒錯になるというわけである。

## 希薄な性欲と多形倒錯

宮崎勤の場合も、性器領域の欲動が弱いことを示唆するような報告が、精神鑑定において示されている。まず中安鑑定は、「性的関心一般に関する被告人の供述」の中で、「性的関心は一切なく、逆に性的なものに嫌悪感を抱いていること、および性的に不能であるということになる」と述べている。また、内沼・関根鑑定も、「性的問題」の項で、「総体的に考えて、被告人はインポテンスだった可能性が極めて高い」と指摘している。さらに、内沼鑑定人は公判中に「……母親は被告人の衣服などすべて洗濯しながら、パンツや敷布など射精の汚れに気づいていません。幼少期にペニスを弄ぶ行動もみられなかったという。世界の文献を見ると、ネクロフィリア（死体愛）で完全なインポの症例がある。そうでないのであれば、客観的な証拠を挙げるべきである」、「だれでも疑問に思うでしょうが、性倒錯的の人のなかには、性欲の強い人と、希薄な人がいます」と証言している。

これら二つの精神鑑定が、異なる鑑定結果を提出したにもかかわらず、宮崎勤の性的側面については、ほぼ一致した見解を示しているのは興味深い。たしかに彼の性器領域の欲動はかなり弱く、性的に不能だった可能性は否定できない。

それゆえにこそ、他の性欲動の要因が前景化したのであり、唯一の心の支えであった祖父の死後、富山の薬を食べるように飲むなどの口唇期的な欲動、収集強迫というフェティシズム、死体の切断などのサディズム、死体へのわいせつ行為などのネクロフィリアが認められたのであろう。その意味で、彼は典型的な多形倒錯なのである。

幼児はみな多形倒錯の素質をそなえており、この倒錯的な素質の中から、羞恥心、嫌悪感、同情、あるいは道徳、権威など、社会的に構成された要因によって、正常な性行動が発達してくることを、フロイトは指摘している。したがって、正常な性生活から逸脱した倒錯が固定されている場合には、常に発達の阻害と小児性の残滓《ざんし》が顔を出していると考えざるをえない。その意味で、宮崎勤の性もまたきわめて未熟、幼児的であり、「幼児丸出しの人物像」をそのまま裏打ちするものだったのである。

# 第二章　拒絶された男の記録



## 国境を越える連続殺人

連続殺人について一般に流布している見方としては、連続殺人犯（serial killer）は現代のアメリカ社会に特有の現象であり、他の国々においては、マクドナルドほどには重大な影響を及ぼしていないというものであろう。たしかに、さまざまな統計的研究は、過去三十年間に地球上で起こった約二百の連続殺人のうち、七五％がアメリカで起こっていることを一致して示しているし、「羊たちの沈黙」などのハリウッド映画やアメリカ製の連続ドラマなどで描き出される連続殺人犯の姿は、「社会は、それぞれの社会にふさわしい犯罪者を生み出す」という犯罪学の単純な原則を思い起こさせる。

しかし、連続殺人犯がアメリカに圧倒的に多いというこの統計的数字は、相対化してとらえるべきだろう。なぜならば、フランスの犯罪心理学者で『五つのプロフィール』の著者、ピエール・ルクレールが指摘しているように、「細菌は、顕微鏡が発見される前から存在していた。連続殺人犯も常に存在していたのである。

最初にこの現象を定義し、数量化することに功績のあったのが、アメリカ人であるというだけのことである。当然の帰結として、数字はゆがめられる」からである。

この連続殺人という現象を定義し、数量化することに大きく貢献したのは、FBI心理分析官であったロバート・K・レスラーである。一九七四年に行動科学課（Behavioral Sciences Unit）に着任した彼は、刑務所に収容されていた三十六名の凶悪殺人犯に面接して、詳細な聞き取り調査を行なった。レスラーが数年後にその研究成果を公表してはじめて、殺人犯の行動様式と人格との関係を明らかにすることが可能になったのである。

しかし、このような手法、いわゆるプロファイリングが確立されるずっと以前から、連続殺人犯が存在していたことはたしかである。また、現在「連続殺人」という概念が浸透していない国々においても、未解決の殺人事件の影に連続殺人犯が潜んでいるかもしれない。

さて、連続殺人犯の元祖として思い出されるのは、フランスの「青ひげ」、ジル・ドゥ・レイである。一四〇四年生まれの彼は、百年戦争でフランス軍元帥としてジャンヌ・ダルクとともに活躍し、祖国の英雄となった。このヨーロッパ随一の富裕な貴族は、シャルル七世が即位してからは、ヴァンデ県の田舎の屋敷に引きこもり、百四十人以上を誘拐し、四つの城館の地下室で拷問し、殺害したのである。彼の性的嗜好は幼い少女たちに向けられていたようで、子供を性的に弄んだ後、頭をはねさせたという。このペドフィリア（幼児愛好）的傾向については、「悪魔に、若く美しい子供たちの心臓、血液、目、手を捧げなければならない」と錬金術師に説得されたのだという伝説も残っている。ジル・ドゥ・レイは一四四〇年に逮捕され、ナントにおいて群衆の歓呼の中で絞首刑にされた後、その遺体は焼かれた。

現代のフランスにおいても、連続殺人犯の増加が指摘されている。第一章でも紹介したように、フランスの犯罪学者ロラン・モントは、「この現象がアメリカの国境をとっくに越えてしまっており、わが国においても広がりつつあることは、疑う余地がない」と警告を発している。

## 生母の拒絶

そこで、ここではフランスの連続殺人犯、とくに、「バスティーユの殺人鬼」「パリ東部の殺人鬼」としてフランス中を恐怖で震え上がらせた、ギュイ・ジョルジュの事例を取り上げて分析したい。

「通りで女の子にフラッシュを感じると、家まであとをつけていったんだ」と語ったギュイ・ジョルジュは、七人の女性の強姦殺人により逮捕された。彼の犯した七件の連続殺人は以下の通りである。

(一)　一九九一年一月二十四日：パスカル・エスカルフェ、十九歳、ソルボンヌ大学で近代文学を学ぶ学生。一四区のアパルトマンで殺害。

(二)　一九九四年一月七日：カトリーヌ・ロシェ、二十七歳、化粧品会社のマーケティング担当。一二区の地下駐車場で殺害。

(三)　一九九四年十一月九日：エルザ・ベナディ、二十三歳、プレス担当。一三区の地下駐車場で殺害。

(四)　一九九四年十二月十日：アニエス・ニーキャン、三十二歳、オランダ人のインテリアデザイナー。一一区のアパルトマンで殺害。

(五)　一九九五年七月四日：エレーヌ・フランキング、二十八歳、運動療法士。一〇区のアパルトマンで殺害。

（六）一九九七年九月二十三日：マガリ・シロッティ、十九歳、商学部の学生。一九区のアパルトマンで殺害。

（七）一九九七年十一月十六日：エステル・マグ、二十五歳、映画制作会社の助手。一一区のアパルトマンで殺害。

このように、多くの女性を強姦して殺害したギュイ・ジョルジュは、それ以前においても性犯罪、暴力犯罪を繰り返し、多くの時間を刑務所で過ごしてきたのであるが、その幼児期には、心的外傷となりうるような体験が認められる。

一九六二年十月十五日、ヴィトリー・ル・フランソワで、エレーヌ・ランピョンは男児を出産したが、子供の父親であるジョージ［フランス語ではジョルジュ］・カートライトは、その数週間前にフランスを離れ、アメリカに帰っていた。当時エレーヌは、パリ西部のNATO軍基地に近いアメリカ人兵士向けのバーでホステスとして働いており、三年前にも私生児ステファンを出産していた。そのため一九六二年二月、今回の妊娠をジョージ——黒人の大男でアメリカ軍の料理人だった——に告げたとき、彼女は中絶を望んだ。除隊になったら、生まれてくる子供をアメリカに連れて行って育てたいと希望したのは、むしろジョージの方だった。だが、彼はすでに結婚していることをエレーヌに伝えてはいなかった。彼が、アメリカに妻がいること、軍の命令によってアメリカに帰還しなければならないことを伝えたのは、出産の数週間前であり、そのままアメリカに発ってしまったのである。

途方に暮れたエレーヌは、生まれてきた子供を、アンジェに住む両親のもとに預けようとした。長男のステファンも、この両親が面倒を見てくれていたからである。しかし、アンジェに向かったエレーヌを待っていたのは、父のすさまじい怒りであった。公務員であった父は激怒して、この黒人の赤ん坊を引き取ることを拒否し、すぐに出て行くよう娘に命じたのである。生後数日のことであり、このときすでに彼は〈拒絶〉されたのである。

一九六二年十一月二十四日、エレーヌは、赤ん坊を乳母のルソー夫人に預けて、パリに行ってしまう。だが、この若い母親は養育費をまったく払わなかったため、乳母から、この条件では赤ん坊の面倒を見ることはできないという警告の手紙を受け取ることになる。

一九六三年一月二日、エレーヌは、赤ん坊をロザン夫人に預けたが、エレーヌは今度も養育費をまったく払わず、手紙の返事も出さなかった。そのためロザン夫人は、一九六三年春、保健社会事業局（Direction Départementale des Affaires Sanitaires et Sociales）に、赤ん坊を引き取ってくれるように依頼した。こうして一九六三年五月九日、七カ月の赤ん坊は、保健社会事業局によって登録番号五〇八六番として、〈一時的に受け入れられた〉のである。一カ月後の一九六三年六月四日、この赤ん坊はモラン家に引き取られ、やっと落ち着くことになった。

一方、生母の家族の方も、この〈ちょっと毛色の違う〉赤ん坊を追い払うために、あらゆる手続きをとったようである。一九六三年十一月十三日、彼の祖母であるエラ・ランピョンが、保健社会事業局の事務所を訪れ、「夫とともに、娘のもう一人の子供であるステファン、一九五九年四月十三日生まれ、を育てているが、家族手当も娘からの援助ももらっていない。ギュイが保健社会事業局に引き取られるまで世話をしてくれていた二人の乳母への手当も、自分たちが払った。ギュイには会いたくない、それでもやはり、愛情が移るのが怖いから」というような話をしたという。実際、生家からの遺棄に続いて、戸籍までも修正されている。一九六八年二月二十八日、将来の養子縁組を想定して、ギュイ・ランピョンの戸籍は抹消され、彼はギュイ・ジョルジュとなったのである。彼がまだ五歳半のときの出来事であった。

生家による遺棄と軌を一にするように、生母の態度もまた冷たいものであった。一九六三年一月二日、生後三カ月のとき以来、ギュイといかなる接触も持とうとしなかったエレーヌは、保健社会事業局からの、赤ん坊を引き取るようにとの再三の要請にもかかわらず、けっしてこの息子に会うことはなかった。そして一九六七年一月十四日、最初の息子であるステファンだけを連れて、アメリカに旅立ってしまったのである。

ギュイ・ジョルジュが連続殺人の容疑で逮捕された半年後の一九九八年秋、パリの犯罪捜査班は、生母のアメリカでの住所を探し当てた。彼女は一九六七年にアメリカに来て、デイヴィスという男性と結婚し、カリフォルニアで暮らしていた。当初、フランスの警察の質問に答えることを拒否していたエレーヌは、アメリカの司法当局にしつこく要請されて、ついには承諾し、「息子のギュイに対しては、いかなる関心も抱いてはいない」ことを認めた。しかし同時に、「自分の責任は、健康上の重大な問題と、自分の遭遇した生活環境によって軽減される」とも答えたのである。

### 最初の性的攻撃

このように、生母についてほとんど何も思い出せない状況の中で、ギュイ・ジョルジュは、引き取られたモラン家で、モラン夫妻を本当の両親だと思って生活していくしかなかった。モラン家は、アンジェとソーミュールの間に位置する小さな村ペルランにあって、養父のジャンは粉ミルク工場の現場監督をしており、養母のジャンヌが子供たちを育てていた。当時モラン家には、夫妻自身の四人の子供のほかに、保健社会事業局から預けられた子供たちが大勢いて、全部で十三人の子供たちが、エネルギッシュなモラン夫人のもとで生活していたのである。

このモラン家の中で、ギュイは、表面上は問題なく子供時代を過ごしたようである。乳兄弟で、八歳年上のジャン＝ルイ・モランは、ギュイについて「のろまな子供で、怠け者だった。ふざけて陽気な時もあったけど。年上の兄貴に影響されやすいところがあったみたいだ。一緒に生活していた家族の中には完全に溶け込んでいたみたいだけどね」と語っている。他の兄弟姉妹もだいたい同じような印象を語っており、「ギュイは無気力なやつで、エネルギーがなくて、どちらかというと怠け者だったし、嘘つきだった」という。

小学校卒業頃までは平均程度だった学業成績は、中学校入学後急速に低下する。彼の養母との関係も悪化するが、これは養母が権威的な女性で、子供たちと話す時間をほとんど持つことがなかったことにもよるようである。村じゅうから、〈黒ん坊〉というあだ名で呼ばれていた彼は、この頃から金を盗むようになる。叱られている間は身動き一つしなかったが、その後はあたりの森に逃げ込むのが常であったという。

一九七四年、十二歳の時に、彼は過食症になった。モラン夫人は、彼をカウンセラーのところに連れて行ったが、このときのカウンセラー、ゴフの観察は、この思春期の少年の精神状態を正確に見抜いているように思われる。

「彼は、話すとき、ほとんど相手を見ようとしない。何か物憂げな様子が漂っている。彼は、嘘をつくよりも、答えない方を好む。賢い子供で、自分の潜在能力にも気づいているが、学業成績は平均以下である。現在の重症の過食症は、情動障害の症状であるようだ」。そしてさらに「ギュイに停滞をもたらしたかもしれないもの、それは、彼を侮辱した女性教師との間の葛藤である」と付け加えている。この一文は二十五年後に、核心をついた観察として重く響くことになる。

一九七六年、十四歳の時、彼の攻撃性は初めて爆発する。ロザリン・デルイノーという二十四歳の軽度精神発達遅滞の女性が、ギュイと同じように保健社会事業局から預けられて、モラン家で一緒に生活しており、攻撃の対象になった。ある晩、ロザリンが家のゴミを村のゴミ捨て場まで捨てに行こうとしたとき、茂みの陰に隠れていたギュイが後ろから首をつかんで絞めようとしたのである。ロザリンは年上でがっしりした体格だったため、逃げることができたが、その首の周囲には、絞められた跡がくっきりと残っていた。その晩、ギュイはずっと外に出たまま、家に帰らなかった。

一九九八年七月十三日、逮捕後の尋問で彼は次のように答えている。

「俺が十三歳半か十四歳頃のことだったと思う。初めてロザリンを襲った。ロザリンは俺に何もしなかった、そして俺は首を絞めた。どうしてかは説明できない」。

ギュイ・ジョルジュ自身が、この攻撃をはっきりと記憶していて、その後「パリ東部の殺人鬼」と呼ばれるまでにエスカレートしていく、自らの攻撃性の起源に位置づけている。

ギュイの突然の暴力に直面して途方にくれた養母のジャンヌ・モランは、彼をかかりつけの医者に診せた。ミシェル・ロジュロー医師は、保健社会事業局に報告するのは待って、ギュイにもう一度チャンスを与えるように忠告したという。このような攻撃性が思春期の少年に認められるのは尋常なことではなかったが、最初の攻撃だったので、寛大な態度をとるべきだという判断であった。そのため、モラン家では誰もこの事件に触れず、ギュイは怠け者で、時には嘘をついたり盗んだりすることさえあったが、この家の子供であり続けた。

## 第二の拒絶

だが、ロザリンへの攻撃は単なる偶然ではなかった。一年後、同じ光景が繰り返されることになる。クリスチャンヌという、ロザリンの妹で十七歳の女の子を襲ったのである。クリスチャンヌが屋根裏部屋にいたとき、ギュイが首を絞めようとしたのだが、指をかまれたため、引き下がった。モラン夫人が屋根裏部屋まで上がっていって二人を見つけたとき、クリスチャンヌの鼻は血だらけで、ギュイは虚脱状態だったという。

このような二つの攻撃が続いた後では、ギュイはもはやモラン家にとどまることはできず、唯一の家族と別れざるをえなくなった。この別離は第二の〈拒絶〉であった。

一九七八年三月、彼は、アンジェの児童施設に収容された。この児童施設の施設長であったロジェ・ゴスランは、一九九八年十二月、次のように証言している。

「最初、暴力は目立ってはいなかったのですが、次第に目立つようになって、とりわけ施設の女性スタッフに対する暴力がひどくなりました。ギュイ・ジョルジュは、しばしば女性スタッフを怖がらせようとしたのです。しかし、身体的な暴力を振るうことはありませんでした。彼は、女性の指導員たちを何度も繰り返し怖がらせていましたし、施設で生活していた幼い子供たちさえも怖がらせようとしました。たとえば、暗闇の中に隠れていて、階段を降りてきた女性指導員を驚かせるようなことをしたのです。彼は、恐怖を与えることに、ある種の快楽を感じているようでした。これが、彼の自己主張のやり方だったのです」。

当時彼が、女性を怖がらせることに感じていたであろう快楽は、後年の連続殺人において追求しようとした快楽につながるものであろう。

この時期のギュイは、危うい均衡状態の中にいたようであり、何カ月間かのうちに急激に悪い方に傾いていく。一九七八年六月十五日、彼は、アンジェの近くのレストランで料理人見習いとして働き始めたが、仕事にまったく興味を示さず、八月二十三日に解雇されてしまう。一週間後に、タイル張り職人の見習いとして雇われたが、またもや一カ月後に解雇されている。この少年が家の中をあさって置物を盗んだという、客の証言があったためである。

彼はその後、塗装工の職人に雇われたが、ここでの仕事の期間が最も短く、二日後には姿を消してしまう。その後ひそかに元の雇い主のところに戻ったギュイは、雇い主の息子の時計と、妻のバッグの中にあった五十フランを盗んだ。ここで、彼の〈職歴〉はすべて途絶える。

一九七八年十月、ギュイは新たな段階を踏み越える。アンジェの児童施設からの何度目かの脱走の後、一人の仲間とともに戻ってきた彼は、塀を乗り越えて窓ガラスを割り、八十フラン、何枚かの衣服、靴一足、トランジスタラジオと少しの食べ物を奪い取ったのである。一カ月後の十一月九日、警察に逮捕されるが、そのとき彼は、トゥールのスーパーマーケットで盗みを働いたばかりだった。したがって、ギュイがモラン家を離れてからの総決算は、惨憺たるものだったことになる。

裁判所の決定に従い、彼は児童施設を離れて、マルミティエールの青少年保護センターに収容されることになった。これは、困難な問題を抱えた青少年を収容するための施設であり、収容時に、ギュイは「物静かで、内向的で、家出癖のある」少年と記載されている。今度はレンガ積みの見習いを始めた彼は、少し落ち着いたように見えた。

しかし、一九七九年二月六日には、またもや、同じバスに乗っていた十八歳のパスカル・Cを襲うという事件を起こしている。ギュイ・ジョルジュは、バスの最後部の座席に座っており、彼女が停留所で降りた後、少し離れてあとをつけていった。そして、彼女が森に沿って歩いていたとき、急に後ろからとびかかり、木陰に引きずり込み、地面に押し倒して、数フランを奪った。彼が口をふさいでいた手を離すと、パスカルが叫んだので、首を絞めて逃げた。ギュイはアンジェまで行って、さまよい歩き、公団住宅のホールで一晩を過ごした後、青少年保護センターに戻り、そこで待っていた憲兵に逮捕されたのである。

## 要求の二重構造

司法警察は、今回の事件では医学的治療を要求した。この難しい任務を担ったのが、精神科医のルションヌ医師であり、治療が表面上は効を奏したのか、しばらくのあいだギュイが脱走することはなかった。そこで、一九七九年八月、彼は何日間かをモラン家で過ごすことになったのだが、この滞在はうまくいかなかった。ギュイにとっては居心地が悪く、何日間も続けて酔っぱらって家に帰ったため、モラン家の人たちが彼を追い返し、二度と帰ってこないよう告げたのである。彼はすっかり気力を失ってしまい、張りつめていた糸が急に切れたかのように、度を越した酒の飲み方をするようになった。

一九七九年秋、ルション医師は次のような所見を記している。

「要するに、ギュイが大人たちに対して求めるものが、自立への要求と、援助を求める要求の二重構造になっているので、周囲を当惑させるのだ。彼は、我々がそばにいることを要求する。おそらく、彼は集団から孤立しているとき、大人が誰か一人かたわらにいてくれることを願っているのだろうが、その大人に対しても肝腎なことについては話すことができない。消防士になりたい、あるいは軍隊に入りたいという彼の欲望は、すでに確立された組織の中に身を置きたい、誰か他の人と一緒に生活したいという、現在の強い欲求の現われとしてとらえられる」。

そして、次のように結論づけている。

「なすべき指導——彼が姿を消してしまうとき、彼を探しに行って見つけること。

境界設定——集団、グループ、行動における境界設定が必要。

彼の家族の問題に立ち入ることはできない、つまり、立ち入ってはならないということである」。

たしかに、ギュイ・ジョルジュの頭の中では、この家族の問題はもう決着がついていた。彼は、一度ならず拒絶されたのであり、この拒絶という苦々しい事実を、大人たちに対する不満の長いリストに付け加え、行為化というかたちで表出することになる。

一九七九年十一月三日、青少年保護センターの仲間一人とともに逃げ出したギュイは、ソーミュールでバイク一台を盗んだ。彼は罰せられることなく、逆にある指導員は「攻撃性が積み重ねられるよりも、表現されている」という点を評価して、彼の行動が良い方向に進展しているという所見を述べている。

この希望的観測は、翌一九八〇年五月五日と五月十六日の事件によって完全に裏切られることになる。一九八〇年五月五日、月曜日、ギュイはアンジェの町をさまよっていた。前夜、モラン家に養母を訪ねたが、またしても、もう二度と帰ってこないよう懇願されたからである。二一時四五分、一人の若い女性を見つけた彼は、その住まいまであとをつけた。そして、彼女がエレベーターに乗り込んだとき、とびかかって、ハンドバッグを奪おうとしたのである。被害者が抵抗したため、ギュイは顔を拳で数発殴りつけ、九十フランを奪って逃げた。十一日後、彼は同じ筋書きで犯行を繰り返す。被害者のロザリンという三十三歳の女性のあとをつけていったギュイは、エレベーターの中で突き飛ばし、地下まで降りていって、所持品を奪い取ろうとしたのである。ロザリンがギュイにしがみついたため、彼は取り出したナイフでほおを切りつけて逃げた。彼が逮捕されたのは、翌朝のことであった。

これらの二つの事件の展開は、その攻撃性はもちろんはるかに小さいとはいえ、十年後に彼がパリで繰り返すことになる一連の犯罪を予言している。ギュイ・ジョルジュはぶらつき、獲物をあさり、気づかれぬようにあとをつけ、閉められようとするドアのすきまに野獣のようにすべりこんで、襲うのである。

この狩りが、彼にある種の快楽をもたらしたことは疑いない。ピエール・ルクレールが指摘しているように、「連続殺人犯は、内的な論理、幻想に従う。彼らは常に、心理的—情動的、心理的—性的な欠損を埋めるために行動する」ので、複数の殺人がしばしば同じ筋書きに従って遂行される。ギュイ・ジョルジュの場合も、後年繰り返されることになる犯行様式の萌芽が、十八歳に達する以前から、すでにはっきりと現われているのである。

## 自分が何者なのかわからない

この二つの犯罪によって、マルミティエールの青少年保護センターでの理解ある寛大な処遇は終わりを告げ、ギュイ・ジョルジュは新たな世界に投げ入れられることになる。五月十七日、彼は刑務所での最初の夜をアンジェで過ごすことになった。彼は、なぜ自分が二人の女性を襲ったのかを説明することができなかったし、いかなる悔恨も示さなかった。彼は黙秘し、ほほえんでいるだけだった。そこで、精神科医のルション医師が再び診察することになった。一九九八年十月十四日、ルション医師は判事の質問に答えて、次のように証言している。

「ギュイ・ジョルジュは、かなりまじめで、親切で、冗談を言うこともある少年でした。しかし、彼はもう一つの面も持ち合わせているようでした。彼は第二状態（解離状態）であるかのように話し、けっして自らの攻撃の理由を説明することができませんでした。私は、女性を絞め殺そうとしているギュイの姿を思い描くことができません。あたかも、二つの異なる人格があるかのようでした。ギュイの話では、彼は盗みにも、急激な性的欲求の高まりにも興味がなさそうでした。この動機の欠如こそが私を不安にさせたのです。

面接の間じゅう、彼は、自らの起源を探求し、何かを構築しようとしていました。なぜ自分が捨てられたのかを、自らに問うていたのです。彼は、本当の家族をまったく知らなかったので、それはどんなものなのだろうと、いつも自問していました。彼は、女性との間に問題を抱えていたのでしょうか。私の考えでは、彼は同一性についての深刻な問題を抱えていました。自分が何者なのかわからなかったのです。何人もの見知らぬ女性に訴えかけながら、彼は同一性を確立しようとしていたのです。彼の行為化の潜在的な高まりを理解することも、説明することもできません」。

一方、フェリオンとデュフロという二人の精神科医も、アンジェの裁判所の要請に応じてギュイを診察しているが、彼らの診断も恐るべき警告として響く。

「……攻撃の凶暴性、とりわけ被害者に加えられたナイフによる攻撃のすさまじさには、驚くべきものがある。しかし、単に凶暴な攻撃行為であるというだけのことで、とくに倒錯的、あるいはサディズム的な特徴は認められない。いずれにせよ、罪責感、人生におけるモチベーションがほとんど欠如しているので、彼は潜在的に危険であると判定される。彼の情動はかなり弱く、何事にも無関心であるようにさえ見える。それゆえ、通常の刑罰によって影響を受けるとは考えにくく、刑期終了後、彼に厳格な教育的指導を与えることが適切であろう」。

ギュイ・ジョルジュは〈潜在的に危険〉であり、〈厳格な教育的指導〉を必要とするという警告が発せられたのだが、この警告はむだに終わることになった。一九八一年二月十日、九カ月の刑期をつとめあげた彼は、刑務所を出て再び自由の身になり、あらゆる監視の目から逃れたのである。彼はいまや成人であり、アンジェの精神科医たちによって作成された鑑定報告書は、刑務所と司法当局によって完全に無視された。この後も、彼は犯罪の新たな段階を踏み越えるたびに刑務所に入り、検察官、裁判官、精神科医などによる尋問、診察を受けるものの、いずれの場合も刑務所を出て、再犯を繰り返すことになる。

出所後、しばらくアンジェで過ごした彼は、パリに向かい、九区の友人のもとに身を寄せる。この時期、彼はときどき料理人として働いていたが、むしろピガール地区をうろつき、麻薬の密売人、女装した男たち、売春をなりわいとする若い男たちのところを頻繁に訪れていた。さらに、簡単に金を得られるという魅力から、彼自身も街娼として客を引くようになった。彼は同性愛者ではなかったが、完璧に演技することができたので、クリシー通りで客待ちをしたのである。このころ、ゆきずりの男の愛人のもとに数週間身を寄せたこともあったようである。

## 予言的事件

このような生活の中で、一九八一年十一月十六日、彼は、後の性犯罪のすべてを予言するような事件を起こす。被害者はナタリーという十八歳の少女で、奇跡的に一命をとりとめたが、これがギュイ・ジョルジュの連続殺人の端緒となる事件であったことは疑いない。

ナタリーはこの日、一四区にある産婦人科医院に向かっていた。妊娠していると思ったからで、このことは後に確認されることになる。彼女がエレベーターに乗ると、二十歳くらいの混血の男性がすでに乗っていた。ドアが閉まるやいなや、その男は突然、何も言わずに、ナイフを取り出して胸を刺した。エレベーターは地下二階まで降りていったが、ナタリーはずっとすすり泣いていた。男は一言も発さず、完全に沈黙したまま、彼女をじろじろ見ていた。エレベーターのドアが開くと、ナタリーはとびかかって男を外に押し出そうとしたが、男はうまく逃げ、さらに胸をナイフで切りつけて、腕をつかむと階段の下の暗がりに引っ張っていった。そこで男はズボンをおろしてフェラチオを要求したので、ナタリーはそれを実行したが、彼は満足しなかった。さらに、彼はナイフで腹部を切りつけ、いらいらして、「俺がおまえをどうするか。俺はおまえを殺すぞ」と叫んだのである。

ナタリーはすすり泣きながら、自分が妊娠していることを告げた。しかし男はまったく反応を示さず、階段に横たわるように命じた。そしてナイフを振りかざし、バストの高さで服を切り、ブラジャーの二つの山の間のワイヤーをばっさり切ると、服をまくり上げ、パンティを切り裂いた。男は、ナイフの刃をのど元に押し当てたまま、レイプした。ナタリーはお金をあげると言ったが、彼はただ「おまえを生かしておくと、警察に言うだろう」と答えただけだった。さらに男は、のどをナイフで切りつけ、金を奪って逃げたのである。

ナタリーは、やっとのことでエレベーターまではっていき、産婦人科医院で助けを求めた。翌一九八二年七月二十四日、彼女は女の子を出産するが、何週間もの間、この子供がレイプの結果できたのではないかと怯えて暮らさなければならなかった。

一九九九年四月二十四日、ナタリーは判事の質問に答えて、「私を襲った男が私を生かしておいたのは、彼が私の首のところにつけたすさまじい傷によって、私が死んだと思ったからだと思います」と証言した。その首の右側には、右耳の真下のあたりから首の付け根にかけて、約十五センチの傷跡がくっきりと残っていた。

この事件は、一九八二年七月二十三日には、捜査の進展がまったくないまま、単なる性犯罪として処理された。ナタリーが、ギュイ・ジョルジュを、自分を襲ってレイプした犯人として認識するのは、連続殺人の犯人として逮捕された彼の写真をテレビで見てからのことである。

この事件が、当時、単独の性犯罪としてしかとらえられなかったのは、殺人事件ではなく、連続殺人犯という概念もまだ浸透していなかったからかもしれない。いずれにせよ、彼が最初に胸を刺したのは、殺すためというよりも、性行為の前に苦痛を与えて、流れる血を見たいという欲望ゆえであったのは明らかである。また、服を切り裂いたのも、後にこの連続殺人犯のすべての犯罪において認められる儀式である。したがって、この事件の捜査の際に、特徴的な犯行様式、犯人の残した「刻印」にもっと注意が払われていたならば、その後の展開は違ったものになったかもしれない。

三カ月後の一九八二年二月二日から五月二十九日まで、彼はまた、窃盗と窃盗未遂の罪で刑務所に入った。出所して一カ月後の六月二十七日には、車のドアをこじ開けようとしていたところを、パトロール中の警官に逮捕された。この器物破損という小さな事件の取り調べの最中に、ギュイが別の事件で指名手配中であることが判明した。出所の一週間後、六月五日から六月六日にかけての深夜、一六区で若い女性を襲っていたのである。

被害者はヴィオレットという名の若く美しく上品な女性で、フォッシュ通りに面した自宅に午前一時ごろ着いたとき、一人の男が茂みの後ろから突然現われた。男は彼女をナイフで脅し、車寄せの暗がりに引っ張り込んだ。裁判で彼女の語った犯行の様子は以下の通りである。

「その男はズボンとブリーフを膝の高さまでずりおろすと、私に言いました。『フェラチオしろ』と。彼は、私の顔を、勃起していた彼の性器に近づけようとしました。パニックになって、私は実行しようとしましたが、最後の瞬間に嫌悪感の方が強くて、できませんでした。それで、その男はものすごく怒って、私ののどに刃物を当てたのです」。

彼女は失神し、大量の血が流れた。ギュイ・ジョルジュは、いつものやり方通り、殺そうとはせず、ただ苦痛を与えようとしただけだったので、目を開けたヴィオレットは叫び声をあげた。それを聞きつけた隣の建物の夜警が、現場に駆けつけ、連れていたシェパードを放した。シェパードは犯人を追いかけてカバンをもぎ取った。犯人はそのまま行方をくらましたが、警官がそのカバンの中から、襲った犯人の恋人とみられるキャサリンという若い女の写真、双眼鏡、そしてギュイ・ジョルジュという名の記載された刑務所出所証書を押収したのである。

こうして、三週間後に偶然逮捕されたギュイ・ジョルジュの性犯罪が明るみに出たが、当時フランスの警察は、未解決の事件と解決済みの事件を比較対照するためのデータファイルを持っていなかった。もし、この比較対照が可能であったならば、この事件と、七カ月前に起こったナタリーの事件との間に、興味深い共通点を見いだすことができたかもしれない。いずれの事件においても、ギュイ・ジョルジュは、被害者を服従させるために、ナイフで浅く切りつけるという、彼独自のやり方をしていたからである。

強姦未遂、殺人未遂という罪状ではなく、〈武器による威嚇のもとに遂行された、暴力行為を伴う強制わいせつ罪〉で告訴された彼は、一九八三年二月十日、パリの軽犯罪裁判所で十八カ月の刑を言い渡された。

二十歳にして、二年間で三度目の刑務所暮らしであったが、この暮らしが大嫌いだったギュイ・ジョルジュは、模範囚になるべく気を配ったようである。表面上は、無口で、規律正しく、ときにはほほえみを浮かべることもある模範囚として記録されている。過去の刑務所の記録で、いくつもの医学的鑑定の報告書が、厳正な精神医学的治療の必要性を強調していたにもかかわらず、この刑務所の中で、彼が精神科医による診察を受けることはなかった。

## 犯行様式の進展

翌一九八四年二月二十七日、刑務所の扉が開かれる。ギュイ・ジョルジュは数週間後に出所する予定だったが、刑の適用を判断する判事が、昼間だけの外出許可を与えたのである。これは通常、刑期終了まぎわの服役囚に対してとられる措置で、職を探したり、さまざまな社会施設に登録したりするための手続きができるようにとの配慮から許可される。ところが、まっすぐナンシーに向かったギュイ・ジョルジュの頭にあったのは、二度と牢獄には戻りたくないという強い意志だけだったようである。彼は、スーパーでドライバーと銀メッキの小さなナイフをくすねると、地下二階の駐車場まで降りていった。狩りがまた始まったのである。

ギュイ・ジョルジュが、金目のものを見つけて一台の車の前で止まり、ドライバーを取り出してドアをこじ開けようとしていたとき、背後に女性の足音が聞こえた。獲物はパスカル・N、十九歳。彼女は愛車のルノーを探していた。ギュイは音を立てずに彼女のあとをつけていった。一九時三〇分、パスカルが車のドアを開けて運転席に座ったとき、右手にナイフを持った男が現われ、彼女を助手席に押し倒し、ドアを閉めて叫んだ。

「横になれ。服を脱げ。俺はおまえにキスするぞ」。

パスカルは、刃物をもぎ取ろうとして指にけがをした。男は興奮して、彼女の手首をつかむと「俺のを吸え」と命じた。パスカルは従ったが、彼はそれでは満足しなかった。今度はナイフを取り出して、のどを切りつけた。いつも通り、殺すためではなく、乱暴ではあるものの浅い切り方だったが、傷口から血が噴き出した。彼は性器を挿入しようとしたが、うまくいかなかったため、彼女に仰向けになるように命令し、再びフェラチオを要求した。

この事件の様子を、パスカルは次のように語っている。

「それから、その男は、私に静かにしろと言いました。さらに、私が通報するのを防ぐために、私を縛るとも言いました。彼は白い色のひもを取り出しました。テニスシューズのひものように見えました。そのひもで、私を後ろ手に縛ったのです。……それから、彼は、私が手の傷の出血を止めるために縛っていたハンカチを取り上げると、私の口に押し当てました。私が叫ばないようにするためです。彼は、私に、スカーフを持っているかとも尋ねました。そして、下に落ちていた私のスカーフを拾うと、それで猿ぐつわを嚙ませたのです。

その後、彼は私に、後部座席に移動するように命令しました。そのとき、彼がまだ手にナイフを持っていたかどうかは気づきませんでした。彼が私に後部座席に移るように命じたとき、さらに暴力を加えるつもりなのだと思いました。そこで、私は手を動かして、ふりほどくのに成功しました。というのも、縛り方がゆるかったからです。手が自由になると、私は、彼が再びナイフを持つことがないように、彼の手を強くつかみました。そして、ドアをすばやく開けて、車の外に出ることができたのです。私が叫んだので、猿ぐつわとして嚙まされていたスカーフが、はずれて落ちました。そのとき、一台の車が通りすぎ、犯人は逃げました。私はまだ半分裸だったので、急いで服を着ると、車にもう一度乗り、料金所に知らせました。そこから警察に通報されたのです」。

ただちに警戒態勢がとられ、二二時頃、彼は逮捕された。彼はいかなる抵抗も示さず、警察署に連行され、そこで被害者のパスカルが、自分を襲った犯人だと確認したのである。

この事件において注目すべきは、彼が被害者を縛ったり、猿ぐつわを嚙ませたりしていることから明らかなように、犯行様式に新たな進展が認められることである。もっときつく縛っていたならば、あるいは、犯行前に縄や粘着テープを準備していたならば、うまくいったかもしれなかった。ギュイ・ジョルジュは、一九九〇年代になると、この事件の教訓を思い出したかのように、次々と殺人を成功させていく。刑務所は、彼をまったく矯正しなかった、それどころか、より冷酷な、より秩序だった方法をとるようになった印象さえ与える。彼は殺人の〈修業〉を続けながら、逮捕のたびに教訓を得ていったのである。

### 模範囚の脱獄

一九八四年二月二十九日、ギュイ・ジョルジュはナンシーの留置場に収容され、七月五日、〈武器の威嚇による強姦〉罪のため、十年の禁錮重労働の刑を宣告される。このとき、彼の精神鑑定を担当したボアスニン医師とポーガン医師はいずれも、被告には精神障害は認められず、完全な責任能力を有すると結論づけている。この二人の精神科医は、さらに、ギュイ・ジョルジュの〈再犯の危険性〉について、〈悔恨と倫理的抑制〉が完全に欠如しているためにきわめて高いとも判定している。

一九八五年十月二日、彼はパリ地区のフレスネ刑務所に移され、さらに一九八六年十月二十七日にはカン刑務所に移される。刑務所内での彼の態度は以前と同様であり、要求することも声を上げることもなく、社会復帰のための準備も何一つしなかった。以前からその必要性を指摘されていた〈精神療法的〉治療は、一九八九年九月十四日、カン刑務所における精神科医ヴィニー医師の診察が一度あっただけである。

ヴィニー医師は、ギュイ・ジョルジュについて、「精神不安定、精神病質、衝動的傾向が顕著な特徴であり、常軌を逸した行為化の際には、しばしば性的意味合いが認められる。さらに、覆い隠されてはいるが、抑うつ傾向、見捨てられ恐怖も認められる」との診察所見を報告している。

さらに、「拘禁状況における行儀のよさは、あいまいながらも有利な要因とみなされる。ただし、不安や十分な自己批判が欠如しているので、社会復帰の可能性については、いくばくかの危惧を抱かざるをえない」と付け加えており、「自由な環境における彼の危険性を判定することはきわめて困難である。というのも、ギュイ・ジョルジュが自らの衝動を制御することができるようになったことを証明するものは、何もないからである。ただ、いくつかの要素は、彼が全般的に以前より安定し、衝動的ではなくなったことを一貫して示しているようである」と結論づけている。

この診察所見においても指摘されているように、ギュイ・ジョルジュは、刑務所にいる間は模範的な囚人というイメージを育むのに成功したようである。このような態度は、一九九八年、彼がフランスで最も有名な連続殺人犯となった後に彼を診察した四名の精神科医たちをも、少なからず驚かせることになった。彼らは次のように報告している。

「ギュイ・ジョルジュとの面接は、あまりにも〈正常〉なので、その場にそぐわないという印象を与える。刑務所にいることも、潜在的に危険な人物と対峙していることも、また、重大な鑑定中であるということさえも信じられない。彼には二重性が認められる。奇妙な感じは、おそらく、この人格が示す分裂に由来するのだろう。彼が事件に言及するとき、その犯罪を犯したことを認識してはいるのだが、あたかも〈行動したのは彼ではなかった〉かのようである。彼には心的連続性が欠如しているために、人格の二つの面を結びつけることができない」。

ここで指摘されている「二重性」は、多くのアメリカの連続殺人犯にも共通して認められる特徴であり、彼らは、他者を操作し、懐柔し、安心させることに長《た》けている。もっとも、一九八〇年代の末、カン刑務所の模範囚であった頃のギュイ・ジョルジュは、いまだ一度も殺人を犯してはおらず、単なる性犯罪者にすぎなかったのではあるが。

一九九一年一月二日、刑期の三分の二（十年のうち七年）を終えたとき、彼はカンの中心部にある留置場に移され、一月八日から半分自由な管理体制を享受することができるようになった。昼間は、就労援助センターで小さな仕事をして、夜間だけ独房に寝に帰るという生活である。

一月十八日、彼はいつもより遅くまでさぼって遊んでいた。そのまま駅に向かったギュイ・ジョルジュは、最初にやって来たパリ行きの列車に飛び乗ってしまい、パリで十日間を過ごす。刑務所に帰らないのは、大きな危険を冒すことだということくらい、彼も知っていた。脱獄したとみなされて、刑は確実に重くなるのである。しかし、その危険について筋道だてて考えることは、そのときの彼にはもはやできなかった。一九九八年七月、女友だちにあてた手紙の中で、彼は次のように書いている。

「なぜ、俺が帰らなかったか。あたりまえだ。自分から望んで囚人になりたい奴などいない、刑務所の玄関のベルを鳴らして、自分の檻にもう一度入るなんてことは、俺にはできなかったのさ」。

パリに到着した逃亡中の囚人は、昔の友人を見つけ出そうとしたが、何人かは刑務所に入っており、何人かは麻薬のやりすぎですでに死亡していた。そこで、乳兄弟の一人であるドミニク・モランを訪ねて行った。ドミニクは九区でレストランを経営していたが、品行が良かったために予定よりも早く出所することができたというギュイ・ジョルジュの話を聞いて、少しばかりの金を与えた。ギュイ・ジョルジュは職を探すわけでもなく、ただあてもなくパリの町をさまよい、空腹になると店に入ってほしいものをかっぱらった。将来もなく、目的もなく、ただ衝動にかられていた彼は、あたかも時限爆弾のようであった。

〈娼婦〉を見る

一九九一年一月二十四日、ギュイ・ジョルジュは、モンパルナス・タワーの下にあるゴーモン映画館で午後を過ごした後、すでに頭の中にあった犯罪計画を暗示するような買い物をしている。薬局で、厚い絆創膏を一巻き購入したのである。二二時、彼はエドガー・キネ広場のカフェレストランで、ビールを前にして座っていた。そのとき、運命の引き金がかちりと鳴った。

一九九八年五月二十七日、彼は判事に次のように語っている。

「俺がビールを一杯飲み干したとき、一人の若い女、二十二歳くらいで金髪の長い髪の女が独りで歩いていくのが見えた。すぐに気に入って、俺の中でフラッシュが光った。俺は立ち上がり、彼女のあとをつけたんだ」。

その若い女、パスカル・エスカルフェは十九歳、ソルボンヌ大学で近代文学を学ぶ学生だった。黒のミニスカートと上着を身につけたパスカルは、一四区のアパルトマンの玄関に急ぎ足でたどり着き、暗証番号を押して、後ろを振り返ることなく中に入った。直後に、一人の男が玄関ホールにすべりこんできた。

「……彼女は俺を見て、何がほしいのかと尋ねた。俺は、持っていたナイフを取り出して、『おまえだ』と答えた。そのとき俺が持っていたのは、オピネルの一二番のナイフ、でかいやつだった。彼女が俺をののしったので、そのナイフを広げてやった。彼女は叫ばなくなった。ただ怖がっていた。俺は彼女にナイフを向けながら、ドアを開けるように言った。彼女はほんの一瞬ためらったが、そうした。彼女はドアを開けてから、明かりをつけた」。

こうして、ギュイ・ジョルジュが物静かな囚人として過ごしていた間に頭の中で幾度となく思い描いていたであろう幻想、悪夢のシナリオが始まったのである。それは彼にとって、唯一の生存理由でさえあった。

一九九八年、彼は判事に次のように告白している。

「俺を導いたのが、単なる性的欲求ではないことを言っておかなければならない。刑務所を出てから、俺は〈娼婦〉を見るようになった。俺を衝き動かしたこの力が何かは、実際のところ説明できないんだ」。

彼が女性の中に見るようになったこの〈娼婦〉のイメージは、彼を捨てた母に由来するのかもしれない。ギュイ・ジョルジュ自身も説明することができなかった、彼を〈衝き動かしたこの力〉とは、無意識の衝動であろうが、その根底には、生後三カ月で生き別れになったままの生母への錯綜した思いが横たわっているのを、無視することはできない。

**一連の〈儀式〉**

彼は、パスカルのアパルトマンに入るやいなや、抱きついてベッドに押し倒し、電話の受話器を引き抜いた。そして絆創膏を取り出すと、パスカルを後ろ手に縛った。そのうえで、ギュイ・ジョルジュは再びナイフをつかむと、〈儀式〉を遂行したのだが、この〈儀式〉はその後のほとんどの殺人、殺人未遂の際に繰り返されることになる。

一九九八年に行なわれた尋問の中で、彼は次のように答えている。

「手だけを縛りつけて、靴、パンスト、ショーツ、スカートを脱がせた。そのかわり、スリップは、両脇をナイフで切り裂いた。女は怖がっていて、何も言わず、されるがままになっていた。上半身の衣類は、上の方から切って、布きれが彼女の体の上にずり落ちるままにしておいた」。

ギュイ・ジョルジュは、ブラジャーも乳房の間で切っているが、これもその後の犯罪において幾度も繰り返される儀式である。

このような一連の儀式の後、ギュイ・ジョルジュはパスカルを長時間にわたって犯したが、性的快楽を味わうには至らなかった。そこで肛門性交を試みたもののあきらめて立ち上がり、金目のものがあるかと尋ねた。被害者が「ない」と答えると、彼は安全のために口を絆創膏でふさいだうえで、アパルトマンの中をあさり始めた。彼が、ベッドの下に何かないかと前屈みになったとき、それまで恐れおののいて一言も発することのできなかったパスカルが、彼をけりつけた。ギュイ・ジョルジュはよろめいた。この瞬間、この若い女性の運命は決まってしまったのである。

ギュイ・ジョルジュは、自らの最初の殺人を、判事に冷酷に語っている。

「その女は、俺をけろうとしたんだ、俺が金目のものをあさっていたときに。そのことが俺を怒らせた……。最初から、なぜかはよくわからないが、彼女を殺すつもりだったと思う。だが、そのときは俺の欲求の方が強かったので、彼女をベッドに押し倒し、のどを切りつけたんだ。俺は、彼女がまだ死んではいないということを確認させられることになった。というのも、そのとき彼女が俺に言ったから。『あんた、私に何をするの。私を殺す気』。それで、俺はさらにナイフで二、三回切りつけなければならず、そのうちの一つが頸動脈を切った。そのとき、これで彼女を殺すことになるなと考えて、やったんだ。彼女が死ぬまでに、三、四分かかったと思う」。

彼が最後に加えたナイフの一撃は、頸動脈を切断していた。パスカルは、おびただしい量の血を流したが、ギュイ・ジョルジュは平然と立ち上がった。服に付着した血のしみがいやだったので、キッチンに行って洗い、冷蔵庫を開けるとビールの小瓶を二本取り出し、ゆっくり飲み干した。それから、彼がこのアパルトマンで見つけた金目のもの、ウォークマン二つ、金鎖一本、モンブランの万年筆二本、ナイフとコルク抜きのセット、カメラ、腕時計、小切手帳、キャッシュカードなどを集め、被害者が身につけていたパンストとショーツを一緒にカバンにすべりこませると、二三時三〇分、静かに出て行った。ギュイ・ジョルジュが、悪の新たな次元に足を踏み入れた瞬間であった。

パスカル・エスカルフェの遺体は、翌日の夕方、警察の救急隊によって発見された。電話に何の応答もないため、彼女の恋人が警察に通報したのである。さっそく現場検証が開始されたが、犯人のいかなる指紋も採取されなかった。これは、ギュイ・ジョルジュが手袋をはめていなかったことを考えると、奇跡的であった。

一方、ギュイ・ジョルジュの方は、この事件に関する新聞記事を読んで、大いに喜んだ。こんなに簡単に人を殺しても、罰を受けなかったのだから。しかし数時間後に、宿泊先のホテルの主人から、何人かの警察官がやって来て、彼の写真を見せていったことを伝えられたときには、取り乱した。ホテルの主人は、この予期せぬ訪問者たちが、ギュイ・ジョルジュを脱獄囚として探していることもはっきり説明して、説教したからである。そのためギュイ・ジョルジュは、許可を得て外出したものの、その後刑務所に戻らなかったことを告白せざるをえなかったが、このホテルにはなお数日間とどまった。

ホテルの主人が、刑期は半年しか残っていないのだから、出頭した方がよいと根気よく説得したところ、ギュイ・ジョルジュは、寛大な処置を受けられるように警察官にとりなしてほしいと頼んだ。この交渉の中で、彼は、警察が自分について何を知っているのかを用心深く探ろうとしていたようである。ホテルの主人が警察まで行って仲介してくれたこともあって、一九九一年二月十七日、ギュイ・ジョルジュはようやく九区の警察署に出頭したのである。

こんなにも簡単に脱獄囚をもう一度取り戻すことができるのはきわめてまれなので、警察は、ギュイ・ジョルジュの〈逃亡〉中の活動について、手短かに質問しただけであった。警察官は、彼が再犯を繰り返す性犯罪者であることは認識していたが、この範疇の犯罪が最近数カ月間パリで起こっているかどうかについては、確認しなかった。

こうして脱獄囚は、その日の夕方には元のカン刑務所に送り返された。刑罰の適用を決定する判事は、再逮捕できたことに満足し、あまり慎重ではなかった。その結果、カンの軽犯罪裁判所は、一九九一年五月十四日、ギュイ・ジョルジュの〈脱走〉に対して、八カ月の刑罰を追加しただけであった。彼は一九九二年四月四日、八年の刑期をつとめあげて出所した。

一九七八年から一九九二年までの彼の人生を追っていくと、より強い憎悪、より激しい暴力へと一貫して向かっていることがはっきりとわかる。彼は刑務所に入れられるたびに、新たな段階を踏み越えたのである。彼がパスカル・エスカルフェを殺そうと決めたのは、それまでの被害者が生き残って警察に通報したことが逮捕につながったからである。あたかも、司法制度は彼の逸脱を矯正するのではなく、むしろ増悪させたかのような印象を与える。この後も彼は、一九九八年三月二十六日に逮捕されるまで、十二人の女性を襲い、そのうち六人を残酷なやり方で殺害することになる。

### 失敗した〈狩り〉

晴れて自由の身になったギュイ・ジョルジュは、すぐにパリに戻り、再び不法居住、麻薬、男娼としての生活にひたりきるようになる。彼は、パスカル・エスカルフェを、罰せられることなく殺すことができたので、自分に強さを感じており、ただ急いで再開することだけを考えていた。

四月二十二日、午前一時頃、クリシー広場での、不法居住者たちの酒の入った集会の後、彼はマルシェルブ通りを下っていた。ポケットの中で、数日前に手に入れたばかりのオピネルの一二番、お気に入りのナイフを握りしめながら、彼の眼は獲物をあさっていた。エレオノール・Pは良家の出身の女子大生で、マルシェルブ通りに住むフィアンセに会うために、通りを上っていた。彼女が背後に何かの存在を感じ、足を速めてアパルトマンにたどり着き、玄関ホールに入ったとき、ギュイ・ジョルジュが後からすべりこんできた。彼はナイフを取り出して、被害者ののどに押し当てた。

エレオノールは次のように証言している。

「彼は私にお金を要求しました。私は持っていないと答え、実際にお金がないことを証明するために、私の財布を見せました」。

そこでギュイ・ジョルジュは、いつもの脅しの手法に忠実に、この若い女をナイフで少しだけ切りつけた。彼はさらにフェラチオを要求したが、彼女は抵抗した。というのも彼女の恋人が数階上にいて、彼女が到着したのに姿が見えないのを不審に思って降りてくるだろうことがわかっていたからである。エレオノールが叫ぶと、明かりがともった。犯人は、「じゃあな。お前は生かしておいてやる」という捨てぜりふを残して逃げ去った。

午前一時二九分、警察は、管理人の逆上した通報を受け、四分後にはパトカーがサン・オーギュスタン広場に到着した。そこには、上着をかぶって速足で歩いている混血の男性しかおらず、パトカーの回転灯を見ると、走って逃げようとした。数メートル先で捕まえられた彼は、抵抗することなく手錠をはめられたのである。

こうして、ギュイ・ジョルジュの〈狩り〉は失敗した。彼は、警察の取り調べに対して、

「俺は、何にとらえられていたのかわからない。ちょっと酔っていたんだ。武器を持っていたのは偶然だ。最近も同じような問題で、刑務所に入れられたことがある。以前、精神科医の診察を受けこともある」

と証言して、最初から容疑を認めた。

被害者のエレオノールは、ギュイ・ジョルジュが彼女を殺すぞと威嚇したと証言したものの、司法の判断では、この攻撃は単なる〈武器による強制わいせつ罪〉ということになった。一九九二年十月十四日、パリの軽犯罪裁判所は、五年（うち三年は執行猶予付き）の刑を宣告した。彼は刑務所内では模範的に過ごしたので、一九九三年十一月五日、刑期を六カ月残して釈放された。

### 〈成熟した〉殺人犯

パリに戻ったギュイ・ジョルジュは、再び転落の道をゆっくりと歩み始める。彼は生活のために売春し、同性愛者のフレデリック・Fに出会う。フレデリックはギュイに夢中になり、しばらくのあいだ囲っていた。当時、この〈街娼〉は二重生活を送っていた。夜は体を売り、昼は不法居住者や「居住の権利」協会の集会、ホームレスが通りで販売している『世紀の空腹』誌の事務所などを頻繁に訪れていた。こうして彼は、まがいものの政治意識のようなものを身につけ、永続的な不公平の犠牲となったアナーキストとして自らを位置づけるようになっていく。仲間と一緒にいるとき、彼は陽気で親切だった。マーク・トゥエインの小説『トム・ソーヤーの冒険』に登場する孤独なインディアンにちなんで、彼は仲間から「ジョー」と呼ばれていた。

一九九四年の初めに、彼は一四区の瀟洒なアパルトマンを不法占拠して住むようになり、同じ頃、混血の二十三歳の女性サンドランに出会い、一年半のあいだ同棲することになる。生活必需品を手に入れるために盗んだり、アムステルダムまで何回か旅行して麻薬を仕入れ、パリで売ったりしながらも、一九九四年と九五年の夏の間は、パリ市の清掃人夫として働くなど、表面的には安定しはじめたように見えた。

しかし、見かけは当てにならなかった。彼はいわば、〈成熟した〉殺人犯になりつつあったのであり、その行動は、より反社会的ではあるが、より思慮深く、秩序あるものになっていく。

一九九四年一月六日から七日にかけての深夜、彼は一人の女性を殺害する。この殺人は最も成功したものであり、捜査陣に最大の問題を投げかけることになる。被害者はカトリーヌ・ロシェ、二十七歳、化粧品会社のマーケティングの仕事をしている栗色の髪の女性であった。彼女は午前一時頃に帰宅し、一二区の地下駐車場に車を入れようとしていた。ギュイ・ジョルジュは、通りすがりに彼女を見かけたのである。

一九九八年十一月十九日、彼は判事に次のように証言している。

「その晩、俺は狩りの気分だったんだ。だから、リュックサックの中には、ナイフと粘着テープを入れていた」。

車は、ギュイ・ジョルジュの数十メートル先を走っていったが、地下駐車場の出入り口が自動的に開くまで、しばらくの間停まっていた。彼は足を速め、カトリーヌが車のドアを閉めたときには追いついていた。彼はお気に入りのオピネルのナイフを振り回し、被害者を押し倒し、いつもの殺人儀式を開始した。被害者は、まず最初に粘着テープで動けなくされ、着衣はナイフで細かく切り裂かれた。

「まあ、いつもと同じやり方でやった。被害者がトレーナーを着ていたので、中心を胸の高さで、一気に切った。俺は馬乗りになって、上の方から切ったんだ。ブラジャーは、二つのカップの真ん中で切り裂いた。下半身をおおっていたもの、ズボンを脱がせた」。

それから、彼は金目のものをあさり、キャッシュカードを奪って暗証番号を尋ねた。あやつり人形のようになっていたカトリーヌは、暗証番号を言わされ、それから犯された。彼は性的快楽を享受するには至らなかったので、被害者を車の後部座席に横たえると、馬乗りになって、ナイフでのどを十回も切りつけた。そのうちの二つが致命傷となったようである。

「俺が彼女を殺すだろうということはわかっていた。最初からわかっていたんだ……。彼女を後ろの座席に、猿ぐつわを嚙ませて横にしてから、俺は馬乗りになって、のどをナイフで何回も切りつけた。俺は、ナイフを千枚通しのように持ち、耳の横に刃を当てていたと思う。めちゃくちゃに切りつけたが、見なくてすむように、顔をそむけていた。彼女はすぐに死んだと思う」。

その後の行動が、ギュイ・ジョルジュの恐るべき冷血ぶりを物語っている。指紋を残さないために粘着テープをはがし、駐車場から出るときの助けになるように、懐中電灯を盗んでいる。外に出て自由な空気を吸うと、彼は銀行のキャッシュコーナーに急行し、被害者のカードで、二回にわたって計三千八百フランを引き出した。それから、スターリングラード広場におもむいた彼は、血まみれのナイフを運河の中に投げ捨て、ピガールのカフェレストランで、被害者の金で朝食を摂ったのである。

数時間後、血まみれの遺体が発見されたが、死体を見慣れているはずの捜査員も衝撃を受けるほど、被害者の傷はすさまじかった。捜査員の一人は後に証言している。

「これは病気のやつが関わっているなと、ピンと来た。ボスが言ったんだ、こいつはまた始めるだろう、そして、いまいましい問題を俺たちにつきつけてくるだろう、と」。

現場検証と司法解剖の結果も、この懸念を裏づけることになった。殺人犯は、自らのあらゆる痕跡を消し去るのに細心の注意を払っており、いかなる指紋も残していなかったし、射精もしていなかった。犯行時刻には人通りがなく、目撃証人も一人もいなかったので、解決の糸口はまったく見いだせず、この犯行は完全な謎として残った。

一週間後の二月十三日に、ギュイ・ジョルジュは、再び同じ犯罪を繰り返そうとする。午前二時四五分、アニー・Lという二十九歳の〈ラジオ・ノスタルジー〉の司会者のあとをつけたのである。彼はアニーを壁に押しつけ、のどにナイフの刃を当てたまま、金とキャッシュカードを要求した。さらにアパルトマンのドアを開けるように要求したが、中に誰かいるとアニーが言ったため、あきらめた。狼狽した彼は、フェラチオを要求し、女性を強姦する際には初めてのことであるが、コンドームを装着した。

短い性交の後、被害者のブルゾンがじゃまになったため、立ち上がって置きに行ったすきに、彼女は走って自分のアパルトマンに戻り、警察に通報した。ギュイ・ジョルジュはすべてを察して、急いで服を着ると、逃げた。この事件は、単なる性的攻撃として扱われ、詳しい捜査がなされることもなかった。

ギュイ・ジョルジュは、この失敗によって意気込みをくじかれたらしく、警戒心を強めるようになる。麻薬の密売をしたり、夏の間はパリ市の清掃業務に従事したりしながら、不法居住者としてサンドランとの共同生活を送っていたが、警戒して警察官を注意深く避け、髪と髭を伸び放題にしていた。

それでも一九九四年十一月、またあらたな殺人を犯してしまう。ギュイ・ジョルジュが二十三歳のエルザ・ベナディの強姦殺人を自白するのは、二〇〇一年三月の裁判においてである。

九四年十一月九日一五時四五分に死体が発見されてすぐに、犯罪捜査班は、この強姦殺人の犯人が、十カ月前のカトリーヌ・ロシェの殺人犯と同一人物であることに気づいた。エルザも、カトリーヌと同様に、地下駐車場の車の中で殺害されていたし、両親の家にたどり着いたときに攻撃されていた。司法解剖の結果も、カトリーヌ・ロシェを殺害した犯人と同一人物による犯行であることを裏づけていた。ナイフの切り口が同じだったのである。まず、あごと胸の周囲に浅い切り傷があり、さらにおよそ十の深い傷口も認められ、そのうち、のどを切りつけた二つの傷が致命傷だった。しかし何よりも決め手になったのは、服の切り方であり、これが殺人犯の「刻印」となっていた。

## 浮かび上がる連続殺人犯の影

カトリーヌ・ロシェとエルザ・ベナディィの遺体に残されていた着衣の状況を比較検証したトナ・Mは、次のように報告している。

「すべてのプロセスが類似している。二つの事件において、鋭利な刃物を用いて被害者の着衣を切り裂いているのは、偶然とは思われない。ズボンの切り方も同じ。二つの事件では同一の手法が用いられているのである。二つの事件において、着衣に大きな穿孔と小さな穿孔が混在して認められるのは、偶然ではない。同じやり方でなされている。いずれの事件においても、Tシャツが穴だらけになっているし、ブラジャーの切断も同じ手法でなされている」。

こうして捜査員の予感は的中し、カトリーヌ・ロシェを殺害した犯人が、強姦殺人を繰り返したことが確認された。捜査班は、これらの二つの事件を「駐車場の殺人犯」と名づけ、このときから、〈連続殺人犯〉の影が浮かび上がってきたのである。

カトリーヌ・ロシェ殺害の時と同様、殺人犯は、車の中にもエルザ・ベナディィの身体にも痕跡を残さぬよう用心していた。ところが、驚くべきことに、車のダッシュボードの中で見つかった劇場案内のパンフレットから、ごく小さな血痕が検出されたのである。証拠資料はＤＮＡ鑑定のため研究所に送られ、鑑定の結果、この血痕は被害者のものではないことが明らかになった。そのため、研究者たちは、この血痕は殺人犯が残したのだとの結論に達したが、結果的に彼らの判断はまちがっており、この誤りが、後の捜査におそるべき禍根を残すことになる。

捜査陣が、このごくわずかの血痕にすべての希望を託していたころ、ギュイ・ジョルジュは克服しがたい情動に衝き動かされて、〈狩り〉を続行していた。エルザ・ベナディ殺害の一カ月後、一九九四年十二月九日の夜、彼はアニエス・ニーキャンを見つける。この三十二歳のオランダ人のインテリアデザイナーは、同棲中の男性と近くのインドレストランで待ち合わせており、その前に着替えようと、アパルトマンに急ぎ足でたどり着いた。ギュイ・ジョルジュは彼女のあとをつけて、ドアが四階で閉まる音を聞くと階段を駆け昇り、耳をドアに押しつけた。そして、電話で同棲相手と話しているのを立ち聞きし、彼女がすぐに出てくることを知る。

アニエスがドアを開けると、ナイフの刃にぶつかった。ギュイ・ジョルジュは彼女を部屋の中に押し戻し、絆創膏で縛って、猿ぐつわを嚙ませ、いつもの流儀に従って服を切り裂き、ズボンをおろして、荒っぽく強姦した。急いでいたのでコンドームをつけ忘れ、被害者の体内に射精した。殺人犯は、もはや自らの衝動を制御することができなかったのである。彼は立ち上がると、ナイフでアニエスののどを切りつけた。

一九九八年五月二十八日、ギュイ・ジョルジュは、尋問に対して次のように答えている。

「この女を殺すように駆り立てたものが何だったのか、俺にはわからない。彼女は叫ばなかったし、俺を殴ったわけでもなく、逃げようともしなかった。なぜ、俺がこの女を殺してしまったのか、説明できないんだ」。

　まるで凶暴な獣のように、彼は、被害者ののどの右側を二回、左側を二回切りつけた。殺人犯は立ち上がると、自分の服に血が付いていないか確かめ、ハンドバッグを熱心にあさった。そして被害者の身分証明書やクレジットカードを自分のリュックサックにすべりこませると、明かりを消し、ドアを閉めて姿を消した。遺体が発見されたのは、それから一時間後のことである。

　直ちに捜査が開始された。捜査方針を決定する際の最初の誤りは、アニエス・ニーキャンが自宅で殺害され、カトリーヌ・ロシェとエルザ・ベナディが駐車場で殺害されたために、犯行様式上の数多くの類似点——のどにつけられたナイフの切り傷や絆創膏など——にもかかわらず、捜査が別々に行なわれたことである。

　アニエス・ニーキャンの司法解剖の際に検出された精子は、〈未知のDNA、№1〉と命名された。そして簡単な比較照合の結果、このDNAは、エルザ・ベナディの車の中のパンフレットから見つかった血痕のDNAとは別人のものであることが判明した。こうして、異なる捜査班がこれらの事件を別々に担当し、捜査を混乱させることになる。

　六カ月の冷却期間の後、ギュイ・ジョルジュは再び狩りに出かけていく。今度の獲物は、エリザベート・Oという二十三歳の運動療法士で、奇跡的に助かって貴重な証人となる。一九九五年六月十五日、二三時一五分頃、彼はいつもどおりのやり方で彼女を襲った。

　ギュイ・ジョルジュは、アパルトマンに入り、エリザベートに寝室に行くよう命じると、安心したように自分の身の上について語り始めた。

「俺は逃亡中で、警察が俺を捜している。明日、書類を探しに行くために列車に乗らなければならない。その書類があれば、俺はフランスを離れることができるんだ。だから俺は、今晩ここで寝なきゃならない」。

エリザベートが名前を尋ねると、彼は「エリック」と答え、「フロ」と呼んでくれと言った。

彼の緊張の糸はゆるんでおり、狩人としての本能も弱まっていたようである。「よし、俺は寝る。俺はお前を縛って静かにやすむ。ベッドに横になれ」と命令して、粘着テープを取り出し、口をふさいだ。

エリザベートは一瞬の隙を見て粘着テープをはがすと、中庭に飛び降りた。彼女は口に粘着テープをくっつけたまま、いちばん近いバーに駆け込み、警察に通報した。彼女がアパルトマンに戻ったときには、犯人は消えており、ハンドバッグを持ち去っていた。

警察は、今回は機敏に対応し、この事件とアニエス・ニーキャン殺人事件の比較照合を行なった。ナイフ、粘着テープ、被害者の自宅への侵入、バスティーユ地区、……すべてが一致していた。灰皿から煙草の吸い殻が見つかり、この証拠資料はナントの分子生物学研究所に送られ、数週間後にDNA鑑定の結果が送り返されてきた。

「我々は、たばこの吸い殻からDNAを検出し、前回の報告ML95・35（被害者、アニエス・ニーキャン）で同定された未知の男性のDNAと比較照合しました。二つのDNAは一致しました（過誤の可能性はわずかに三六〇〇分の一）」。

こうして、エリザベートを襲った犯人が、アニエス・ニーキャンを殺害した犯人と同一人物であることが科学的に証明されたのである。

## 逮捕

エリザベートを襲うのに失敗した後、それでもギュイ・ジョルジュの〈狩り〉は続いていく。サンドランと別れ、不法居住者として、昼間からビールと麻薬にひたりきる生活を送っていた彼は、新たな犠牲者を必要としていた。

一九九五年七月四日の深夜三時頃、彼は、フォーブール・サン・マルタン通りで、エレーヌ・フランキングとすれ違う。エレーヌは二十八歳、エリザベートと同じく運動療法士として働いていた。ギュイ・ジョルジュは彼女に近づき、煙草を一本くれるよう頼んだ。十分ほど一緒に歩いた後、アパルトマンの前まで来たので別れを告げようとすると、男は突然ナイフを振りかざした。

一九九八年五月二十五日、彼は、この犯行を自供するが、いかなる憐れみも示さなかった。
「女の部屋に上がった。いつものように犯してから、のどを切って殺し、アパルトマンをあさった」。

このとき、殺しの日常性に押し流されたのか、彼はまたもやコンドームをつけ忘れてしまう。こうして、エレーヌの遺体から検出された精子のDNA鑑定が実施されることになる。この強姦殺人と、アニエス・ニーキャンの殺害、そしてエリザベート・Oを襲った犯人の、犯行様式における類似性は明らかだった。壁に飛び散った血、切り裂かれた着衣、ナイフによるいくつもの切り傷、手に残された絆創膏の跡、……すべてが同じ「刻印」として残されていた。

この類似性は、DNA鑑定によって確認されることになる。一九九五年七月二十八日、ナントの分子生物学研究所所長パスカル医師は、このDNAを〈SK〉と名づけた。〈SK〉は、〈Serial Killer〉(連続殺人犯)の略号である。こうして、三つの事件は同一人物による犯行であることが判明し、一つにまとめて捜査されることになった。

ギュイ・ジョルジュは、捜査の新たな進展をまったく知らなかった。清掃の仕事で得た金で、一八区にある質素なホテルの部屋代を払うことはできたが、ますます孤独になり、衝動の虜になっていった。一九九五年八月二十五日、午前一時三〇分、彼は二十歳のメラニー・Bのあとをつけて、三区のアパルトマンに入り、ナイフを取り出すとのどに押し当てて、「中に入れ、急げ」と叫んだ。

彼女が室内に入ると、廊下の端に薄明かりが見え、テレビがついているようだった。ギュイ・ジョルジュは立ちすくんだ。廊下の突き当たりから、パンツだけの若い男が現われたのだ。メラニーは背中にナイフを押しつけられて硬直していたが、身振りで合図した。闖入者は走って逃げ出した。二人は四階の踊り場で、「ギュイ・ジョルジュ」という名前入りの財布を発見し、すぐに警察に通報した。

この新たな強姦未遂は、三区の警察署で取り扱われ、八月二十五日、ギュイ・ジョルジュあてに召喚状が送られた。彼は、八月三十日頃に財布を紛失したことに気づいたようで、九月八日、三区の警察署に出頭し、ただちに勾留された。彼は容疑を否認したが、警察はホテルの彼の部屋を捜索した。その結果、「全長二八センチ、刃渡り一二・五センチのオピネルの一二番のナイフと、三つの粘着テープ」が押収された。

九月八日午後、メラニーとその同棲相手は警察に出頭し、面通しによって、ギュイ・ジョルジュを犯人と認め、脅すのに用いられたナイフも押収されたものに中にあると証言した。

担当の警察官の見解では、これで手続きはすべて終了したとみなされ、容疑者はすみやかに裁判所に送られた。捜査書類は吟味されることなく、きわめて迅速に処理され、警察の他の部署に回されることもなかった。こうして九月九日、パリの軽犯罪裁判所はギュイ・ジョルジュに、〈武器を用いた威嚇による暴力によって、全治一週間の軽傷を負わせた再犯〉の罪により、三十カ月の刑を宣告したのである。急いでいたために、裁判所が、エレオノール・Pへの攻撃に対して、一九九二年に下した三年の執行猶予付き判決を忘れていたのは明らかである。この判決が同じ裁判所によって言い渡されたことを考えると、さらに不可解さが強まる。刑罰が法律に従って厳密に適用されていたならば、彼は、少なくとも三年半は刑務所に入れられるはずであった。

## モンタージュ写真のまちがい

いずれにせよ、ギュイ・ジョルジュは刑務所に収監され、警察の監視下に置かれるようになったのだが、同じ頃、ちょうど九月初めに、犯罪捜査班に配属されたばかりの一人の警部が、すばらしい直感を働かせた。この警部は、一九八四年頃ナンシーで勤務していたのだが、駐車場で女性をナイフで脅して強姦した男のことを思い出したのである。彼は、強姦した犯人の「ギュイ・ジョルジュ」という名を記憶によみがえらせ、自分のひらめきを同僚に伝えた。さらに、イル・ド・フランス（パリ周辺の地域）のすべての受刑者の名簿を検索したところ、驚くべきことに、ギュイ・ジョルジュはちょうど刑務所に投獄されたばかりだった。しかも、ナイフを用いて女性を襲った罪で。

一九九五年九月九日、ギュイ・ジョルジュは刑務所から出され、取調室に連れて行かれた。取調官は、カトリーヌ・ロシェ及びエルザ・ベナディ殺害の捜査のために、彼を監視下に置いているのだと伝えた。

さらに別の取調官が、勾留理由としてアニエス・ニーキャンとエレーヌ・フランキングの殺人を挙げたとき、彼は何となく不安になった。

しかし取調官が隠し持っていたモンタージュ写真を盗み見て、ギュイ・ジョルジュは安心する。そこに描かれている似顔絵が、自分とは似ても似つかなかったからだ。これは、唯一の生き残り証人であるエリザベート・Oが、自分を襲った犯人を〈北アフリカ系〉と証言したためである。モンタージュ写真合成のための類型としては、〈北アフリカ系〉〈アフリカ系〉〈アジア系〉〈コーカサス系〉などが用意されていたが、彼は〈混血〉に分類されるべきであった。証言したエリザベート・O自身も、いくつか提示されたモンタージュ写真のでき具合いにはけっして満足していなかったようである。モンタージュ写真を見て安心した彼は、これらの恐るべき殺人事件と強姦未遂事件への関与を、完全に否定した。

取調官は予審判事のジルベール・ティエルに電話して、容疑者がモンタージュ写真には似ておらず、混血であり、アラブ系ではないことを報告した。そして、被害者に面通しさせるべきか否かを尋ねたのだが、ジルベール・ティエルは、被害者を動揺させないようにとの配慮から、その必要はないと答えた。このときの決断について、ジルベール・ティエル判事は後にひどく後悔して、次のように語っている。

「もし、私がウィと答えていたならば、マガリ・シロッティもエステル・マグも、ずっと生きていただろう。これは大変な失敗だった。それはたしかだと思う。面通しは、被害者にとって過酷な瞬間なんだ。だから、証人の感じやすい気持ちを守るためには、容疑者の〈物理的〉露出を制限しなければならない場合もある。容疑者の顔をさらすことによって、こんがらがることもあるので。私はエリザベートを守りたかったし、そのことが捜査の進展に良い影響を与えると思ったのだが……」。

数日後、二人の警察官がエリザベート・Oのもとにおもむき、鑑識課に保管されていたギュイ・ジョルジュの写真を見せた。ところがこの写真は、九月八日、逮捕直後に撮影されたもので、顔はむくんで腫れ上がり、髪も伸び放題で、見分けがつかなかった。そのためエリザベートは、自分を襲ったのはこの男ではないと断言したのである。こうして彼は容疑者からはずされ、彼のＤＮＡと、彼女を襲った犯人の煙草の吸い殻のＤＮＡが比較されることもなかった。

九月末、ナント分子生物学研究所所長のパスカル医師は、ティエル判事に、エルザ・ベナディの車の中で発見された血痕と、ギュイ・ジョルジュの血液のＤＮＡを比較した鑑定結果を報告している。結果は、〈一致しない〉であった。車の中の血痕は別人のものであることが判明し、これによって、ギュイ・ジョルジュへの追及は幕を閉じる。

彼は、信じられないような幸運、有利な状況に恵まれて、刑務所の中で、もうこれ以上罰を受けることはないのだと安心して、静かに日々を過ごした。とはいうものの、警察に採血されたときの恐怖は記憶に残っており、この後、強姦するときには必ずコンドームをつけるようになる。

ギュイ・ジョルジュの勾留が手痛い失敗に終わった後、ジルベール・ティエル判事は、女性に対する暴力犯罪により最近有罪になったすべての男性にまで、捜査範囲を拡大するよう命じ、警察官たちは精根尽きるような仕事を、蟻のように続けることになった。

一方、ナントの分子生物学研究所所長パスカル医師は、彼の研究所で取り扱ったすべての検体のＤＮＡの比較鑑定を実施することにしたと伝え、判事はこの決断を心ならずも認めた。というのもフランスの法律では、科学捜査専門の研究所で鑑定したＤＮＡの遺伝情報を保存しておくことは、許可されていなかったからである。個人の自由の保護という倫理的理由から、これらのデータは犯罪捜査の枠内で使用された後、破棄されることになっていた。

ギュイ・ジョルジュのDNAのデータは、他の三千名のデータとともに保管されていた。CNIL（情報処理と自由に関する国家委員会）によって罰せられないように、パスカル医師は、これらのデータを簡単な厚紙のカードファイルに記入し、保存していたのである。ゆっくりとではあるが、これらのカードの中の一枚と、〈SK〉の遺伝情報との一致を見いだそうとする努力が、科学者たちによって積み重ねられていく。

一九九六年初めから、捜査陣は、連続殺人が〈冷却期間〉に入ったという印象を抱く。当の犯人が刑務所で服役中だったのだから、当然といえば当然なのであるが。ティエル判事は、この当時の捜査状況について次のように語っている。

「イル・ド・フランスとその周辺地域の刑務所に収監されているすべての男性をしらみつぶしに調べたが、成果は上がらなかった。そこで結論として、次の三つのうちのいずれかだろうということになった。やつは死んだのか、パリを離れたのか、それとも取り逃がしたのか……。一度そういうことになってしまうと、もはや進展はまったくなかった。実際、もうどうしていいのかわからなかった」。

一九九六年春には、捜査員たちは、解決策がもはや一つしかないという結論に達していた。連続殺人犯が再び姿を現わすまで待つしかない、と。

## 戻ってきた連続殺人犯

一九九七年六月六日、ギュイ・ジョルジュは再び自由の身になる。出所後、再会したサンドランとともに、ヴァールに住む彼女の母親を訪ね、一週間の滞在後パリに戻ってからは、しかし激しい欲望が再び頭をもたげてくる。この後の二度にわたる犯行における明らかな準備不足は、彼が、逮捕の危険を意識して衝動にあらがいながらも、ついには屈してしまったことを物語っている。

一九九七年七月二日の夕方、彼は一一区で、二十四歳のエステル・Fに突き当たる。彼は、ナイフを被害者の顔に押し当て、浅く切りつけ、手で彼女の口をふさいで廊下に押し倒した。それでも、彼女が抵抗して叫んだため、隣のドアが開き、犯人は逃走した。この犯行は、地区の警察署で処理されただけで、エステルの告訴を連続殺人の捜査班が知るようになるのは、ようやく数カ月後のことである。

九月二十三日、午後遅く、前の晩に飲んだ何リットルものアルコールの余韻がまだ残っている状態で、彼は十九歳のマガリ・シロッティとすれ違う。

ギュイ・ジョルジュは、彼女を一目見て惹きつけられたらしく、後に次のように語っている。

「彼女がアパルトマンのドアを押しているのを見たとき、一瞬、ある衝動が俺をとらえたんだ。俺は自分に言い聞かせた、やるぞ、と。実際、それまでにも何人もの若い女を襲って殺していたが、いつもこの衝動にとらえられていたんだ。しかし、強姦するために必要な最小限の道具を持ち歩いていたほかのときとは違って、そのときは何も持っていなかった。だから、ドアが閉められる前に通りを横切っていったんだ」。

彼はすばやく行動した。マガリの後ろに走り寄り、彼女が二重の錠のついたアパルトマンのドアを開けようとしたときには、追いついていた。そして、彼女を室内に押し込んだ。ギュイ・ジョルジュは、彼女にベッドの上に腰かけるように命じると、靴ひもを素早くつかんで被害者の手を縛りつけ、服を切り裂き始めた。

マガリは、自分が強姦されるのだということはわかっていた。それで、彼女はコンドームの置き場所を指し示して、ひきつった声で、来年の夏結婚しなければならないから、と告げた。ギュイ・ジョルジュはコンドームを装着すると立ち上がり、台所の引き出しで見つけた三十センチの包丁を、ベッドの脇に突き立てた。

被害者はもはやまったく反応しなかった。いつもと同じように、ブラジャーとパンティを切り裂き、約十分間強姦した。一度満足すると、彼は再び立ち上がり、被害者の足を縛りつけ、枕を頭に押しつけて、のどを包丁で切りつけた。

このときの自らの行為について、一九九八年三月二十七日、ティエル判事の取調室で、彼は恐るべき冷酷さで語っている。

「包丁を取り上げ、のどを切って殺した。まず、右から左に包丁で切りつけてから、突き刺した。というのも、自分の経験から、そうすると女がいちばん速く死ぬことがわかっていたからだ。包丁で最後に刺したのは、のどの右側だった。左手で、枕を女の頭に押しつけて、右手で刺した。この女はすぐに死んだ、殺したすべての女のなかで最も速く死んだのが、この女じゃないかと思う。それから、部屋の中をあら探しした」。

殺害後、ギュイ・ジョルジュは、まず台所に行って手を洗い、ズボンについた血痕を洗い流そうとした。それから、自分の身を危うくするような痕跡を残していないかどうか注意して室内を見渡すと、マガリのリュックサックを取り上げ、使用済みのコンドーム、被害者のパンティ、しばるのに使った靴ひもをその中に入れた。さらに、被害者の身分証明書、小切手帳、キャッシュカードと懐中電灯を盗むと、一八時頃アパルトマンをあとにした。

被害者の遺体は、一九時三〇分、マガリの婚約者によって発見され、すぐに通報された。この強姦殺人と、エレーヌ・フランキング、アニエス・ニーキャンの事件との類似性は、一目瞭然であった。このときティエル判事は、〈彼の追っている〉連続殺人犯がパリに戻ってきたのだと、はっきり認識したという。

## パニックに陥ったパリ

同年九月末には、週刊誌の『探偵（Détective）』が、パリに連続殺人犯が存在するかもしれないという最初の記事を発表し、捜査陣への圧力は高まった。ギュイ・ジョルジュはこの記事を読んでおらず、自分は捕まらないとずっと信じていたようである。

十月二十八日夕方、彼は、二十五歳のヴァレリーのあとをつけ、サン・ジェルマン・デ・プレにある彼女のアパルトマンまでついていった。踊り場から現われたその男は、左手に何かを振りかざし、口に指を当てて「しっ」と黙るように命じたが、被害者が対決する姿勢を見せたため、少し驚いたようである。彼女は隣のアパルトマンのドアの前まで後ずさりし、力の限り叫び始めた。四、五秒後、犯人がきびすを返して立ち去り、階段を降りていくのが見えた。

ヴァレリーはすぐに警察に通報した。約一時間後に二人の警察官がやって来たが、告訴はしないよう忠告した。そんなことをしても「何にもならない」からという理由であった。ギュイ・ジョルジュの逮捕後に初めてその写真を新聞で見て、彼女は自分を襲った犯人であると認識し、ティエル判事のもとに出頭した。警察の怠慢により、異なる部署間での情報交換がきちんとなされていなかったために、殺人犯についての重要な情報を得る貴重な機会は台なしになってしまった。

十七日後、この失敗にもまったく懲りることなく、ギュイ・ジョルジュは常に狩りの態勢にあり、ポケットにはいつもナイフを入れていた。一九九七年十一月十六日、午前三時頃、バスティーユの近くのフォーブール・サン・タントワーヌ通りを上っていた金髪の女性に、フラッシュが光った。エステル・マグ、二十五歳、映画制作会社の助手を務めており、自分のアパルトマンに帰るところだった。ギュイ・ジョルジュはあとをつけ、階段の踊り場で武器を突きつけると、いつもの殺人儀式を繰り返したのである。

このとき彼は、握りしめたナイフをこの若い女の肉体にめり込ませたが、常軌を逸した破壊的な力のために、ナイフは横滑りする。切り方があまりにも激しすぎたために、ナイフの刃が首を貫通してしまったのである。そのため殺人犯は、手に深い傷を負った。

ギュイ・ジョルジュは血まみれになり、トレーナーにも血のしみがついた。彼はこのトレーナーを脱ぎ捨てると、台所の流しで傷を洗った。数分後、被害者の身分証明書、キャッシュカード、ランセルのバッグ、靴一足などを奪ってアパルトマンをあとにしたが、血まみれになった自分のトレーナーを忘れてしまった。

その日の午後、エステルの両親が遺体を発見する。犯罪捜査班は犯行現場に到着するとすぐに、例の連続殺人犯がまた犯《や》ったことを知った。そのため何人かの捜査官は、この事件をジャーナリストにしゃべってしまい、それまで秘密厳守の指令を守っていた被害者の親たちも、新聞社に接触した。

こうして十一月二十日、『ル・パリジャン』に「首都の連続殺人犯」という見出しが踊ることになった。その記事の中で、現場に残されたトレーナーに付着していた血液が、アニエス・ニーキャンとエレーヌ・フランキングを殺害し、エリザベート・Oを襲った犯人のものであることが報じられた。数日後には他の新聞も、この事件を長い記事で扱い、パリ市内、特にバスティーユ地区はパニック状態に陥った。

ジルベール・ティエル判事は後に、この時期のことを次のように語っている。

「理性を欠いた時期に突入してしまったが、この時期が最も危うかった。このときから逮捕されるまで、ギュイ・ジョルジュは、逃げようと思えばいくらでも逃げることができたのだから」。

## 一致したDNA

一九九七年十一月二十一日、ティエル判事は、フランス国内でDNA鑑定を行なっている十ほどの研究所に手紙を送った。例の殺人犯が再犯を繰り返しているのは明らかなので、〈SK〉のDNAと、各研究所が過去に鑑定したDNAの比較照合を依頼したのである。これは完全に非合法な措置であり、事件の重大性を考慮して依頼を受け入れる研究所もあったが、いくつかの研究所は拒否した。

一方、ギュイ・ジョルジュはこの喧噪を逃れ、パリから遠く離れたところにいた。まずシャラントに行き、つぎにマンスルで過ごした。一月初めにパリに戻ったのは、生活保護を受けるためであった。彼はこのころ、自分の〈幸運の星〉を信じ切っていたようである。

一九九八年一月には、ヴァンシャンヌという二十歳の娘を誘惑し、パリ郊外のサン・ジェルマン・アン・レーにある彼女の家に、週三回泊まりに行くようになった。その結果、二月に、ヴァンシャンヌは彼の子供を身ごもる。彼女は、後に次のように語っている。

「彼はとても優しかったわ。私たちはよく一緒にいて、彼が娘の世話をしてくれたこともある。彼は、まったく知らず会ったこともないのに、自分の両親のことを話すことが多かった。お父さんには、本当に会いたがっていたわ」。

一方、母親のことはひどく恨んでいたという。

こうして何週間かが過ぎ去り、捜査官たちは疲れ果て、新聞は被害者の家族たちの激昂を伝え、パリ警察の無能を酷評していた。

朗報は、一九九八年三月二十四日、突然やってきた。一九時過ぎ、ジルベール・ティエル判事の取調室の電話が鳴り、パスカル医師の声が「例の男を見つけた。ギュイ・ジョルジュという名前だ」と告げたのである。判事は仰天した。その名前には聞き覚えがあった。書類を調べると、一九九五年九月九日、この男を犯罪捜査班が長時間にわたって取り調べていたことが判明した。

夜中に、ギュイ・ジョルジュの写真が三千枚印刷され、フランスのすべての警察署に送られた。情報が広まれば広まるほど、〈逃亡〉の危険性は高まるので、ティエル判事は捜査を秘密裏に行なうことを希望し、情報統制をマスコミに依頼した。ところが三月二十六日、朝七時、RTLラジオのジャーナリストが禁止を破って、「パリ東部の殺人鬼」が誰なのかを暴露してしまい、他社もこの情報を流した。

午前一〇時、ギュイ・ジョルジュは生活保護の金を受け取るために、社会援助センターに立ち寄った。そこで係員が、不用意にも、彼が「パリ東部の殺人鬼」と同じ名前だと教えてしまう。ギュイ・ジョルジュは返答せず、小切手を受け取るとすぐに消えてしまった。数分後、係員はへまをやらかしたことを悟って、警察に通報した。

パリには、ただちに千五百名の警官が動員され、警戒態勢が敷かれた。

一二時四五分、ギュイ・ジョルジュはメトロのブランシュ駅を上がり、クリシー通りを横切っていた。耳にはウォークマンを当て、リラックスした様子であった。そのとき、車に潜んでいた二人の警官が、彼に飛びかかって逮捕した。まさに間一髪の逮捕であった。

**動機なき殺人**

ギュイ・ジョルジュの連続殺人を振り返ってみるとき、何よりも不可解なのは、その動機である。彼が

「動機なき殺人」を繰り返すようになる以前、少年時代のギュイ・ジョルジュをアンジェの刑務所で診察した精神科医のルション医師は、次のように証言している。

「彼はけっして、自らの攻撃の理由を説明することができませんでした。私は、女性を絞め殺そうとしているギュイの姿を思い描くことができません。あたかも、二つの異なる人格があるかのようでした。ギュイの話では、彼は盗みにも、急激な性的欲求の高まりにも興味がなさそうでした。この動機の欠如こそが私を不安にさせたのです」。

　この「動機の欠如」については、ギュイ・ジョルジュ自身も逮捕後に何度か語っている。

　一九九八年五月二十八日、アニエス・ニーキャンの強姦殺人についての尋問の際、彼は次のように答えている。

「この女を殺すように駆り立てたものが何だったのか、俺にはわからない。彼女は叫ばなかったし、俺を殴ったわけでもなく、逃げようともしなかった。なぜ、俺がこの女を殺してしまったのか、説明できないんだ」。

　この「女を殺すように駆り立てたもの」が何だったのかは、彼自身にも最初からわからなかった。最初にパスカル・エスカルフェを殺害したときのことを尋ねられた彼は、「俺を導いたのが、単なる性的欲求ではないことを言っておかなければならない。刑務所を出てから、俺は〈娼婦〉を見るようになった。俺を衝き動かしたこの力が何かは、実際のところ説明できないんだ」と答えている。

　彼を「衝き動かしたこの力」は、常に彼を殺人へと追いやった。マガリ・シロッティ殺害についての尋問の際にも、「彼女がアパルトマンのドアを押しているのを見たとき、一瞬、ある衝動が俺をとらえたんだ。

俺は自分に言い聞かせた、やるぞ、と。実際、それまでにも何人もの若い女を襲って殺していたが、いつもこの衝動にとらえられていたんだ」と語っている。

ギュイ・ジョルジュは、「ある衝動」にとらえられて、強姦殺人を繰り返したのだが、この「衝動」が彼自身にとっても常に謎であり続けたことは、二〇〇一年三月二十七日、唯一の生存者であるエリザベート・Oとの法廷での対面の際にいっそう明らかになる。初めて七件の殺人を認めた後、裁判官から「ベナディの事件で、なぜあなたは採血によるDNA採取を承諾したのですか」と質問されたギュイ・ジョルジュは、次のように答えた。

「なぜかというと、逮捕されたかったからです。（口ごもり）……私は自分に言い聞かせていました。よし、さあ、おまえはぷっつり切れて爆弾を爆発させるぞ、と。……その一方で、おまえは、別の誰かなのだとも言っていました。自分自身に質問したのです………どうしたら、やめられるのだろうか、と。そのためにこそ、私は、一九九五年に自分の血液をさしだしたのです。……私は、襲うときにはいつも殺すことを考えていました……いつもなぜなのかを自分に問いかけていたのです。……自分自身にさえも……わかりませんでした。自分が罰せられるだろうことはわかっています。しかし、この罰、この罰を私に課すのは、私自身なのです。でたらめに、女とやったのだから」。

彼の最後の言葉「この罰、この罰を私に課すのは、私自身なのです」は、フロイトの次のような指摘を思い起こさせる。

「多くの、特に若い犯罪者においては、犯行前にすでに存在した強い罪責感を指摘することができる。つまり、この罪責感は結果ではなく動機なのである。それはあたかも、この無意識の罪責感を現在の何らかの現実的な出来事に結びつけることができれば、罪責感から解放されると感じているかのようである」。

これは、彼を診察した精神科医たちがいずれも「罪責感、人生におけるモチベーションがほとんど欠如」（アンジェの裁判所の要請に応じて診察したフェリオン医師とデュフロ医師）、「〈悔恨と倫理的抑制〉の完全な欠如」（ナンシーの留置場で精神鑑定を担当したボアスニン医師とポーガン医師）という一致した所見を述べていることからすれば、奇異な印象を与えるかもしれない。だが、これは、ギュイ・ジョルジュの罪責感が意識化されていなかったためであると考えられ、強い罪責感が無意識に潜んでいながら、表面的には罪責感がほとんど欠如しているような印象を与えるところに、彼の二重性があると言える。

## 「衝動」の解明

いずれにせよ、「女を殺すように駆り立てたもの」「衝き動かしたこの力」「ある衝動」にとらえられて、ギュイ・ジョルジュが強姦殺人を繰り返したのは明らかであり、それが何に由来するのかを探ることは、司法関係者にとって重要な課題であった。

彼を殺人へと駆り立てたこの「衝動」を解明するために、綿密な精神鑑定が、デュベック医師、ザギュリー医師、グリンスパン医師、ティゲン医師らによって実施された。その結果の要旨は以下の通りである。

「ギュイ・ジョルジュは、〈同一性の病理〉に苦しんでおり、それは〈親族から拒絶されたよけいな子供〉だという感覚と結びついていた。彼の恨みは母親に集中していたが、その一方で、常に母親のことを美しく、陽気で、悩みのない人だと想像していた。彼自身は、冷たく悲しい子供時代を過ごしたのではあるが。ギュイ・ジョルジュは、彼の犠牲者たちは、この幻想と不安が入りまじったイメージの延長線上にいたのである。

自らを守るために二重人格を構築していた。倒錯的な傾向がきわめて強く構築されているが、これは、精神病的な崩壊、どうにもしがたい抑うつから身を守るためである」。

この鑑定結果においてきわめて興味深いのは、「精神病的な崩壊、どうにもしがたい抑うつから身を守るため」に、彼の倒錯的傾向が構築されているという指摘である。この「抑うつ」については、一九八九年九月十四日、カン刑務所でギュイ・ジョルジュを診察した精神科医ヴィニー医師も指摘している。「さらに、覆い隠されてはいるが、抑うつ傾向、見捨てられ恐怖も認められる」。

たしかに、自らを殺人へと駆り立てたものがじつのところ何なのかは、彼自身にとっても謎だった。彼が、自らを殺人へと駆り立てる真の理由を理解すれば、抑うつ状態に陥ったであろう。この抑うつは、彼を自殺にさえも導いたかもしれない。この破壊的ならせん構造の根底にあるのが「同一性の病理」であり、「それは〈親族から拒絶されたよけいな子供〉だという感覚と結びついていた」のである

この指摘は、少年時代のギュイ・ジョルジュを診察した精神科医のルション医師の証言とも一致する。ルション医師は、一九九八年十月十四日、判事の質問に次のように答えている。「面接の間じゅう、彼は、自らの起源を探求し、何かを構築しようとしていました。なぜ自分が捨てられたのかを、自らに問うていたのです。彼は、本当の家族をまったく知らなかったので、それはどんなものなのだろうと、いつも自問していました」。

彼らの証言から浮かび上がってくるのは、「親族から拒絶されたよけいな子供」であることを常に感じていたがゆえに、「なぜ自分が捨てられたのか」、「本当の家族とはどんなものなのか」と、いつも自らに問いかけていたギュイ・ジョルジュの姿である。

たしかに、彼は、実母からも、親族からも、そして養父母からも〈拒絶〉された存在であった。まず、生母のエレーヌ・ランピョンは、妊娠中に子供の父親がアメリカに帰還してしまったため、途方に暮れ、生まれたばかりの赤ん坊を両親のもとに預けようとするが、拒絶されてしまう。そのため彼女は、この赤ん坊を乳母のルソー夫人とロザン夫人に預けるのだが、養育費をまったく払わずにパリに去ってしまう。そして、出産から三カ月後の一九六三年一月二日以来、ギュイ・ジョルジュといかなる接触も持とうとせず、赤ん坊を引き取るようにとの保健社会事業局からの再三の要請も無視して、けっして会うことはなかった。一九六七年一月十四日、生母は、最初の息子であるステファン（ギュイ・ジョルジュにとっては異父兄）だけを連れて、アメリカに旅立ってしまったのである。

生母の家族、ランピョン家の方も、ギュイ・ジョルジュを引き取って育てることを拒否したうえ、彼が五歳半のとき、戸籍も修正している。「将来の養子縁組を想定」して、彼はギュイ・ランピョンからギュイ・ジョルジュになったわけだが、生母及びその家族による遺棄に続いて、その戸籍からも抹消されてしまったことは、彼にとって無視しがたい外傷体験となったのではないだろうか。たとえ、そのことの意味が事後的にしか理解されなかったとしても。

このように、生母についてほとんど何も思い出せない状況の中で、ギュイ・ジョルジュは、引き取られたモラン家で、モラン夫妻を本当の両親だと思って生活していくしかなかったが、結果的には養父母からも拒絶されることになる。

こうして一度ならず〈拒絶〉されたという苦々しい現実は、ギュイ・ジョルジュの精神構造にいかなる影響を与えたのだろうか。逮捕後の精神鑑定で、「彼の恨みは母親に集中していたが、その一方で、常に母親のことを美しく、陽気で、悩みのない人だと想像していた」と指摘されているように、彼は、一方で母に対する恨みを抱きながらも、他方では、不在であったからこそ幻想の中で理想化された母と、その象徴としての乳房を希求していたようである。「彼の犠牲者たちは、この幻想と不安が入りまじったイメージの延長線上にいた」のであり、母への恨みは、母に代表される女たちに転移されて復讐願望のかたちで現われ、母の乳房への希求は、後に述べるようにフェラチオの幻想を形成して、独特の犯行様式として現われることになる。

彼が、被害者を殺害するのに必ずしも必要ではないにもかかわらず、服、ブラジャー、パンティを切り裂いたり、あご、のど、胸などをナイフで何度も切りつけたりしたのは、サディズム的満足を得るためであろうが、その萌芽は少年時代のいくつかの事件に、すでにはっきりと認められる。このようなサディズム的傾向の根底には、母に対する恨みが潜んでおり、それが転移されて、女性一般への攻撃性として現われたことは言うまでもない。

## 〈娼婦〉の意味

彼の復讐願望、サディズム的傾向を理解するうえで興味深いのは、最初の殺人、パスカル・エスカルフェ殺害についての尋問の際、彼が判事に、「俺を導いたのが、単なる性的欲求ではないことを言っておかなければならない。刑務所を出てから、俺は〈娼婦〉を見るようになった」と語っていることである。彼が女性の中に見るようになった〈娼婦〉とは、何を意味するのであろうか。

フロイトは、「男性にみられる愛人選択の特殊な一タイプについて」という論文の中で、一連の〈愛を決

定づける条件〉が特徴的に認められる男性の、対象選択の特殊な類型として、

① 権利を侵害される第三者の存在：ライバルとなる他の男性――夫、婚約者、恋人など――が存在する場合にのみ恋に落ちる。

② 〈娼婦〉への愛：純潔で操正しい女性はけっして愛の対象とはならず、性生活上とかくの噂がある女性――貞節ではない、あるいは信頼に値するかどうか疑わしいような女性――ばかりに惹きつけられる。

③ 愛の対象への最高の価値の賦与：愛の対象となる女性を、愛する唯一の対象として過大評価し、現実には手ひどく裏切られているのに、そのたびにむしろ自らに誠実さを課す。

の三つを挙げている。

①と②が、愛の対象の必要条件であるのに対して、③が愛の対象に対する男性の行動様式という違いはあるものの、フロイトによれば、これらの三つの類型は、情熱的な愛において反復強迫的に現われるという。愛の激しさと、その結びつきの強さからして、この種の恋愛関係が、ある人物の人生でただの一度でも決定的な出来事として起こったなら、二度と繰り返されることはないという印象を抱きがちであるが、実際には、これらのタイプの男性の場合、同じように激しい恋心が繰り返し現われ、ある類型が別の類型の正確な複写のようになることもある。

たとえば、①の条件であるライバルとなる男性の存在と、②の〈娼婦〉への愛に共通するのは、「嫉妬」である。彼らが嫉妬を感じるときにのみ、その熱情は高まり、対象となる女性が完全な価値を持つのであり、彼らはそのように激しい「嫉妬」の感情を感じる機会を、けっして見逃さない。こうして、愛の対象それ自体は、外部条件の影響を受けて次から次へと入れ替わりながらも、一続きの長い系列を形成していくことに

なる。

自由ではない女性を愛する、娼婦と似たり寄ったりの女性を愛する、愛する女性に最高の価値を与えるというような類型は、一見するとばらばらで、かなり異なる原因から派生しているように思われるかもしれない。しかし、フロイトは、精神分析の経験から、この一風変わった対象選択、奇妙な愛情行動が、じつは同じ起源に由来しており、それは、多くの〈正常な〉人間の愛情生活においても見いだされるものだと述べている。

これは何に由来するのであろうか。子供の母への愛着である。これらの風変わりな対象選択の類型において認められる〈愛を決定づける条件〉は、母への強い愛着に起源を持つというのがフロイトの主張である。

この点に関しては、①の条件、対象となる女性が自由ではない、あるいはライバルとなる第三者の男性が存在するという条件が、最もわかりやすいだろう。家族の中で成長する子供にとって、母が父のものであるというのは、母の本質と切り離せない要素であり、ライバルの第三者とは父にほかならない。③の、相手の女性を唯一かけがえのない対象として過大評価するというのも、子供の置かれている状況にすんなり合致する。通常、子供は母をただ一人しか持たず、母との関係は一度きりの、かけがえのない体験だからである。ただし、ギュイ・ジョルジュのように、生母に捨てられ、乳母、養母などの〈母〉と名のつく女性が何人か出現しながらも、そのいずれもが彼にとってかけがえのない唯一の存在にはなりえなかった場合は、この限りではない。かけがえのない唯一の対象としての〈母〉が不在であったことは、彼の人格形成に少なからぬ影響を与えたと思われる。

一方、②の選択する愛の対象の娼婦性という条件は、母親コンプレックスから導き出される帰結とは正反対であるという印象を与えるかもしれない。意識的な思考においては、母親とは道徳的に非の打ちどころのない、無垢の人格であるべきだと一般には考えられているからである。

しかし、母と娼婦の、表面的には明らかに相反する性格こそが、その類似性を示唆することになる。というのも、意識のうえで正反対の対極物として分裂して現われるものは、無意識においてはしばしば同一であることが、精神分析的研究から明らかになっているからである。

無意識の幻想において、母と娼婦が相通じるものとしてとらえられる理由について、フロイトは次のように説明している。男の子が思春期の頃に、大人同士の性関係についてのほぼ完全な知識を初めて得るとき、むき出しの情報によって、性生活の秘密に触れる。そのありのままの事実は、軽蔑や反抗心さえかきたて、それまで隠蔽されていただけに、大人の権威をも破壊することになる。この暴露によって最も大きな問題となるのは、自分の両親の性関係である。両親のこのような関係は、「おまえの親や他の大人たちは、こんなことを一緒になってやっているかもしれない。でも、うちの親がやっているなんてことはありえない」とつぶやくことによって、意識の外に追い払われてしまうことが多い。

性に関する説明に必ず付随するのが、性交を職業にしている女性たちが存在し、そのために一般には軽蔑の対象になっているという知識である。この「軽蔑」は少年たちには無縁のものである。というのも、〈大人〉たちの専有物である性関係に、この女性たち＝〈娼婦〉が自分たちを導き入れてくれるかもしれないので、少年たちは憧憬と恐怖の入りまじったものを感じるからである。やがて、自分の両親も例外ではなく、この破廉恥な行為を同じようにやっていることが明らかになってくると、「結局、母親と娼婦の違いなんて、そんなに大したことではない。だって、やっていることは同じなんだから」というシニカルなつぶやきさえもれるようになる。

このとき、性について受けた説明が、幼児期の記憶痕跡と欲望をよみがえらせ、男の子は再び母自身を欲望するようになる、というのがフロイトの推論である。つまり、性交に関する正確な知識を得たことによって、幼児期のエディプス・コンプレックスが再び活性化され、母＝娼婦を欲望するようになるというのである。

### 誰のものでもない〈母〉

娼婦と似たり寄ったりの女性を愛の対象として選択するという性向が、じつは母親コンプレックスに由来することは、このように説明されるのであるが、ここで重要なのは、この種の対象選択をする男性が母を許していないということである。なぜ、許さないのだろうか。母が自分のものではなく、父のものであったこと、父に身を任せていたことを、自分自身に対する不実の証としてとらえるからである。これは、それだけ強かった母への愛着の裏返しでもある。そして、彼らの幻想の内容として繰り返し登場するのが、母の性行為、母の浮気、母の不実に対する復讐願望であり、思春期にせっせと行なわれるマスターベーションが、これらの幻想を固定することになる。

ギュイ・ジョルジュの場合も、母が自分のものではなかったがゆえに、母を許していなかったのではないだろうか。彼の実母は、生後三カ月のときに彼を捨てたまま、その後いかなる接触も持とうとはせず、けっして会うことはなかった。母が一人だけパリに去ってしまい、その後父親の違う兄のステファンだけを連れてアメリカに渡ったことが、後に彼に知らされたかどうかは定かでないが、いずれにせよ、母は彼のものではなかった。それゆえにこそ、彼がこの母をひどく恨んでいたことは、逮捕後の精神鑑定で「彼の恨みは母親に集中していた」と指摘されていることからも明らかである。

彼の場合、特徴的なのは、彼のものではなかった母が、父のものでもなかったということである。自らの家族の中で育てられた子供と違い、養父母の家で総勢十三人の子供たちの中で育てられたギュイ・ジョルジュにとって、母が父のものであるという感覚は薄かったのではないだろうか。実母は、自分たちを捨ててアメリカに帰ってしまった父ジョージのものでもなく、見知らぬ第三者のものである（この第三者の中には、やはり一度も会ったことのない異父兄ステファンも含まれていたかもしれない）という幻想が、不特定多数の男性を相手にする〈娼婦〉の幻想をかき立てたのではないかと考えられる。(1) その結果、彼は女性の中に、母に代表される〈娼婦〉を見いだすたびに、復讐願望をかき立てられて、強姦殺人を繰り返すようになったのであろう。殺害前にのどをかき切ったり、首や胸、乳房などをめった切りにするというやり方に認められる儀式的な性的サディズムの傾向が、この復讐願望を満足させるためのものだったことは言うまでもない。

ここで注意しなければならないのは、母が自分のものではなく、見知らぬ第三者のものであることから、母の不実を責め、恨むという心的機制の根底にあったのは、じつは母への強い希求だということである。逮捕後の精神鑑定で「彼の恨みは母親に集中していた」と指摘されていたが、その一方で、常に母親のことを美しく、陽気で、悩みのない人だと想像していたように、母は不在であったからこそ、ギュイ・ジョルジュの幻想の中では理想化され、強い欲望の対象となったのである。

## 乳房とフェラチオ

この母への希求は、どのような形で現われたのであろうか。それは、まず何よりも、「幻想と不安が入りまじったイメージの延長線上にいた」被害者たちに、ギュイ・ジョルジュが強要したフェラチオとして現われている。強姦事件あるいは強姦未遂事件で、彼の標的となりながらも殺害をまぬがれた被害者たちの証言から、彼が犯行のたびにフェラチオを要求していたことが浮かび上がってくる。このフェラチオこそが、母、そして母の乳房への強い欲望を象徴しているのである。

フロイトは、「男根を口に含んで吸うという傾向……この状況はじつはある別の状況の、つまり我々の誰しもが乳児時代に母あるいは乳母の乳房を口に含んでそれを吸ったとき一度は快く感じたことのある、あの状況の改作されたものなのである」と述べている。

つまり、フェラチオの幻想、あるいはフェラチオへの嗜好の背後に隠れているのは、結局、母の乳房を吸うという、あるいは授乳されるという乳児期の体験の記憶痕跡にほかならない。我々がこの最初の生の悦びから受ける肉体的印象は、はっきりと刻みつけられたまま破壊されることなく我々の内に存続し、性幻想を形成する原動力となるのである。

ギュイ・ジョルジュにとって実母に関する唯一の記憶痕跡は、捨てられるまでの三カ月間に吸った乳房以外にはありえない。それゆえにこそ、そのときに感じた快感は、無意識の中に強烈な印象として残り、フェラチオの幻想を形成し、被害者の女性たちに強要されることになった。したがって、彼を連続殺人へと駆り立てた無意識の衝動の根底にあったのは、失われた対象としての母の乳房への欲望なのである。

ではなぜ、このような強姦殺人が何度も繰り返されることになったのだろうか。

彼の無意識においては、母、そして母の乳房は失われた対象であっただけに、なおいっそう代替不能でかけがえのないものとして作用したのであろう。無意識における代替不能でかけがえのないものは、しばしば、無限の系列を形成する無数の対象のそれぞれの中に現われることになる。なぜ無限の系列なのか。それぞれの対象は、あくまでも失われた対象の〈代理〉にすぎず、〈代理〉対象に向き合うたびに、そのめざす満足が、失われた対象によってしか得られないことを痛感するからである。

こうして、彼は強姦殺人を繰り返しながら、常に、幻想の中で、失われた対象としての母の乳房を追い求め、母子一体感を希求していた。幼児期に母に〈拒絶〉された体験が、この欲望をより強め、復讐願望をかき立てたために、まことに悲劇的な結末を招くことになってしまったのである。

**註**

（1）一八八八年、ロンドンに現われた「切り裂きジャック」以来、連続殺人犯の殺害対象が娼婦である場合は少なくない。たとえば、アメリカで売春婦などの女性ばかりをねらった連続殺人事件の容疑者、トラック塗装工ゲーリー・リッジウェーは、二〇〇三年十一月、四十八人を殺害したことを認め、「私が殺害対象に売春婦を選んだのは、売春婦を憎んでいたからであり、セックスのために金を払いたくなかったからだ」と語っている。

また、二〇〇四年七月、韓国で少なくとも十九人を殺害した（二十六人を殺したという報道もある）として逮捕されたユ・ヨンチョルは、出張マッサージ嬢十一人を次々に殺害し、遺体を切断して埋めたと供述した。彼も、「女は体を売るな」とうそぶいている。

このように、娼婦が連続殺人の対象として選ばれることが多いのは、接近しやすいという現実的要因にもよるが、同時に、彼らの供述に端的に表われているように、体を売る女＝娼婦への憎しみもあると思われる。

その根底に潜む無意識の幻想が、フロイトが説明したように、自分のものではなかった母の不実に対する復讐願望であることは言うまでもない。

# 第三章　性と幻想

### 虐待と幻想

前二章では、大久保清、宮崎勤、ギュイ・ジョルジュという三人の連続殺人犯をとりあげ、彼らがなぜ人を殺してしまったのか、そしてなぜ殺人をやめることができなかったのかを分析した。いずれの事例においても、性的な動機がきわめて倒錯的な形で介在していることが明らかになったが、実際、世界中で調査された約八百例の連続殺人犯のうち、九八・五％が連続強姦犯、あるいは性犯罪を繰り返す男性だったことを、フランスの犯罪学者ロラン・モントは報告している。つまり、ほとんどすべての連続殺人犯が、「性」の問題に対応して殺人を繰り返すのである。

この事実を踏まえて、フランスのボルドー医療刑務所所長ミシェル・ベネゼックは、「連続殺人犯は、幼児期のつらい記憶を持つ社会病質者、精神病質者であり、幼い頃から、暴力的な性幻想、あるいは他者に対する怒りと憎しみの入りまじった情動を発展させてきた。……連続殺人犯の大部分は、性的サディストであり、他者の死、そして他者を支配することによってのみ、自らの存在を感じることができるのである」と述べている。

また、「プロファイリング」の創始者となったロバート・K・レスラーは、殺人者のサンプル全体を分析した結果、五〇%以上に何らかの性的な問題が認められたことを報告している。その中には、性的な葛藤（六九%）、性的不能（六九%）、性的抑制（六一%）、性的無知（五九%）、性機能障害（五六%）が含まれていたという（複数回答を含む）。レスラーの聞き取り調査によって、殺人犯それぞれの生育歴が明らかになったのだが、彼らに共通して認められたのは、家庭内での虐待歴と幻想にひたりきった生活という、二つの要因であった。

そこで、虐待と幻想という二つの視点から、大久保清、宮崎勤、ギュイ・ジョルジュの、連続殺人に至るまでの経過を振り返り、この二つの要因によってなぜ性的殺人へと駆り立てられるのかを考察したい。

レスラーはまず、子供時代の性的虐待が、性的殺人を繰り返す殺人犯にどのような影響を与えたかを調査している。その結果、過去に性的虐待を受けた殺人犯と、受けたことのない殺人犯を比較した場合、幼児期の性的虐待と、動物性愛や性的サディズムを含む性的偏向、死体切断のような倒錯的行為との間には、密接な関係があることが明らかになった。性的虐待を受けた経験のある殺人犯は、そうではない殺人犯に比べて、性的な問題（九二%対四〇%）、性機能障害（六九%対五〇%）、性的不能（七七%対六〇%）を報告する傾向が強かったし、被害者の死後に死体切断（死体の性的な部位、つまり胸、性器、腹部を故意に切断）を行なう傾向も強かった（六七%対四四%）のである。

このように性的虐待の経験を持つ殺人犯と持たない殺人犯との間には、特に死体切断という刻印を残すかどうかの点で、重大な差異のあることが明らかになった。しかしその一方で、幼児期に性的虐待をまったく経験していない連続殺人犯が存在することも事実である。実際、大久保清、宮崎勤、ギュイ・ジョルジュの生育歴を見渡しても、明らかな性的虐待は認められない。

## 性行為の目撃

そこで、性的虐待歴の有無だけではなく、むしろより広い意味で身体的あるいは精神的な外傷（トラウマ）をこうむった経験があるかどうかを吟味する必要があるだろう。というのも、ミシェル・ベネゼックが「九〇%の連続殺人犯に見いだされる一つの共通点がある。彼らは、幼少期に身体的あるいは精神的な外傷（トラウマ）をこうむっているのである。このような子供たちは、自らを守るために、暴力と快楽が危うく入りまじった早熟の幻想を発展させることになる」と指摘しているからである。いかなる生活史上の出来事が、その後の心的発達、幻想の構築に外傷的な作用を及ぼすのか、さらに、どのような経緯を経て性的殺人という行為に至るのかを、分析しなければならない。

まず大久保清の場合、一見したところ明らかな虐待はなく、むしろ愛され、かわいがられた子供、特に母に溺愛された子供だったようである。もし外傷的に作用した生活史上の出来事があったとすれば、外で子供をつくり、息子の嫁までも強姦するほど性的に放縦であった父の、「スモウ」＝性行為を目撃したことかもしれない。

幼年期に性行為を目撃することは、心的発達にどのような影響を及ぼすのであろうか。フロイトは、「ごく幼い年頃の子供は、こうした性的な交渉を目撃すると、それを一種の虐待や征服として、サディズム的な意味に解さざるをえない。幼児の早い時期にこのような印象を受けた場合には、成長してから性目標がサディズム的な方向に倒錯する素質が強まる」と述べている。

サディズム（性欲動の残忍性の要素）は、小児の特性に近いものであるが、それは、他人が苦しむのを見ると征服欲動を停止させるような抑制作用、すなわち同情、共感の能力が、小児では比較的遅れて発達するためである。

このような傾向をはっきりと示す子供、つまり動物や遊び友だちに対して異例なほどの残忍性を発揮する子供は、性感帯に由来する性的な活動を、早い時期から活発に営んでいるのではないかと考えられる。同情という制約が存在する以前のごく幼い時期に、残忍性と性感帯の欲動が結びついてしまうと、成長してからもこれを切り離すことができなくなり、性的サディズムに傾く危険性が高まる。大久保清の場合も、すでに小学校六年生の時点で幼い女の子の性器に石を挿入するなど、性的早熟の傾向が顕著に認められるが、これも、性欲動が残忍性と結びついて早い時期から活動していたことを端的に示すものであろう。

レスラーの調査でも、性的殺人犯の七〇％以上が、子供時代に性的に異常な出来事を目撃したか、自分がそれを経験したと語っていることが報告されている。これは、普通の人を対象にした調査で得られる割合の数倍にものぼる。一般に、性的な行為や暴力を目撃することが子供に強い衝撃を与えることは、多くの研究で報告されており、性的な交渉の目撃、場合によっては経験が、外傷体験として重視されるのである。

しかしその一方で、目撃した、あるいは経験したと語られるこれらの出来事が、実際に起こったことなのか、それとも後でこしらえあげ、幼年時代に仮託した幻想なのかということが、常に議論の対象になってきたのも事実である。

たとえば、一九八〇年代以降アメリカを中心に爆発的に増加している「解離性同一性障害（多重人格障害）」の患者の多くは、子供時代に強烈なトラウマ、それもほとんどの場合、性的なトラウマを経験したと語ることが報告されている。そのため、多重人格は、子供の頃のトラウマ、それもたいていは繰り返し行なわれる性的虐待によって引き起こされたものであるという〈通説〉が盛んに論じられるようになった。だが、実際に性的虐待がそれほどしばしば起こったのだろうか、という疑問を抱く人たちも少なくなく、多くの論争を巻き起こしたのである。

この点については、フロイト自身も、途中で考えをくつがえしている。

一八九六年に「ヒステリー病因論」を執筆した際には、彼は「小児期の性的体験はヒステリーの根本条件、いわゆる素因である」と述べている。ヒステリーの症状は、患者に外傷的作用を及ぼす幼児期のある種の体験によって決定されるのであり、この幼児期体験は必ず性的内容を持っている、つまり実際に起こった性的な外傷体験、「性的誘惑」に還元されるという考え方であった。

ところが一九〇五年になると、「性理論三篇」の中で「ヒステリー病因論」に触れて、「当時は、正常な状態を維持した個人も、小児期に同じような経験をした可能性があることを知らなかったので、性的な素質や発達において示されている要因よりも、誘惑を重視したのはたしかである。小児期に性生活が目覚めるために誘惑は不要であること、このような目覚めが、内的な原因によって自然に生じうるのは自明のことである」と述べるようになる。

患者が受けたと語った性的な誘惑は、必ずしもすべてが現実の外的な出来事だったわけではなく、内的要因である性的な欲望あるいは幻想の産物だったという考え方に変わったのである。この逆転は、さまざまな論争や批判を巻き起こして現在に至っている。

## トラウマの〈心的〉現実性

幼児期に体験したと語られる外傷（トラウマ）が、実際に起こった出来事なのかどうかを客観的、事後的に検証することがほとんど不可能である以上、その現実性に対してはどのような態度をとるべきなのであろうか。この点については、フロイトが『精神分析入門』第二十三講「症状形成の経路」で述べている意見が、最も妥当であるように思われる。

フロイトは、患者によって再構成あるいは想起された体験は、あるときは明らかに虚偽であるが、ある場合には確実に正しいものであり、たいていの場合には真偽混交なのが、事態の真相であると述べている。つまり幼年期の記憶は、すでに幼年時代が過ぎ去ったずっと後になってはじめて引き出され、変えられ、ねじ曲げられ、その結果、だいたいにおいて幻想から厳密には区別できなくなる。その意味で「最初の幼年期は、そのものとしてはもうない」。したがって、症状は、あるときは実際に起こった体験の表現であり、その体験がリビドーの固着に影響したものとみてさしつかえないが、患者の幻想の表現である場合もありうるのである。

そこで、幻想と現実とを同列において、明らかにすべき幼児期の体験が幻想なのか現実なのかは、さしずめ気にかけないことにしよう、というのがこれらの心的産物に対する唯一の正しい態度であると、フロイトは考えていた。というのも、これらの心的産物もまた一種の現実性を持っているからである。一人の人間がこのような幻想を作り出したということは、あくまでも一つの事実であって、心的発展の歴史においては、実際に体験した場合にも劣らないほど重要な意味を持っている。それゆえ、これらの幻想は〈物的〉現実性ではなく、〈心的〉現実性を持っており、心的現実性こそが決定的なものであるというのが、フロイトの長年の臨床経験から得られた結論であった。

このような視点から見れば、ある人間が自らの幼年期の記憶だと思いこんでいることは、往々にして虚偽、あるいは少なくとも真実の中に多量の虚偽が入りまじっているにせよ、無視することはできない。自分自身にもその意味のよくわからない記憶痕跡の背後には通常、心的発展の最も重要な方向に関するこのうえなく貴重な証拠が隠されているのである。大久保清が幼児期に目撃したという父の〈スモウ〉＝性交の光景も、サディズム的な意味に理解され、その結果性欲動が残忍性と結びついて、後年の性的サディズムへの発展を決定づけたのではないだろうか。

一方、宮崎勤にとって外傷体験となったのは、両手の障害かもしれない。内沼・関根鑑定で、「被告人のみじめな幼児期が、幼児虐待に匹敵するということである」と指摘されているように、彼は障害をめぐる悩みのためにつらい幼児期、少年期を過ごさざるをえず、被害関係妄想までも抱き続けることになった。そのために「性的な怯え」を経験し、正常の性目標を求める衝動が低下した結果、多形倒錯のさまざまな徴候を示すようになったことは、先述した通りである。その意味で、手の障害は彼にとって、「去勢」に匹敵するほどの重大な意味を帯びていたのであり、それゆえにこそ、女性がすでに「去勢」されているという事実の知覚を否認し続けることに大きなエネルギーが注がれる、フェティシズムの機制が発展することになったのであろう。

## 三つの〈原幻想〉

フロイトは、幼児期に起こったこととして精神分析中にしばしば語られる出来事のうち、特別の重要性を持つものとして、両親の性交の目撃、大人による誘惑、去勢の脅しの三つを挙げている。これら三つの出来事が現実である場合もあれば、現実には起こっておらず、示唆的な事件から組み立てられ、幻想によって補足される場合もあるだろう。現実と幻想のいずれが大きな比重を占めるにせよ、〈心的〉現実性を持っているという点が重要なのである。

そこで、フロイトは、これら三つの出来事をめぐる幻想を〈原幻想（Urphantasie）〉と名づけ、人間主体の起源（主体の受胎、性欲の起源、性差の起源）に関わる幻想であるとみなした。大久保清の場合には父の性交の目撃（その性対象が母ではなかった可能性も高い）が、宮崎勤の場合には「去勢」に匹敵するほど外傷的に作用した手の障害が、後年の性倒錯の発展に決定的な影響を及ぼしたことは、〈原幻想〉の普遍性を示唆するものではないだろうか。

ギュイ・ジョルジュの場合は、外傷的に作用した体験が、母による〈拒絶〉だったことは言うまでもない。生後三カ月で自分を捨てた母の〈拒絶〉を、けっして許さなかったからこそ、母に対する復讐願望がかきたてられるたびに、母に代表される〈女〉を強姦して殺害し、サディズム的欲望を満足させようとしたのである。その背景にあったのが、失われた対象である母への人一倍強い希求であり、母に関する唯一の記憶痕跡である乳房から得られた快感の強烈な印象が、フェラチオの幻想を形成し、それが犯行のたびに被害者に強要されることになったのである。

彼の場合は、〈拒絶〉が現実の出来事であり、わかりやすいが、客観的にはそのような事実が認定されにくい状況であっても、〈拒絶〉が外傷体験として重要な意味を持つこともある。たとえば、フランスで、太った老婦人ばかりを少なくとも四人殺害したとして、二〇〇〇年に逮捕された三十七歳の石工ルイ・ポワルソンは、自らの子供時代について次のように語っている。

「俺は、いつも〈身代わり〉の子供だった。愛してもらったことなんか一度もない。両親は、何でも三人の姉たちだけに与えた。クリスマスには、姉たちはプレゼントをもらっていたのに、俺はビスケットだけだった。姉たちはバカンスに植民地に出かけたのに、自分だけ連れて行ってもらえなかった。まるで、兄貴の死んだのが俺のせいであるかのように……」。

たしかに彼の兄は、彼が生まれる数カ月前に死亡している。そのため両親がルイを、兄の〈生まれ変わり〉として育てたところもあったかもしれないが、常識的に考えると、兄が早世していただけに、唯一の男の子であった彼は、なおいっそう大切に扱われたのではないだろうか。むしろ、自分の生まれる何カ月か前に亡くなったという兄にまつわる物語を聞かされるうちに、兄が死んだのは自分のせいではないかという罪責感が彼の内部に芽生え、この無意識の罪責感から形成された幻想が、実際の出来事と入りまじって幼年期の記憶を構成していったというのが、事態の真相に近いように思われる。

ルイ・ポワルソンは、一九八三年から八五年にかけての二年間に、九人の若い女性を武器で脅して強姦した罪で、一九八五年、二十二歳のときに懲役十五年の判決を受けている。服役中にジョエルという離婚歴のある四十歳代の女性と文通を始めた彼は、一九九四年七月に出所後、一緒に暮らしはじめた。ジョエルの証言によれば、ルイは家庭では優しく思いやりがあり、職場でもまじめに働く〈模範的〉男性であったという。

もっとも、彼は表面的には社会に順応し、一見〈正常な〉生活を送っているように見えながら、その裏では誘拐、暴行、監禁を繰り返していた。一九九六年七月には三人の女子大生から訴えられて、〈誘拐未遂〉の罪で二年の刑に服することになったが、このときも彼女たちに「教訓を与えるために」犯行に及んだのだと釈明し、いかなる後悔の念も示さなかった。このような悔恨の完全な欠如は、〈あふれんばかりの自己愛〉のしるしであり、この強い自己愛は性倒錯と密接にからみあって、殺害後に遺体に加えられる傷や儀式的行為などの「刻印」として表われることになる。

彼が四人の太った老婦人を殺害したのは、一九九八年七月の出所以降のことであり、裸で縛りつけられた太った女性の写真がルイの財布の中から見つかったことが、逮捕のきっかけとなった。こうして連続強姦魔は連続殺人犯となったのだが、犯罪の性的な側面は、年月の流れとともにより倒錯的な色合いを強めるようになり、太った年配の女性への奇妙なこだわりが前景に立つことになった。太った年配の女性は、〈母〉の代理対象として殺害されたのであり、その背景には、自分が兄の〈身代わり〉にされたという幻想と復讐願望が潜んでいたのではないだろうか。

## 幻想に駆り立てられた殺人

このように、連続殺人犯の動機形成において幻想が重要な役割を演じることは、すでに繰り返し指摘されている。たとえばピエール・ルクレールは、「連続殺人犯は、内的な論理、幻想に従う。彼らは常に、心理的―情動的、心理的―性的な欠損を埋めるために行動するのである」と述べている。

またロバート・K・レスラーも、連続殺人犯それぞれの成長過程の調査から、幻想にひたりきった生活と、家庭内での虐待歴という二つの要因を明らかにしたが、同時に、「我々が面接した殺人犯の中には、子供の頃にトラウマを経験していない者も多かった」ことも指摘している。さらに、「私が調査によって得た結論は、犯罪の原因は、子供時代のトラウマではなく、倒錯的な思考パターンの積み重ねである、ということである。つまりこうした男たちは、自らの幻想によって殺人へと駆り立てられたのだ」と述べている。

このようなレスラーの指摘は、彼が三十六人の性的殺人犯に問うた根本的な質問、「何が最初の殺人を引き起こすきっかけになったのか」に対する答えに、次のような共通点が見いだされたことにもとづいている。

（一）彼らは生々しい幻想を好み、長期間にわたってきわめて頻繁に幻想にひたっており、しかもそのことを自覚していた。

（二）とりわけ、暴力的かつ性的な幻想や思考に没頭していた。

性的殺人犯の多くが、幼年時代、幻想にひたることが自分にとってどんなに大切だったかを話しており、自らの犯したレイプや殺人で、幻想が重要な役割を果たしていることを認識していたのである。また、最初の殺人を犯す前には、彼らの幻想のほとんどが人を殺すことに集中していたのに対して、その犯行後に彼らが抱くようになった幻想は、より発展したものになり、殺人のさまざまな段階をどのように完璧に遂行するかに、幻想の焦点が移行していたという。

殺人犯とのインタビューを通じて得られたデータ、特に殺人犯自身の口から語られた攻撃的な思考や性幻想の分析から明らかになったのは、このような幻想、思考パターンは幼児期早期に確立され、社会的な孤立状況の中で常に存続していたということである。幻想や思考様式が犯行動機、犯行様式において果たす役割は、暴力犯罪、特に性犯罪における重要な要因として、近年注目されている。さまざまな研究から、サディスティックな幻想の役割の重要性が浮かび上がってきたのであり、たとえばマカロッチらは、サディスティックな行為と幻想は強く結びついており、幻想が行為へと駆り立てるのではないかと推測している。

これらの研究成果と自らの調査結果にもとづいて、レスラーは次のような仮説を立てた。

「性的殺人の動機づけの根底にあるのは、幻想である」。

つまり、性的な動機による殺人の背後には、必ず性幻想があり、それが殺人犯を駆り立て、さまざまな行動をとらせるというのである。

一方、マカロッチが、子供の頃からサディスティックな幻想を抱いていた性犯罪者たちを調べた結果、彼らは社会的にも性的にも人間関係の問題を抱えていたことが判明している。一般に、現実世界の出来事をコントロールすることができないと、人は自分で支配できる幻想の世界に入っていくものである。したがって、子供の頃、最初は満たされない家庭生活、孤独な環境に対応するために始まった幻想が、彼らを現実から遠ざけ、思いのままにコントロールできる秘密の暴力的な世界へとのめり込ませていったのだと考えられる。その意味で、幼児期の外傷体験が重要な意義を持つのだと言える。

こうして彼らは、自分がコントロールできる性的、暴力的な幻想の世界に引きこもってしまい、思春期に幾度も心に思い浮かべてきたことを、現実の世界の出来事にするべく殺人を犯してしまう。そして最初の殺人を犯した後は、再び幻想にどっぷりひたって、ときどき自分の犯行を思い出しては興奮し、さらに殺人を繰り返してしまうのである。

## 一線を越えさせるもの

もちろん、家庭でも社会でも孤立した状況の中で、暴力的な幻想にひたるようになったとしても、それだけでは、まだ実際に犯罪を犯すという一線を踏み越えるまでには至らない場合が多い。彼らは、いつ爆発するかわからない時限爆弾のようなものではあるが、実際には、犯行の引き金となる何らかのストレスがなければ、重大な暴力行為にまでは衝き動かされないことが、レスラーの調査からわかっている。

殺人の引き金になりうる出来事の多くは、失職、恋人との破局、金銭的な問題など、誰にでも日常的に起こることであり、多くの人々は何とかそれに対処しようとする。しかし、こうしたストレスに対処するための精神的メカニズムがうまく機能しない人々は、困難に直面すると、内なる世界に引きこもり、解決の手段を幻想の中に求めるようになる。そしてある場合には、その幻想に駆り立てられるように一線を越え、幻想を現実化してしまうのである。

これまでに提示した三人の連続殺人犯の場合も、引き金になったとみなされる出来事が、犯行前に起こっている。大久保清は、一九七一年三月二日、仮釈放で出所した日の夜、実家に帰っていた妻節子のもとを訪ね、自分のところに戻ってきてくれるよう頼んだが、拒否された。さらに、「父が節子に手をつけた」と母が吹聴していることを聞いて激昂したことが、犯行の引き金になったのは明らかである。この後、五月十四日に逮捕されるまでの七十三日間に、八人の女性を強姦、殺害することになったのである。

宮崎勤にとっては、祖父の死が最初の殺人の引き金になったことは明らかである。祖父の死亡という事実に対する反応、祖父死亡後の精神状態の激変、さらに、最初の殺人（一九八八年八月二十二日）が祖父の死（同年五月十六日）のわずか三カ月後に遂行されていることも、犯行の契機としての祖父の死の重要性を示唆している。

このように家族の死をきっかけに異常な精神状態に陥り、殺人や性犯罪を犯すに至った事例は、ほかにもいくつか報告されている。たとえば、スイスの精神科医クーンは、父の死の直後に売春婦殺人（未遂）を犯した青年ルドルフの事例を報告している。また福島章は、「喪と殺人」という論文の中で、近親者の死に引き続いて遂行されたと考えられる四つの犯罪事例を報告し、喪はある種の人々の心の体制を大きく動揺させて犯罪行動に駆り立てることがあり、その犯罪行動としては殺人と性犯罪が、特に親和的であることを指摘している。宮崎勤の場合も、祖父の死後、〈喪の作業〉の過程で連続殺人を犯してしまったのだと考えられるのである。

ギュイ・ジョルジュの場合には、養母による〈拒絶〉が引き金となったと考えられる事件が二件起こっている。一九八〇年五月五日と五月十六日、彼は女性のあとをつけて襲い、殴りつけたりナイフで切りつけたりしている。この二件の犯行には、後年繰り返されることになる殺人の犯行様式の萌芽がすでにはっきりと認められるが、五月五日の前夜、モラン家に養母を訪ねた彼は、もう二度と帰ってこないよう懇願されている。養母による〈拒絶〉が、三カ月で自分を捨てた生母の〈拒絶〉を想起させ、復讐願望をかきたてたのかもしれない。

ここで重要なのは、殺人の引き金になるような出来事によって一線を越え、実行に至るにしても、その根底には、幼児期に生み出され思春期に活発になった幻想が、ずっと潜んでいるということである。連続殺人犯が幻想による欲望充足にふけるのは、それが現実ではないことがはっきりわかっていても、ある種の満足をもたらすからである。つまり、幻想の中で、外的な現実による強制やその検討から免れて、遠い昔に断念しなければならなかった欲望の充足を享受し続けるわけである。したがって、この幻想が形成されるにあたっては、幼児期に非常に強力であって、大人になってからも脈々とその力を保持し続けている欲望が働いていたはずである。その意味で、欲望は幻想に組み込まれているのだと言える。

## 幻想に組み込まれた欲望

それでは、ここで提示した三例の連続殺人犯の幻想に組み込まれていた欲望とは、いかなるものだったのだろうか。まず、大久保清の欲望の対象は、「原父」の欲望の対象であったあらゆる「女」、そして「女」の原型としての母であった。なぜならば、彼は「原父」としての父に同一化して、「女を片っ端から殺す」ことを決意したからである。

宮崎勤は、彼自身が「母胎回帰願望」と表現した「懐かしくて甘い場所」への回帰の欲望に衝き動かされていた。彼の場合、現実の母子関係には亀裂があったために、幻想の中で母子一体感がよりいっそう強く希求されていたのであり、それは去勢の否認というフェティシズムの機制へとつながっていった。

ギュイ・ジョルジュにとっての欲望の対象は、常に失われた対象としての母、母の乳房であった。彼は生後三カ月で母の〈拒絶〉によって捨てられたとき、乳房を吸うという体験から得られる快感を放棄しなければならなかった。しかし人間は、何らかの代償なしに快感を放棄することはできない。それゆえ、彼は幻想の中で、母の乳房から得られた快感の代償満足を追い求めた。その結果、フェラチオの幻想が形成され、後年被害者の女性たちに強要されることになったのである。

これらの事例から明らかなように、連続殺人犯の根底には無意識の性幻想が潜んでおり、この幻想に組み込まれた欲望の対象は〈母〉である。ここで重要なのは、この〈母〉が、常に〈失われた対象〉として希求されていることである。母子関係が希薄であった、母子関係に亀裂があった、母に拒絶された、などの体験が基盤にあるからこそ、よりいっそう〈母〉は欲望の対象として輝きを放つのである。そして、母に対する復讐願望は母自身に向けられるのではなく、不特定多数の女性に転移されて、性的サディズムのかたちで表面化することになる。

このように、〈母〉は欲望の対象であり、希求される存在なのであるが、その一方で、子供を殺す母、あるいは逆に母を殺す子供がいるのも事実である。そこで次に、子殺し、母子心中、母殺しの構造について分析、考察することにしたい。

# 第II部　親と子の深層

# 第一章　なぜ子供を殺すのか

## 希求される〈母〉

母は、子供にとって最初の愛着の対象である。子供は、幼児の頃から、自分の世話をし、保護してくれる人（母あるいは母親代理）に対する愛着が、性愛の本性に由来するものであるかのようにふるまうものであり、子供の不安は根本的に、自分の愛する人を失うことへの不安にほかならない。それゆえにこそ、母あるいは母親代理に対する愛着が「後年のあらゆる愛情関係の手本」になるのであり、成長してからの対象選択に重大な意味を持つ。特に、男性にとっては、母や、子供の頃に自分を世話してくれた女性の情愛にまつわる記憶が、対象選択の際に強い影響を及ぼす。その結果、男性は、何よりもまず、幼児期の最初から自分を支配してきた母を思い起こさせるような女性を捜し求めることになる。

第Ⅰ部で提示した連続殺人犯においても、倒錯的な性衝動の根底には無意識の幻想が潜んでおり、この幻想に組み込まれた欲望の対象は〈母〉であった。特に興味深いのは、この〈母〉が、常に〈失われた対象〉

として希求されていたことである。母子関係が希薄であった、母子関係に亀裂があった、母に拒絶された、などの体験が基盤にあるからこそ、〈母〉は欲望の対象として、よりいっそう輝きを放っていたのである。そして、母に対する復讐願望は母自身に向けられるのではなく、不特定多数の女性に置き換えられて、性的サディズムの形で表面化したのである。

このように、〈母〉は常に愛着の対象であり、希求される存在である。これは、性欲動の最初の対象となるのが、母の乳房であり、母の乳房を吸う乳児と母との関係を手本にして、後年のあらゆる愛情関係が形成されることによる。言い換えれば、対象の発見とは対象の再発見にほかならないのである。それだけ、〈母〉は子供にとってかけがえのない大切な対象なのであるが、その一方で、子供を殺す母、あるいは逆に母を殺す子供がいるのも事実である。そこで、ここでは、「子殺し」、「母の自殺を伴う子殺しである母子心中」、「母殺し」の三つのケースに光を当て、その病理構造について分析、考察していく。

## 神話の中の子殺し

我が子を殺す親、とりわけ我が子を殺す母親が存在するという事実は、我々の心に、強い恐怖と憤慨をかきたてるに違いない。というのも、子殺しは、多くの文化、文明が暗黙の前提としている母の愛とその利他性を裏切るものだからである。しかし同時に、子殺しというおぞましい犯罪が、古来神話や悲劇の主題として繰り返し取り上げられてきたことも事実である。

旧約聖書の創世記には、神への無条件の服従の証として、愛する唯一の息子イサクを神に捧げるように命じられたアブラハムの物語が描かれている。神の示した場所に、アブラハムが祭壇を築き、たきぎを並べ、イサクを縛って祭壇のたきぎの上にのせ、刃物をとって我が子を殺そうとしたまさにその時、天使が彼を呼んで止めた。こうしてアブラハムは、我が子を焼く代わりに雄羊を焼いて、代理のいけにえとして神に捧げた。

この有名な聖書の一節では、子殺しの命令は神から下されたことになっているが、実際の遂行者は父自身、アブラハムであった。父が我が子イサクを殺そうとして刃物を手にとったという行為それ自体が、父の内に潜む子殺しの衝動を表象しているのであり、実際イサクは、身代わりに犠牲になった動物を通して、いけにえとして神に捧げられたのである。

ギリシア神話でも、数多くの子殺しの物語が伝えられている。そもそも、ギリシア神話によって描かれる世界構造は、その起源からして子殺しと親殺しにいろどられている。

カオス（混沌）から生まれたウラノス（天）とガイア（地）は、世界を治めていたが、父のウラノスは、自分の子供たちを恐怖のまなざしでながめることしかできなかった。そのため、子供が生まれるやいなや、地獄の底のタルタロスへと投げ込んだ。

母のガイアは、最初は嘆き悲しむだけだったが、後には怒って、夫に対する恐るべき復讐を考えるようになる。ガイアは、自らの乳房から黄金に輝くはがねを取り出してカマを作り、子供たちに復讐計画を説明したが、みな怖じ気づいてしまい、母に協力を約束したのは、末っ子のクロノスだけであった。クロノスは、父がぐっすり眠っている間に、母が作ったカマで父を切り刻んで殺し、その血まみれの性器を海中に投げ捨てた。こうして、クロノスは父の跡を継いで、王になったのである。

クロノスは、姉のレアと結婚し、ヘスティア、デメテル、ヘラの三人の娘と、ハデス、ポセイドン、ゼウスの三人の息子をもうけた。彼は、父の跡を継いで王位についた後、母ガイアの欲望を満たすことを拒否して、自分の兄弟を解放せず、タルタロスに幽閉しておいたため、母の怒りを買い、呪いをかけられてしまう。ガイアは、クロノスに、「お前は、お前が父に課したのと同じ運命に苦しむことになり、お前の子供たちによって王位からひきずりおろされるであろう」と予言した。そこで、彼は、この脅威から自分の身を守るために、レアが身ごもった彼の子を、生まれ落ちるとすぐに呑み込んでしまった。

クロノスは、最初に生まれた五人の子を全部呑み込んでしまったが、レアは、末子のゼウスをはらんだとき、この子を救うことを決意し、母のガイアと共謀して、クレタ島の洞穴の中で出産した。それから、石を拾ってきて、うぶ着で包むと、クロノスに、「あなたの息子です」と言って手渡したのである。クロノスは、その石を受け取って食べてしまった。こうしてゼウスは救われ、神々と人間の父と呼ばれるようになるのである。

この起源の物語から読みとられるのは、〈母の欲望〉のすさまじさ、子殺しや親殺しの背後に潜む夫婦間の葛藤、そして子殺しと親殺しの連鎖である。このように、子殺しの衝動が親殺しの欲望を引き起こし、悲劇的な運命を準備しながら物語を織りなしていく構造は、ギリシア神話の他の題材にも認められる。

有名なエディプスの悲劇も、父のライオス王が、「子が父を殺す」という神託を恐れて、生まれたばかりのエディプスを羊飼いに渡して殺すよう命じたことから始まったのであり、子殺しの衝動が、その後の父殺しの悲劇を決定づけたのだと言える。

また、トロイア戦争に出征するアガメムノンは、嵐をしずめるために、アルテミス女神に、娘のイピゲネイアを人身御供として捧げる。こうして娘を犠牲にしたことが、妻クリュタイメストラの恨みを買うことになり、戦争から帰ってきたときに殺される一因にもなったのだと、ギリシア神話や悲劇は伝えている。後の、エレクトラとオレステスによるクリュタイメストラの殺害＝母殺しは、父を殺した母への復讐として遂行されるのである。

このように、旧約聖書、ギリシア神話のいずれにおいても、世界の起源にまつわる物語の中に子殺しの主題が見いだされるが、日本の神話における国の始まりもまた、子殺しにいろどられている。

イザナギが妹のイザナミと夫婦の交わりをして最初に生まれた子は、水蛭子《ヒルコ》という奇形児であったため、葦船に乗せられて、流し棄てられた。二人はさらに夫婦の交わりをして、次々に島生みを行なった後、神生みを行なった。やがて、イザナミは、火之迦具土神《ヒノカグツチノカミ》＝カグツチを生むとき、隠し所（陰部）を焼かれて、大やけどを負い、死んでしまう。そこで、イザナギは、「愛するわが妻をとるに足らぬ子供一人に替えたことが悔しい」と言って、イザナミの枕辺に伏して激しく泣き、腰に帯びていた十拳剣《とつかのつるぎ》を抜いて、子のカグツチの首を断ってしまう。

これらの子殺しは、いずれも父によってなされており、その原因となった母をめぐる父子相克の主題は、近親相姦のタブーとエディプス・コンプレックスの起源に通じるものである。

## メデイア・コンプレックス

一方、ギリシア神話は、母による子殺しも語り伝えている。我が子を殺害したメデイアの物語は、ギリシア三大悲劇詩人の一人エウリピデスによって、悲劇「メデイア」として上演されており、アリストテレスも「詩学」の中で、この作品に多く言及している。

叔父ペリアスの勧めによって、大船「アルゴー号」による遠征をくわだて、ギリシアの英雄たちを引き連れて北方コルキスの地へ金羊毛皮を探しに行ったイアソンは、コルキスの王女メデイアの助けによって任務を果たすことができ、彼女を伴って故郷のイオルコスへ無事に帰って来る。しかし、この成功を条件にして、当然イアソンが継ぐべき王位の返還を約束していた叔父は、その約束を守らなかった。そこで、イアソンとメデイアは復讐のために、ペリアスの娘たちを言葉巧みに誘導して父を殺させ、逃れてコリントスの地まで流れてくる。

こうして結ばれたイアソンとメデイアにおとずれたのは愛の危機であり、エウリピデスの描く「メデイア」は、メデイアに昔から仕える乳母の嘆きで始まっている。

「それが、今では、昔のご情愛もどこへやら、お仲がよいどころの話ではない。ご自分のお子たちと、このわたしの奥様をお捨てなされて、イアソンさまは、新たに王家とご縁組をなされてしまっている、この地を治めなされるクレオン様のお姫御と……。

夫の不実を知られてからは、絶えず涙にかきくれて、悲しみに身を細らせ、食事もおあがりにならず横になられたきり、眼をお伏せになってお顔もあげられない。親しい人たちの慰めの言葉を聞かれても、まるで情もない石か、海の波のように、無感動なご様子、時に、まっ白なうなじを返して、そっとひとり、なつかしい父よ、故郷よ、家よと、声をあげてお嘆きになる」。

メデイアは、まさに「反応性うつ病」と呼びうるような病状を呈しており、乳母が次のような心配をしたのも当然だろう。

「お子たちをさえお憎しみで、お眼にされるのもお厭いの様子、何かよからぬことをお考えになりはせぬか、気懸りでならぬ」。

乳母が心配したように、この後、メデイアの復讐計画が練り上げられていく。子供たちに贈り物を持たせて、王の娘＝イアソンの花嫁のところへ行かせる。その贈り物とは、薄絹のうちかけと黄金の冠であり、それに恐ろしい毒薬を仕掛けて、イアソンの新妻を亡き者にしようという計画であった。そしてその後、今度は、自らの手で我が子を殺すつもりで、それがイアソンに最も大きな打撃を与えるであろうと考えてのことだった。

しかし、贈り物が受け入れられたことを知らされ、自らの計画を最後までやり通さざるをえなくなったメデイアは、復讐願望と、子供への愛情との間で葛藤する。

「――とてもできはしない、もう二度と考えはすまい。わが子ではないか、いっしょに連れてここを立ち退くのだ。子供らを犠牲に、その父親を苦しめて、かえってわが身が倍もの苦しみをなめねばならぬ必要がどこにあろう。できない、わたくしにはできない、もう考えはすまい。

しかし――、われながらどうかしている、敵のやつらをこのままに捨て置いて、もの笑いにされたいというのか。やはりやらねばならぬ。ああ、何という臆病なわたくし、女々しい思いを胸にいだいたりして――」。

ためらいと復讐にはやる心との間で懊悩するメデイアであったが、贈り物に塗り込められた毒によってイアソンの新妻が死に、彼女を助けようとした父クレオンも息絶えたとの知らせがもたらされるに及んで、もうあとには引けなくなる。ためらいを最終的に断ち切るように彼女は言う。

「あの子たち、どのみち命はないのです。そうというなら、生みの母の手にかかるのが、せめてもの仕合せと言えましょう。さあ、心を鬼にして——。何をためらおうというの、恐ろしいことだとはいえ、やらねばならぬことではないか。さあ、可哀そうなこの手よ、剣をお執り、さあ、お執り、苦しい生の始まりへ突き進むのだ。女々しい心に、子供の可愛さを、生みの子供の可愛さを、思ったりはするでない。せめて短いこの一日だけ、お前の子供らのことは、忘れておしまい。そのあとで泣いてやればよい。あれたちを手がけるにはしても、可愛さには、変りはないのだもの——ああ、それにしても、何という不幸な女なのだろう、このわたくしは……」。

こうして彼女は、子供たちのいる家の中に入っていき、剣を振りかざして、二人の子供を殺してしまう。やがてやってきたイアソンは、「お子たちは、お亡くなりです、母親の手にかかって」という報告を聞いて絶望する。うちひしがれるイアソンに対して、メデイアは、

「あなたのお心は、いいように、打ち砕いてあげましたからね」

「父親の罪ゆえに、命を亡くしたのよ、子供たち」

「そら、子供たちはもういませんのよ。お気の毒なこと」

と、勝ち誇ったように言い放つ。

さらに、「ではなぜに、手にかけた」と問いただすイアソンに対して、メデイアは、

「あなたを苦しめようために」

とはっきり告げるのである。

こうして、不実な夫に対する復讐は、我が子を手にかけることによって成就する。この悲劇は、背景に夫婦間の葛藤があって、その復讐のために子殺しに走る母親の心理を見事に描いている。

母親の子殺しの心理を説明するために、「メデイア・コンプレックス」という概念を初めて提唱したのは、ヴィッテルであり、「潜在的なライバルとして成長していく娘に対する、母親の無意識の憎悪」と定義した。これに対しスターンは、メデイアには娘がいなかったので、ヴィッテルの定義は誤っていると、妥当な指摘をし、さらに「メデイア・コンプレックス」を、「母親が我が子の死を望む願望であり、通常は、夫への復讐として生じる」と定義し直した。これは、まさにメデイアの悲劇に端的に表われている心的機制であり、後述するように、現代においても、相当数の子殺しが、配偶者への復讐のために遂行されているのである。

このように子殺しは、神話の中で語り伝えられることの多い主題であるが、これを歴史的事実とは異なるものとして、簡単に投げ捨ててしまってはならない。なぜならば、エリアーデが定義しているように、神話とは「原初のとき、〈初《はじめ》〉の神話的時に起こった出来事を物語る」ものであり、神話を知ることによって、我々は「起源」を知ることができるからである。つまり一民族が、その始まりの時代の諸経験をもとにして形成したのが神話であり、それが形成されるにあたっては、その当時非常に強力であり、今日もなお脈々とその力を保持し続けているような、もろもろの動機が働いていたのである。したがって、神話で語られる伝説的な素材の背後にこそ、人間の普遍的な真実が発見されるのであり、それは、夢や幻想の中に現われる無意識の欲望の象徴的表現にほかならない。

子殺しの衝動は、父子相克というエディプス的な布置から、あるいは夫への復讐というメデイア的な布置から派生するにせよ、無意識的な衝動として多くの人の心の奥底に存在することを認めなければならないのではないか。実際、ラインゴールドは、「子殺しの衝動は、すべての母親の内に、ある程度存在する。母親が、子供を殺してしまうのではないかという強迫観念のために、精神医学的治療を求めることはまれではない」と指摘している。

## 子殺しにおける父と母の割合

神話によって語り継がれているだけでなく、現実に子殺しは起こっており、現代においても実の親による子殺しの事例は相当数報告されている。統計によれば、子供が殺害される事件では多くの場合、両親のいずれかが犯人なのである。たとえば、一九九七年、カナダでは九十六人の子供たち（十八歳未満）が殺害されているが、そのうち七六％は家族によって殺されており、父親が犯人であった場合が三十七例（三八・五％）、母親が犯人であった場合が二十五例（二六・〇％）であった。

またＦＢＩの報告によれば、アメリカで、二〇〇一年に、四百七十一人の子供が実の親によって殺害されている。この数字は、虐待や無視（ネグレクト）によって死亡する子供が毎年千人以上に上るのに比べると少ないが、それでも相当な数である。何人かの専門家は、これらの数字は、実際の子殺しの数よりも少ないのではないかと推測している。なぜならば、子供が被害者の場合、殺人と、事故あるいは乳児の突然死症候群などとの識別が困難な場合があるからである。日本でも近年、虐待の結果として子殺しに至る事例が数多く報告されるようになったが、殺人事件としてではなく、事故あるいは突然死として処理されている事例もあるのではないかと思われる。

特徴的なのは、一般の殺人では、男性の殺人犯が大半を占める（アメリカの二〇〇一年の統計では八八％）のとは対照的に、子殺しでは、父親と母親がほぼ同じ割合で殺人を犯していることである。それどころか、ブルジェとブラッドフォードの一九九〇年の報告では、子殺しの犯人は母親である場合が、父親の場合よりも多いことが指摘されており、それ以前のいくつかの研究でも同じ傾向が認められている。ところが最近の研究では、父親と母親がほぼ半々の割合で自分の子供を殺しており、統計によっては父親による子殺しの方が母親による子殺しよりも多い場合もあることが報告されているので、父親による子殺しの割合が増えつつあるのかもしれない。

このような統計的事実を念頭に置きながら、子殺しの実証的研究にもとづいて、なぜ我が子を殺すのか、特に子供にとって最初の愛着の対象であるはずの母が、なぜ子供を殺すのかについて分析したい。

最初に子殺しの事例を集めて分類し、その精神病理を分析したのは、アメリカのレズニックである。一九六九年、彼は、一七五一年から一九六七年までの実子殺しに関する世界中の文献（十三の言語で記述）から、百五十五例の実子殺害（filicide）の事例を集めたが、そのうち二十四例は新生児殺し（neonaticide）であったため、除外した。彼は、実子殺害には明確に区別すべき二つの型、すなわち、

① 生後数時間以内に、望まなかった新生児を殺害する新生児殺し

② 家族の中で、その子供の役割がある程度確立された後の殺害

の二つがあると考えており、この研究では、①の新生児殺しを除外して、生後二十四時間以上の実子を殺害した②の事例だけを対象にしている。

百三十一例の子殺しのうち、八十八例が母親によるものであり、四十三例が父親によるものであった。母親による子殺しの方が父親によるものよりも圧倒的に多かったのだが、同様の傾向は、当時の他の研究においても認められる。犯行当時、ほとんどの母親（八八％）が結婚しており、父親も一人を除いて、全員結婚していた。

犠牲になった子供は男女ほぼ同数、年齢は生後数日から二十歳にまで及んでいたが、子殺しの対象になりやすい最も危険な時期は、生後六カ月までであった。このように幼い子供ほど殺害される危険が大きいという傾向は、その後のすべての研究においても共通して認められる。これは、この時期に母親の産後うつ病、あるいは産褥期精神病が好発することによるのであろうし、また自殺しようとする母親は、子供が幼いほど、我が子を自分の所有物と考え、自分と切り離せないものと感じやすいことによるのかもしれない。さらに子供が大きくなるほど、殺されることに対して抵抗し、自分の身を守ろうとするであろうから、殺害が困難になるのではないかとも推測される。

**動機の五つの分類**

レズニックは、これら百三十一例を、我が子を殺害した犯人自身の語った動機にもとづいて、次の五つに分類している（番号は件数の多さの順）。

①「利他的な」子殺し（六十四例）
②「急性精神病」状態における子殺し（二十八例）
③「望まぬ子供」の殺害（十八例）
④「事故」の結果としての子殺し（十六例）
⑤「配偶者への復讐」のための子殺し（五例）

この分類は、殺人犯自身の表面的な動機にもとづく主観によるものであり、診断があいまいなのではないか、またそれぞれの類型間に重なり合う要素があるのではないか、などさまざまな批判を浴びながらも、多くの分類の原型となっている。その後の子殺しの分類の多くは、レズニックの分類を改変、修正、あるいは発展させて作り上げられたのである。そこで、レズニックの提示した五つの類型の概要とその典型例を紹介しながら、筆者の観点から分析していくことにしたい。

まず、①「利他的な」子殺しは、「愛」ゆえに我が子を殺してしまった事例であり、レズニックの集めた事例のほぼ半数（百三十一例のうち六十四例）を占めている。「利他的な」子殺しに分類されるのは、母親の場合、八十八例のうち四十九例（五六％）、父親の場合が四十三例のうち十五例（三五％）である。母親による子殺しの方が圧倒的に多いので、これは母親の方に親和性が強いと言えるかもしれない。子殺しの約半数が利他的な動機から遂行されていることが、子殺しを他の殺人からきわだたせる最も重要な要因であると、レズニックは述べている。

「利他的な」子殺しは、（A）自殺と結びついた子殺しと、（B）「苦しみ」から救うための子殺しの二群に分けられる。

（A）自殺と結びついた子殺しは、日本では「心中」として扱われているが、「母子心中」も「父子心中」も、欧米ではあくまでも子殺しの枠内でとらえられることは注目に値する。自殺と結びついた子殺しは、母親による子殺し、八十八例のうち三十七例（四二％）を占めており、圧倒的に母親に多い（父子心中は、父親による子殺し四十三例のうち十三例にすぎない）。

心中を図って生き残った親たちは、「自殺するのに、自分の子供を残して死ぬことはできなかった」と訴えることが多いので、母子心中、父子心中の多くは、拡大自殺の帰結として遂行されたのだろうと考えられる。

また、テュターの提示する母親の事例の一つは、「私たちを一つの棺に入れて埋葬してください。私たちはいつも一緒なのです」という遺書を残している。拡大自殺の結果として我が子を殺すにしても、「いつも一緒」という幻想ゆえに子供を道連れに自殺を図るにしても、その根底にあるのは、子供とのきわめて強い一体感である。母子心中が父子心中よりも圧倒的に多いのは、母親の方が強い母子一体感を持ちやすいことによると思われる。

(B)「苦しみ」から救うための子殺しは、子供を「苦しみ」から救済するためという名目で遂行される。この「苦しみ」は、現実の場合もあれば、妄想の中で確信されているが現実には存在しない場合もある。レズニックは、ある夫婦が、脳炎に罹患した二十歳の息子とともにガス心中した事例を提示しているが、この場合は、子供を実際の苦しみから解放するために、安楽死という名目で子殺しが遂行されたのである。カープは、このような行為は自己愛の傷つきを受け入れられないことから派生するのであり、彼らは、自己愛を傷つける原因となった他者や社会に対する復讐を求めているのだと分析している。

一方、想定されている「苦しみ」が親の妄想的観念にもとづく場合もある。レズニックは、魔法によって息子の発育が妨げられていると確信して、三歳の息子を窒息死させた二十九歳の既婚女性の事例を提示している。これは、被害妄想の中で、迫害者の手によって自分の子供が苦しめられていると確信し、迫害者から子供を守るために誤った努力によって殺してしまう親の典型例であろう。

レズニックは、「白い奴隷の輪」によって自分の十一歳の娘が奪い取られてしまうと妄想的に確信し、それを防ぐために殺してしまった五十歳の未亡人の事例も挙げているが、これらはむしろ、②「急性精神病」状態における子殺しに分類されるべきであろう。実際、この後の分類では、妄想的確信にもとづいて、妄想的他者から守るために我が子を殺してしまったような事例は、精神疾患による子殺しとして分類されている。

②「急性精神病」状態における子殺しは、幻覚、妄想、あるいはてんかん発作などの影響のもとに我が子を殺してしまう事例である。レズニックの分類によれば、この範疇は、精神疾患による子殺しのすべてを含むわけではなく、理解可能な動機がつきとめられない場合のみを対象としている。これは、二百年以上の間に世界中のさまざまな国で起こった子殺しを対象としているため、精神疾患の概念が時代、国によって異なり、診断基準もあいまいであったことによる。ただそのために、その後多くの批判を浴びることになった。

レズニックが、この類型の典型として挙げた事例は、ベンダーの紹介している四十三歳の女性である。この女性は、常に献身的で落ち着いた妻であり母であるように、周囲の人々の目には映っていた。しかし事件の二日前から、ひどく興奮して「私には悪いところはまったくない」と口走るようになり、そして突然、抵抗する九歳の娘をナイフで突き刺して殺し、五階のアパートの窓から飛び降りようとしたのである。救急車の運転手に、彼女は「主のお命じになったことをやっただけです」と語っている。入院後、彼女はますます混乱、当惑し、ときには緘黙・昏迷状態になることもあったため、急速に消耗し、三週間後に死亡した。

③「望まぬ子供」の殺害は、犠牲になる子供が親に望まれずに生まれてきた、あるいはもはや望まれていない際に遂行される。母親が殺害するのは婚外子である場合が多いようで、未婚のまま郊外の病院で身元を隠して出産した後、生後十六日の子供を殺害した少女の事例を、レズニックは典型例として挙げている。また、レズニックは、我が子を殺害した二人の既婚女性も紹介しているが、いずれの場合も夫の子ではなかった。父親がこの種の理由から子供を殺すのは、自分の本当の子かどうか疑わしい、または子供が経済的負担になる、職業的な成功の妨げになるとみなされる場合に多いようである。

④「事故」の結果としての子殺しは、虐待の結果子供を死に至らしめてしまう事例で、レズニックがこれを「事故」と名づけているのは、殺害の意図がなかったことを強調するためである。親が激しい怒りに駆られて子供を殺害してしまうことが多いようで、時には熱心すぎるしつけの結果として起こることもある。

レズニックが典型例として紹介しているのは、アデルソンの報告した事例である。三歳の娘が、十三カ月の赤ちゃんの哺乳瓶を奪い取ったまま返さないので、母親は衝動的に、コショウ入れの中身を娘の口に振り入れてしまった。娘はコショウをのみこんで、呼吸困難に陥った。母親はあわてて近所の病院に運び込んだが、コショウが気道を閉塞してしまい、病院到着時には娘はすでに死亡していた。その後、この母親は過去に二度、自分の子供を虐待の結果死なせていることが明らかになった。

これに類した虐待の結果としての子殺しは、日本でも近年数多く報告されるようになった。もっとも、虐待の結果としての子殺しの数自体が増加しているのか、それとも以前は「事故」として処理されていたものが、子殺しとして扱われるようになったのかについては疑問が残る。おそらく両方の要因が関与しているのではないだろうか。

⑤「配偶者への復讐」のための子殺しは、配偶者を苦しめるために意図的に我が子を殺害する事例であり、その原型は先述したメデイアの中に見いだされる。二人の息子を殺害した後、不実な夫イアソンに向かって「そら、子供たちはもういませんのよ。お気の毒なこと」と言い放つメデイアの姿は、復讐のための子殺しの典型例である。

レズニックが典型例として紹介しているのは、ラインゴールドの提示した、夫と別居したばかりの二十九歳の女性の事例である。彼女は三歳の娘を、釘抜きハンマーで殴って殺した。夫は娘を引き取ることを望んでいたが、彼女は、娘を夫に渡すよりも、「神に捧げる」方がよいと考えたのである。彼女は、夫が自分を捨てたのは他に女ができたためだと信じていたが、その女は実在しなかった可能性もあり、嫉妬妄想にもとづく妄想的確信だったのかもしれない。

ラインゴールドは、この女性が娘をライバルとみなしており、娘とのライバル関係が女性全般とのライバル関係に投影されたのだと解釈している。しかし、この母親の子殺しに認められる構造はむしろ逆方向であり、ライバルと考えられていた女性（実在せず、妄想的他者だった可能性もある）に対する攻撃性が、潜在的なライバルとしての自分の娘に向け変えられたのだと考えるべきではないだろうか。

## 攻撃性の置き換え

このように、我が子に向けられる攻撃性が、じつは元来別の対象に向けられていたものが置き換えられたものであるという機制は、「配偶者への復讐」のための子殺しだけではなく、他の多くの子殺しにおいても認められる。多くの事例において、子供に対して向けられた攻撃性が、じつは、殺人犯の母、父、配偶者、兄弟などに向けられていたものが置き換えられたのだということが明らかになっている。そこで、レズニックは、子殺しの衝動を、「親、配偶者、兄弟などに対する攻撃性の置き換え」として説明している。

攻撃性が他の対象から子供に置き換えられた結果として子殺しが起こる機制は、ドゥヴァレとシェラーの報告している次の事例に端的に認められる。三十二歳の女性は、自分の三人の子供のうち二人を溺死させ、自分自身も入水自殺を試みた。彼女に殺された二人の子供は、魚鱗癬《ぎょりんせん》に罹患していたが、これは、夫が苦しんでいたのと同じ遺伝性の皮膚病で、根治療法はない。彼女は、この病気で苦しむ子供たちを救うために殺したのだと説明した。ところが、その後、この女性は魚鱗癬の夫にはけっして近づこうとせず、夫に対しては嫌悪感しか抱いておらず、特に夫からの性的な要求をいやがっていたことが明らかになった。したがって、彼女が子供たちを入浴させたり、特別な治療を施したりしたのは、夫から子供たちに置き換えた怒りへの防衛として薄いヴェールをかぶせていたにすぎなかったのである。

子殺しの衝動が、他の対象から子供に置き換えられた怒りあるいは攻撃性から派生するのだとすれば、我が子を殺した親自身の乳幼児期の対象関係が、どのようなものだったかを探ることが重要になる。マイヤーソンは、親が子供に拒絶されているように感じたまさにそのとき、子殺しの衝動が爆発した事例を報告している。このような事例では、幻想の中で子供が親になり、親が子供になるという役割の逆転が起こっているのである。おそらく、乳幼児期に親から拒絶されたと感じた体験が想起され、怒りと攻撃性を呼び起こしたのではないだろうか。

また、クンストは、子供を殺す母親の母子関係が、網の目にからまったように未分化で、過度の同一化が認められることを指摘している。我が子を殺す女性は、子供の中に、自分自身の母親を探し求めていることが多い。つまり、子供が、母親自身のかなえられなかった依存欲求を満たすための最後のよりどころになっており、母親の内的苦悩の究極の解決を子供に求めるという生き方が破綻したとき、子殺しさえも起こりうるのである。

もちろん、このような機制の根底にあるのは、子供の破壊が母親自身の死を意味し、母親自身の死もまた子供の破壊を意味するほどの、きわめて強い母子一体感である。母親の幻想の中に、子供が自分と分離した実在感を持てないほどの強い母子一体感がある場合、むしろ子殺しの危険が高まることを、クンストは指摘している。母親が「あまりにも愛しすぎた子供」と同一化するからであり、とりわけ、抑うつ的で希死念慮を抱いているような母親が我が子を殺害する危険性が最も高い。

抑うつ的になっている人間は往々にして、「あまりにも愛しすぎた」対象を殺人の犠牲者として選択すると、バットは述べている。特に、自殺しようとする母親は「あまりにも愛しすぎた子供」に同一化し、自分自身の受け入れがたい症状をその子供の中に投影して、殺害してしまう。これが、母子心中の心的機制であるが、母子心中については、後で事例を紹介しながら、もう少し詳しく分析していくことにしたい。

## 子殺しの類型

レズニック以後に提唱された子殺しの分類は、彼の分類の焼き直しが多い。子殺しが時代の流れとともにどのようにとらえられてきたか、また、子殺しのどの範疇が増え、どの範疇が減ったのかを概観するために、主なものをたどってみよう。

一九七三年、イギリスのスコットは、子殺しの衝動が何から派生したかという視点から、五つに分類している

①　望まぬ子供を消す
②　慈悲による子殺し
③　重篤な精神疾患による子殺し
④　殺害した子供以外からの刺激によって子殺しの衝動が派生（地位の喪失、対象喪失などに対する怒りの置き換え、配偶者への復讐の場合など）

⑤　殺害された子供自身の刺激によって子殺しの衝動が派生（虐待する親のような場合）

これらは、レズニックによる分類の五つの範疇とほぼ重なっている。

さらに、一九七九年、イギリスのドルバンは、一九七〇年から一九七五年までに、イギリスのハロウェー刑務所に、実子殺害あるいは実子殺害未遂で入所していた八十九人の女性を対象に行なった研究を報告している。彼は、スコットの五つの類型を少し修正し、六つ目の類型として、レズニックが定義した新生児殺しを付け加えている。

①　虐待の結果として殺害（三十六例）
②　精神疾患による子殺し（二十四例）
③　新生児殺し（十一例）
④　夫への復讐のために殺害（九例）
⑤　望まぬ子供を殺害（八例）
⑥　慈悲による子殺し（一例）

ドルバンの報告では、レズニックと比べて、虐待の結果としての子殺しが増加し、慈悲によるもの（「利他的な」子殺し）が減少しているのが特徴的である。この頃から虐待の数自体が増えたのか、あるいは、それまで事故として処理されていた事例が虐待として扱われるようになったのかは明らかではない。いずれにせよ、慈悲による子殺しが減少し、虐待の結果としての子殺しが増加していることは、きわめて興味深い。

八十九人の母親によって殺害された子供の総数は百九人（複数の子供を殺害した母親もいるため）、このうち四十八人の犠牲者（四四％）が一歳未満であった。また、十二人（一一％）だけが五歳以上であり、この研究でもやはり、幼い子供ほど子殺しの犠牲になりやすい傾向が認められる。子殺しに至るストレスの起源として最も多かったのは、夫あるいは同棲相手との深刻な不和で、五十八例に認められる。

さらに、それぞれの類型に次のような特徴が認められたことが報告されている。

まず、最も多かった、①虐待の結果として我が子を殺してしまった母親について、彼女たちに認められた精神医学的な問題は、人格障害、反応性うつ病、低いＩＱなどであった。そして、この群の母親たちに特に目立ったのは、暴力的で混乱した家庭背景と、人生においてストレスとなるようなさまざまな要因の蓄積であった。子殺しの他の類型の母親と比較して、彼女たちが、両親の別離、夫の暴力、経済的問題、家族の問題を経験している割合は有意に高かったし、さらに犯行時に妊娠していた、あるいは殺害した子供以外に、手のかかる幼い子供や病気の子供を抱えていた場合も多かった。また、子供時代の虐待、両親の不和、家族の犯罪歴が認められた割合も有意に高かった。

②精神疾患による子殺しの事例で、最も多く認められた精神医学的診断は精神病（十四例）であり、次いで反応性うつ病（六例）であった。彼女たちは、子殺しの他の群に比べて年齢が高く、結婚していることが多かったが、夫婦間の葛藤に悩んでいることは有意に少なかった。この群の子殺しの要因として最も重要なのは、家族の問題や社会的なストレスなどよりも、精神医学的な問題である。興味深いことに、彼女たちは通常複数の子供を殺害しており、この群の八三％の母親が、自分の子供全員を殺害、あるいは殺害しようとしていた。

さらに重要なのは、精神疾患のために我が子を殺害した母親の四分の三が、殺人と同時に自殺を図っていることである。ドルバンの報告した八十九人の母親のうち十八人が、犯行時あるいは犯行直後に自殺を図っているが、これらの自殺企図はすべて、精神疾患を有する母親によってなされている。このように精神疾患を有する母親が子供を殺害する場合、しばしば自殺が同時的な行為として実行される機制について、ドルバンは、「意識的な動機として最初にあったのは自己破壊であり、子殺しは拡大自殺なのである」と指摘している。つまり、本来の動機は自殺願望であり、「子供を世話する者がいなくなってしまう」というような論理にもとづいて、子殺しが遂行されたというわけである。

③新生児殺しは、レズニックが定義したように、生後二十四時間以内の新生児を殺害した事例である。この群の母親は最も若く、全員が独身あるいは夫と別れていた。犠牲になった子供は、一人を除いてみな婚外子であった。したがってレズニックが指摘しているように、新生児殺しを犯すのは、主として、精神疾患に罹患していないが、きわめて未熟な人格の若い母親であり、彼女たちは、多くの場合、婚外子を出産したという不名誉を避けたいために殺害するのだと考えられる。

④復讐のために我が子を殺した女性たちはかなり情緒不安定であり、ストレス測定で最も点数の高かったことが報告されている。一人を除いて全員が重篤な人格障害で、以前から衝動的な攻撃行動、自殺企図が頻繁に認められており、その結果として、精神病院への入院を何度も繰り返していた。彼女たちの夫婦関係は敵対的で混乱しており、夫を操作するために自分の子供を利用したのである。これは、レズニックが「配偶者への復讐のための子殺し」として分類した群と全く同じであり、まさに「メデイア」的状況である。

カナダでは一九九〇年に、ブルジェとブラッドフォードが、親による実子殺害の事例十三例（九例が母親、四例が父親）と、子供が両親以外の大人によって殺害された事例四十八例を比較、分析している。その結果、我が子を殺した親の三〇・八％がうつ病と診断されたのに対して、実子ではない子供を殺害した犯人でうつ病と診断された事例は皆無であった。また、我が子を殺害した九例の母親のうち、五例が出産後五週間以内の産褥期に犯行に及んでおり、産後うつ病あるいは産褥期精神病の関与が強く疑われる。

この結果にもとづいて、ブルジェとブラッドフォードは、実子殺害を次の五つの型に分類することを提案した。

① 病理的な実子殺害：利他的な動機によるものや拡大自殺（心中）を含む
② 事故として起こった実子殺害：虐待の結果としての殺害を含む
③ 復讐のための実子殺害
④ 新生児殺し：望まなかった子供の殺害を含む
⑤ 父親による実子殺害

この調査では、レズニックの報告とは異なり、①病理的な実子殺害、③復讐のための実子殺害は比較的少なく、②虐待の結果として起こった実子殺害が最も多かった。なお、病理的な実子殺害は、精神疾患に罹患していたために我が子を殺害した事例であるが、最も多く認められた診断は、幻覚・妄想を伴ううつ病であった。

約十年後、二〇〇二年には、やはりカナダで、ブルジェとギャンネが、ケベック州の検視官の資料にもとづき、一九九一年一月から九八年五月までの約八年間に起こった三十四例の母親による実子殺害の事例を検証、分析している。ほとんどの被害者は六歳未満であり、七十五例の実子殺害のうち、四十例が父親、三十四例が母親による殺害であったが、この研究では母親による子殺しのみを対象にしたのである。

加害者の母親は二十七人で（複数の子供を殺害した事例が含まれるため）、そのうち二十三人（八五・二％）

の母親に精神疾患が認められている。十八人がうつ病、四人が統合失調症（精神分裂病）または他の精神病と診断されている。さらに、十五人の母親が殺害後に自殺を図っており、そのうち十一人は既遂であったが、全員に精神疾患が認められている。このうち十人は以前から精神医学的治療を受けており、九人がうつ病、一人が精神病と診断されていた。自殺を図った母親のなかで四人は未遂に終わっているが、このうち三人は、以前うつ病のために治療を受けていたことが明らかになっている。

これらの結果にもとづいて、ブルジェとギャンネは、子殺しの新しい分類として、次のような五つの類型に分けることを提唱した。

①　精神疾患による子殺し
②　虐待の結果としての子殺し
③　復讐のための子殺し
④　慈悲による子殺し
⑤　その他、あるいは詳細不明群：情報が不十分、あるいは複数の要因を内包している

また、副次的な要因として、

A：自殺と結びつく場合と結びつかない場合
B：薬物乱用と結びつく場合と結びつかない場合
C：予測可能な場合と予測不能な場合

を考慮する必要があると述べている。さらに、殺害の意図、つまり殺したいという意識的な欲望を、母親が持っていたかどうかを判定することの重要性を指摘している。特に、虐待の結果としての子殺しと、復讐の

ための子殺しを区別する際に、殺害の意図の有無がきわめて重要になるのである（虐待の結果としての子殺しには殺害の意図はないのに対して、復讐のための子殺しにはそれがある）。

最も興味深いのは、この分類では、二十七人の母親のうち二十三人（八五・二％）が、①精神疾患による子殺しに分類されていることである。三例（一一％）が②虐待の結果としての子殺しに分類されており、一例が⑤詳細不明とされている。③復讐のための子殺し、④慈悲による子殺しは、皆無であった。

特にレズニックの分類では最多の「利他的な」子殺し（慈悲による子殺しを含む）が皆無であったが、これは分類基準によるところも大きいように思われる。たとえばブルジェとギャンネが、①精神疾患による子殺しに分類している次の事例は、レズニックに従えば、「利他的な」子殺しに分類されるであろう。

四十三歳の母親が、六歳の自閉症の息子を溺死させた。この母親は殺害後手首を切って自殺を図ったが、未遂に終わった。彼女は犯行前に、精神医学的治療を受けていたわけではないが、犯行後、自らの置かれた状況に圧倒されて抑うつ的になっており、精神病的な症状も認められると診断された。

ブルジェとギャンネはこの事例について、一見慈悲によって子供を「苦しみ」から救済しようとする子殺しのように見えるかもしれないが、精神病的な症状が認められており、精神疾患による子殺しとして分類すべきであると述べている。したがって、「利他的な」あるいは慈悲による子殺しとして分類された事例の中には、うつ病あるいは精神病の関与していた事例が少なからず含まれていたのではないかと考えられる。

翌二〇〇三年には、アメリカのルイスらが、一九七四年から一九九六年にかけてミシガン犯罪精神医学センターで行なわれた、責任能力判定のための鑑定資料から、五十五例の母親による子殺しの事例を報告している。ルイスらは、犯行時に精神病的な症状を示した母親と、示さなかった母親を比較した。精神病的な症状を示した母親は二十九例（五二・七％）で、過半数を占め、精神病的な症状を示さなかった母親に比べて薬物依存の既往歴を持つ者が多く、過去に、あるいは犯行時に精神科治療を受けている割合も高かった。また、精神病的な症状を示した母親は、犯行時に自殺を図ることが多く、武器を用いて複数の子供を殺害する傾向が強いことも報告されている。

## 母親による子殺しの特徴

このように、子殺しの実証的研究はさまざまな視点からなされており、その分類方法も時代、地域によって異なるが、母親による子殺しに関しては、次のような共通する特徴を導き出すことができる。

（一）幼い子供ほど対象になりやすく、特に一歳未満の乳児が犠牲になる危険性が最も高い。
（二）殺害する子供への攻撃性は、じつは他の対象（親、兄弟、夫など）への敵意、怒りが置き換えられた場合が多い。
（三）特に夫に対する敵意は重要であり、子殺しの背景に夫婦間の葛藤が潜んでいることが多く、夫への復讐のための子殺しでは、この病理が前面に出る。
（四）時代とともに、虐待の結果としての子殺しの事例報告が増えている。
（五）我が子を殺害したのち自殺を図る母親は、精神疾患に罹患している場合が多く、精神疾患として多いのはうつ病と精神病である。

特に（五）の自殺を伴う子殺しには、病理的な色彩が色濃く認められるが、日本では、子殺しの枠の中でとらえられることは少なく、「母子心中」として扱われることが多い。そこで次に、「母子心中」の事例を紹介しながら、その病理を分析していくことにしたい。

# 第二章　母子心中

## 母親の自殺を伴う子殺し

我が子を殺した母親が自殺する場合、日本では「母子心中」として扱われるが、欧米には「心中」という言い回し自体が存在しない。もっとも、心中とはもともと、成人の男女が合意の上で、同一目的のもとに自殺する重複自殺（double suicide）を意味する言葉であった。「母子心中」は、子供の合意がないままに母親の一方的な意志によって遂行される子殺しが自殺を伴う場合が多く、必然的に無理心中の形をとりやすい。「心中」を英訳するとすれば、double suicide（重複自殺）であろうが、いわゆる「母子心中」は、maternal filicide-suicide（母親による子殺し—自殺）、maternal filicide associated with suicide（母親の自殺と結びついた子殺し）、murder followed by suicide（殺人の結果として起こる自殺）などと表現され、欧米ではあくまでも子殺しの一亜型としてとらえられている。

ここでは、母親の自殺を伴う子殺し（母子心中）の事例をいくつか紹介しながら、欧米と日本でそれぞれどのようにとらえられているのかを比較検討し、その根底に潜む病理を分析したい。

まず、レズニックは、自殺を伴う子殺し（母子心中）の精神医学的メカニズムが典型的に表われている事例として、三十一歳のアメリカ人女性の例を示している。

A夫人は空軍パイロットの妻で、四人の子供（五歳のベティと四歳のキャロルの二人の娘、七歳と二歳の二人の息子）がいたが、五歳のベティを道連れに、崖の上から車で飛び降りた。

彼女は、その二年前、末子出産後、切迫した感じを抱くようになり、自分は母親として不十分であると感じるようになった。そのため、家庭の外で多くの時間を過ごすことに安らぎを見いだすようになり、夫以外の二人の男性と性関係を持つことになった。

事件の三カ月前、彼女と子供たちは夫についてアラスカにやってきたが、長い白夜のために睡眠リズムが乱れ、彼女はいらいらして抑うつ的になった。大量の精神安定剤を一度に服用して精神病院に入院したが、精神科医との間に信頼関係を築くことができないと感じていた。それゆえ表面的なほほえみでつくろい、回復したふりをして一週間で退院してしまったが、退院後も不眠、抑うつ気分、焦燥感は改善せず、家事をすることもできなくなってしまった。

事件の二日前、精神科の主治医が、「あなたは、私に相談することができなければ、自殺するかもしれない」と言ったと、彼女は事件後に語っている。彼女はこの主治医の言葉を、自分は自殺すべきなのだと誤って解釈した。

事件の前日、彼女は夫に、自分は病気で助けを必要としていると告げたが、夫は「子供たちは、お前を必要となんかしていないし、俺だってお前にいてほしくない。どうして、出て行かないんだ」と怒鳴っただけだった。そのため彼女は、自分は精神的に病気なのに、助けを求められるところはどこにもないと感じた。さらに、娘たちがあまりにも物質主義的に育っているように思われた。次女のキャロルはまだ見込みがありそうだったが、長女のベティは「めちゃくちゃになってしまった怪物」のように感じられたという。

犯行当日、彼女は熟慮の末に、ベティだけを連れてドライブに出かけた。自分がいなければベティだけでうまくやっていくことはできないと感じていたし、自分がそうであったように、母親のいない家庭でベティに生きていってほしくなかったからである。

こうして彼女は、ベティと一緒に車に乗ったまま崖の上から飛び降り、下《か》顎骨《がっこつ》と橈骨《とうこつ》に複雑骨折を負った。ベティが彼女を揺さぶって、「マミー、マミー、ここから出なくちゃいけないよ」と叫んだと、後に彼女は語っている。

また、以前はかわいらしかった娘の額は陥没してしまい、「スクランブルエッグのようになった組織が脳から出てきた」という。それで、彼女は叫んだ。「ああ、神様、私は何をやってしまったの。私はベティから、怪物を取り出してしまった」。彼女は娘を殺して自殺しなければならないと感じた。自分の娘が、こんな傷を負ったまま人生を送らなければならないと考えるだけで、耐えられなかったからである。

さらに彼女は、自分が子供のころ、内なる傷を負ったように感じていたことも思い出し、ベティの首を絞めて殺そうとしたがうまくいかず、拾った石で娘の頭部を殴り続けて殺害した。A夫人は、同じ石で自分の頭部も打ち砕いて自殺しようとしたが、失敗し、山から飛び降りたり、手首を切ったりして自殺を図った。いずれの自殺企図も未遂に終わったため、ついにベティのお葬式だけでも挙げてやらなければと決意した彼女は、山をよじのぼり、三十六時間後に発見されたのである。

## 強い母子一体感

整形外科病棟で六カ月にわたる治療を終えて、精神病院に転院したA夫人は、自分の母親が傲慢な物質主義者で、仕事ばかりしていてほとんど家にいなかったと語った。彼女は母親に対する怒りを表現することが、それまでけっしてできなかったのである。父親については、親切で優しかったが、弱くて子供っぽかったと語っている。後に、この父親は妄想型の統合失調症（精神分裂病）と診断されている。さらに彼女は、もし母親が病気で死んだら、自分も死にたいと思っていたという、子供時代の思い出を語っている。

学校の成績がよかったA夫人は大学に進学し、二十二歳で結婚したが、夫との性関係は満足のいくものではなかった。そのため、自分の不感症が夫の男性性をだめにしてしまったように感じていた。長女のベティは、金髪でオリーブ色の肌をした、輝くばかりにかわいらしい女の子だったので、A夫人はこの娘を「世界中で他の何よりも」愛していたと語った。ベティは、A夫人に母親を思い出させたが、むしろそれにもまして子供の頃のA夫人自身を思い出させたので、「ベティに罰を与えていると、まるで自分自身を罰しているようだった」。また長女のベティは自分のお気に入りだが、次女のキャロルは夫のお気に入りであるように感じられたという。

この母子心中未遂の事例において、A夫人が我が子を自分自身の延長と考えていたのは明らかであり、それは、「ベティに罰を与えていると、まるで自分自身を罰しているようだった」という言葉に端的に表われている。このようなきわめて強い母子一体感は、母子心中の事例にしばしば認められる。これは、自殺しようとする母親が我が子に同一化し、自分自身の受け入れがたい症状をその子供の中に投影することによって、それを抹殺しようとするからだと考えられる。A夫人も、自分自身の精神的な病をベティに投影したからこそ、この娘が「めちゃくちゃになってしまった怪物」のように見えたのだし、破壊すべき対象としてとらえられたのである。

同時に、自分なしではベティはうまくやっていくことができないように感じられ、自分が子供のころ耐え忍ばなければならなかった「母親のいない家庭」の苦しみを、娘には味わってほしくなかったからこそ殺害したのだと、彼女は語っている。このように、親と同じ運命から子供を救い出すためというのは、母子心中に往々にして認められる動機であるが、その根底にあるのは強い母子一体感である。

注目すべきは、長女のベティが、A夫人にとって「世界中で他の何よりも」愛情を注いだ「お気に入り」の娘だったことである。一見したところ、最愛の娘を死ぬまで殴り続けるというのは理解困難かもしれない。しかし、実際には、バットが指摘しているように、抑うつ的になっている人間は、しばしば「あまりにも愛しすぎた」対象を殺人の犠牲者として選択するものであり、特に、自殺しようとしている母親が「あまりにも愛しすぎた子供」に同一化し、殺害してしまうことは少なくない。

## 役割の逆転

この事例では、A夫人が娘のベティに同一化していただけでなく、同時に、自分の母親とベティを同一視していたことも特徴的である。彼女は、子供のころ、「仕事ばかりしていてほとんど家にいなかった」母親に見捨てられたように感じていたが、この「見捨てられ」感は、事件の前日、夫が彼女に「どうして、出て行かないんだ」と怒鳴ったとき、よみがえった。その結果、彼女は、ベティと自分自身の母親を、「物質主義者」であるという共通点によって同一視し、自分の母親に向けることはけっして許されなかった怒りを、自分の娘を殺すことで発散させることになった。

マイヤーソンは、幻想の中で子供が親になり、親が子供になるような役割の逆転が起こりうることを指摘しており、A夫人の場合も、自分の娘と母親を同一視することによって、役割の逆転が起こってしまったのだと考えられる。それゆえにこそ、夫の言葉によって幼児期の対象関係がよみがえったとき、抑圧されていた母親への攻撃性が、娘に置き換えられて〈殺人〉という行為として現われたのである。したがって、A夫人の子殺しの欲動を、レズニックが指摘しているように、死を通じた「母との再結合」の試みとみなすこともできるかもしれない。

こうしていくつかの要因が結びついた結果として、A夫人は最愛の娘ベティを殺してしまったのだが、彼女は「母親のいない家庭」の苦しみを娘に味わってほしくない、自分と同じ運命から娘を救い出したいという動機から子殺しを遂行しているので、最初に抱いたのは自殺願望であったと考えられる。

この事例のように、母親が自殺を決意するとき、子供も道連れにするのが、子供にとっても最もよいことだと考える場合が少なくない。このような決断に至るまでには、さまざまな思いが錯綜するようであるが、最も多いのは、自分が死んでしまったら、他に誰も子供をきちんと世話してくれる人はいないだろうという心配である。また、自分にとっても子供にとっても耐えられないとしか思えない状況から、子供と自分自身の両方を救い出さなければならない、という思いに駆られる場合もあるようである。

いずれにせよ、自殺しようとする母親が、「子供を救うため」という一見「利他的な」動機から子殺しも犯してしまう場合、その根底にあるのは、母親自身の死が子供の破壊を意味し、子供の破壊もまた母親自身の死を意味するほどの、きわめて強い母子一体感である。

## 「死んだ方が幸せ」

次に、やはり強い母子一体感ゆえに我が子を殺害して自殺した母親の事例を紹介しよう。これはオーストラリアのアルダーらが報告している事例である。

二十四歳のシンディは、五歳と二歳の二人の子を殺害して、自殺した。彼女は以前、交通事故で首に重傷を負い、ひどい頭痛と吐き気に悩まされていた。同じ事故で、息子も重傷を負い、脳に障害が残った。シンディと夫は、息子に治療を受けさせるために、何度もアメリカまで連れて行ったが、効果はなく、お金を遣い果たしただけだった。また彼女は、息子の世話をするのに、夫の助けが足りないと、いつも不平を言っていた。

彼女は精神病院に三度の入院歴があり、二度の自殺未遂歴があった。また、夫は彼女を棄てて、他の女性のもとに走ってしまっていた。さらに、ギリシア人の両親は、シンディの結婚が破綻したことで彼女を責めた。そのため、彼女は相談できる人が誰もいないと感じていたが、精神科医やカウンセラーに助けを求めるのは気が進まなかった。というのも、子供たちから引き離されて、入院させられるのがいやだったからだ。

事件の前日、彼女はベビーシッターに自殺について話し、自分は子供たちをあまりにも愛しすぎているので、あとに残して死ぬことはできないと語った。両親にあてた遺書に、シンディは次のように書き記している。

「私は、子供たちを殺すのだとは思っていません。そうではなく、むしろ父親のいない悲しみと痛みから子供たちを救ってやるのです……それがただ一つ残された道なのですから……私が望んでいたのは、健康で幸福な子供たちのいる、幸せな結婚だけでした……私は一生懸命頑張ったのですが……私の子供たちを残して死ぬことはできません。少なくとも、神様のもとには、安らぎと幸せがあり、苦しみはないでしょう。ですから、子供たちが幸福になるように一緒に向こうの世界に連れて行き、あちらで子供たちの世話をしたいと思います」。

これは、我が子を殺害して自殺する母親の典型例であり、日本でもこのような事件が報道されることはまれではないが、多くの母親に共通しているのは、子供にとっても死んだ方がいっそう幸せなのだと信じ込んでいることである。まず最初に、母親は自らの人生が耐えがたいものであり、生き続けていくことはできないと感じているが（抑うつ気分や妄想が関与していることも少なくない）、同時に、子供をあとに残して死ぬこともできないと考えている。自分亡き後、誰も自分と同じように子供の世話をすることはできないと信じているからである。また、シンディのように、母親が我が子の健康、幸福について特に心配し、その心配が母親自身の不幸の一部になっている場合もある。いずれにせよ彼女たちにとっては、子供と自分は運命共同体であり、子供の幸福と自分自身の幸福は分かちがたく結びついている。

同じように、子供をあとに残して死ぬことはできないとの思いから、子殺しの後自殺を図ったオーストラリア人女性の事例を紹介しよう。これも、アルダーらが報告している事例である。

三十三歳のジョアンヌは、ナイフで手首を切って自殺を図った。警察が到着したとき、寝室の床の上にじっと横たわっていたので、警察は最初、彼女が死んでいると思ったほどである。そのとき、彼女は救急治療を拒否して叫んだ。「私は生きていたくなんかない、私は死にたいのよ。何のために私は生きなければならないの」。

ジョアンヌは、三人の子供の父親である前夫と離婚していたが、この夫は彼女に暴力をふるっていた。彼女は、嵐のような結婚生活を送った後、つい最近夫に棄てられたばかりだった。そのため、自分一人だけで子供たちを支えていくことは、経済的な面でも他の面でも不可能だと思いこみ、十歳の息子の首を絞めて殺害し、他の二人の子供も殺そうとしたのである。彼女の自殺企図は、その直後のことであった。

事件後、ジョアンヌは、抑うつ気分、不眠、食欲不振、集中力低下を訴えている。また、自分は人生にうまく対処していくことができず、シングルマザーになるのもいやだったのだと語った。「私だけでは、子供たちを食べさせていくことができません。私に『できるよ』と言う人たちに、腹を立てていました。私は、その人たちに言ったのです。『子供の面倒なんか見たくなかったのに』と」。さらに彼女は、子供たちは死んだ方がより幸せだと信じていたようであり、「あの子たちの人生の外側を歩んでいる人たちと一緒に、どうやってあの子たちは生きていくというのですか」とも言っている。

ジョアンヌにとっての最大のジレンマは、「私は死にたいと思っていたが、私が死んだら、私の子供たちだけが取り残される」ということだった。だからこそ、「私は死にたかったし、三人の子供たちを一緒に連れて行きたかった」のである。

さらに、子供たちをみな殺害しようとした理由を尋ねられて、彼女は次のように答えている。

「私だけで子供たちを経済的に養い、身体、精神、感情の面で支えていく方法は、世界中のどこにもなかったのです。それでも、みんなが私にできると言ったのですが、私にはその能力のないことがわかっていました。……私は、私の子供を本当に、とても、とても愛していました。ただ、養ってやることができなかったのです……」。

ジョアンヌの言葉からうかがわれるのは、彼女自身としては、子供たちをとても愛していて、きちんと世話をしてやりたいと思っていたからこそ、強い希死念慮ゆえに自殺を決意したとき、子供を残して一人では死ねないと思い、子殺しに至ったということである。その根底に潜んでいるのは、我が子の生殺与奪の権利を握っているのは、世話をしてやることのできる唯一の人間である自分なのだという、母親の思いこみである。

## 「母性」の重荷と拡大自殺

この事例で特徴的なのは、夫の暴力、夫との別離、離婚など夫婦間の葛藤が背景にあって、子殺しと自殺企図に至っていることである。このほかにも、夫の浮気、離婚による経済的困窮、子供の親権を失うことへの不安など、夫婦間の葛藤から派生する問題を契機にして、母子心中に至る事例は少なくない。次の事例はその典型例であろう。やはり、アルダーらが報告している事例である。

三十一歳のシタの結婚生活は、お互いの暴力のせいで、嵐のようであった。夫は、海外滞在中に他の女性と結婚生活を送り、おまけにその女性をオーストラリアの自宅まで連れてきた。シタは、その女性を追い出した。十二月に喧嘩をして、彼女は、七歳と一歳半の二人の子供を連れて夫のもとを離れ、別のアパートで暮らし始めた。年が明けて一月になると、シタは夫のもとに戻ってきたが、再び激しい喧嘩が始まった。その直後、彼女は灯油を自分自身と子供たちにかけ、火をつけたのである。三人とも死亡した。

事件後、シタの夫は、シタが子供たちを殺したのは、自分が二度と子供たちを抱くことができないようにして、自分の心を傷つけるためだったかもしれないと警察に話している。このような夫への復讐のための子殺しの典型は、先述したようにギリシア悲劇の主人公メデイアであり、多くの場合、不実な夫の心を傷つけるべく遂行されるようである。もっとも、それが自殺を伴う場合には、やはり抑うつ気分が関与している可能性が高いのではないだろうか。

我が子を殺害して自殺を図る母親たちには、いくつかの共通する特徴が認められる。これらの共通点を、アルダーらは次のように要約している。

多くの母親は、三十歳以上で、二人かそれ以上の幼い子供を抱えており、もはや困難な状況に対処していくことができないと感じたために、子供の命を奪い、自殺することを決意したのである。彼女たちは、自分の行為が子供たちのために最もよいことなのだという信念を口にすることが多い。「私は、子供たちの安らぎを願っていたのです」というように。

このような母親たちは、夫などの男性パートナー、つまり子供たちの父親に見捨てられている場合が多い。そのため、自分は世界の中で一人ぼっちであると感じており、自分自身と子供たちに幸福と平和をもたらすために唯一残された選択肢として、命がけの行為を計画するのである。特に、子供の世話をきちんとできるのは母親だけであり、自分が子供の幸福の全責任を負うべきであると信じている母親が多い。

こうして浮かび上がってくるのは、無責任なのではなく、むしろ、社会的、文化的に構築された「母性」の重荷にきわめて忠実であろうとする母親の姿である。その意味で、母子心中という行為には、「母性」というものの暗部が凝縮されて現われているといえるかもしれない。

それでは、子殺しと自殺が重複する母子心中においては、自殺願望が先にあるのだろうか、それとも他殺願望が先なのだろうか。この点について、ドルバンは、「多くの場合、意識的な動機として最初にあったのは自己破壊であり、子殺しは拡大自殺なのである」と述べている。その根底にあるのは、「自分が死んだら、子供の世話をする者がいなくなってしまう」という思いである。本章で提示した事例の多くに、このような機制が認められる。

ただし、それより数は少ないが、自殺企図が子殺しの延長としてとらえられる場合もある。その場合、殺人衝動は、子供を何らかの恐ろしい運命から救い出すためという、妄想的観念から派生していることが多い。たとえば、産褥期精神病の、ある母親による二人の子供の殺害は、「暴力的な世界から救い出すため」という「利他的な」動機によるものだったし、また別の母親は、「息子が統合失調症になるのを防ぐために」殺害している。いずれにせよ、第II部第一章の最後でも述べたように、我が子を殺害した母親が自殺を図る場合、精神疾患が関与していると考えられる事例が多いようである。

## 日本の母子心中の特徴

さて、これまでは主として欧米の研究報告を参照しながら、子殺しと母親の自殺が重複する事例の特徴を分析してきたが、次に、日本の母子心中事件の特徴を概観しながら、それぞれの特徴を比較、検討していくことにしたい。

我が国では、母子心中事件が報じられることは少なくないにもかかわらず、母子心中に関する統計、研究はきわめて少ないのが実情である。その中でほとんど唯一の体系的な研究報告と言ってよいのが、一九八七年に刊行された高橋重宏の『母子心中の実態と家族関係の健康化』である。同書の中で、高橋は、「母子心ている。

中の全国調査の解析結果」と「戦後三十九年間の東京都二十三区内における親子心中の実態調査」を報告し

まず、「母子心中の全国調査」は、一九七四年四月一日から六月三十日までの三カ月間の、親子心中死亡者と未遂者を対象としている。一九七四年四・五・六月の三カ月間に全国で発生した心中は九十五件あり、そのうち親子心中が五十九件（六二・一％）、情死心中が三十六件（三七・九％）であった。そして、親子心中の中では、母子心中が最多（五十九件のうち四十八件、八一・三％）であった。

母子心中の動機としては、①疾病、障害などの傷病問題、②家庭不和（三角関係、痴情問題などを含む夫婦関係の問題）が多く、この二つで、六四・六％（四十八件のうち三十一件）を占めたという。

また高橋は、母子心中を動機との関連で、「没我的（他者同化的）母子心中」と「利己的（自己同化的）母子心中」の二つの類型に分類している。

「没我的母子心中」とは、子供の疾病、障害を苦にして、子供の将来を悲観し、「子供のために」という名目で子供を殺し、母親が自殺するものである。一方、「利己的母子心中」とは、夫や妻の不貞、親の傷病、親や夫の死など、母親側の問題で子供が犠牲になるような母子心中である。この全国調査で、その実態を観察したところ、母子心中四十八件のうち「没我的母子心中」が六件（一三・六％）、「利己的母子心中」が三十八件（八六・四％）であったという（四件は不詳）。この類型比較によって、多くの母子心中では、じつは夫婦を中心とする親の側の問題で子供が犠牲になるという構造が、明確に浮かび上がってきたのである。

高橋は、母子心中の個人的、家族的、地域的状況も明らかにしており、それによれば、妊娠・出産・育児の過程にある二十五〜三十四歳の母親が七〇・七％を占めている。犠牲になった子供の年齢は、生後一年以内の〇歳児が二三・〇％で、八歳以上になると急激に減少する。殺された子供の有意な性差はない。

さらに、八七・四％の母親が無職であった。無職で、家事・育児に専念している主婦の場合、就労している母親に比べて、六倍という高率で母子心中が起こっている。このことから高橋は、接触時間が長く、子供と同一化しやすい生活環境が、背後にあったのではないかと推測している。

また、配偶関係については、「有配偶」が八七・五％、「離死別」が一二・五％で、有配偶が圧倒的に多い。このことは、母子心中の過程要因の一つとして、夫婦関係自体に問題が潜んでいるということ、すなわち危機状態に追い込まれ、「死」まで考えて思い詰めている妻を、支え、助けてやることができなかった夫自身と、その夫婦関係に多大の問題があることを示唆するものであろう。高橋は、「母子心中は夫婦関係自体の問題、つまり、コミュニケーションによる共通受容領域の未発達ないし喪失が妻（母親）の孤立化を招き、病理的行動発生の大きな過程要因の一つとなっている」との仮説を立てている。

## 東京都二十三区内の親子心中

次に、「戦後三十九年間の東京都二十三区内における親子心中の実態調査」は、東京都監察医務院の「死体検案調書」にもとづき、一九四六年から八四年までの三十九年間に、東京都二十三区内で親子心中を企図し、親と子がともに、またはいずれかが死亡した事件を調査した結果である。その重要な点は次のように要約される。

①　戦後三十九年間の心中の総数は千四百六十八件で、その内訳は、親子心中が七百十三件（四八・六％）、情死心中が七百五十五件（五一・四％）である。親子心中七百十三件のうち、母子心中は四百九十九件

（七〇・〇％）を占め圧倒的に多い。

② 一九六二年から一九七七年までは、母子心中がその中心を占めていたが、七八年以降は、夫婦心中が中心を占めるようになり、母子心中は確実に減少しつつある。

③ 年齢は、二十五歳から三十九歳の母親が六六・六％と最多である。時代の推移とともに、母子心中を遂行する母親の年齢のピークは、二十歳代後半から三十歳代前半に移行している。

④ 戦後三十九年間、東京都二十三区内における二十歳未満の母親による母子心中は皆無である。

⑤ 犠牲になった子供の年齢は〇歳児が最も多く、子供の年齢が上がるにつれて減少する。〇〜五歳児の合計で、六八・九％を占める。

それぞれの点については、以下のように分析することができる。

① 母子心中が圧倒的に多いのは欧米でも認められる傾向であるが、特に我が国においては、伝統的に強い母子一体感を容認、ときには賛美さえする風潮が、大きな要因となっているのではないかと考えられる。

② 母子心中の減少について、高橋は、「母子の共生共死関係（没我的・他者同化的）に生きてきた女性が単身化し、自分自身の自己実現を優位に生きることを志向する傾向が顕著になっていることによる」と指摘しており、母子心中は今後減少するであろうが、「逆に、児童虐待、子捨て、子殺し、母親の自殺ほかの社会病理はむしろ多発していく」と予測している。たしかに、一九九〇年代以降の虐待の増加は、母子心中が虐待に移行したかのような印象を与えるものであり、そのことと、女性の自己実現への志向性の高まりは、関連があると思われる。

③　母子心中遂行の母親の年齢のピークが高齢化しているのは、女性の晩婚化によるのであろう。オーストラリアのアルダーらの報告でも、母子心中を遂行した母親の多くは三十歳以上であった。
④　二十歳未満の母親の母子心中発生が皆無であることも、アルダーらの報告と一致する。若年の母親は、むしろ虐待のほうに親和性が高いのかもしれない。
⑤　幼い子供ほど母子心中の犠牲になりやすいことも、欧米の多くの研究でも一致して指摘されている特徴である。

さらに高橋は、東京都二十三区内で母子心中した母親の生活諸条件の共通点として、次の五つを挙げている。

(一)　有配偶者が多く、離死別による母子家庭が少ない。
(二)　家事・育児に専業している主婦が多い。
(三)　二十歳未満の母親が皆無である。
(四)　乳幼児が犠牲になる割合が高い。
(五)　母親が未遂で生存する割合が高い。

有配偶者が多く、離死別による母子家庭が少ないのは、アルダーらの報告する特徴とは少し異なるようである。ただ、日本では「家庭内離婚」「家庭内別居」という言葉で象徴されるように、表面的には有配偶者であるように見えても、実際には夫婦間に問題があって、妻が夫に見捨てられていると感じている場合が少なくないのかもしれない。このような夫婦間の問題、あるいはコミュニケーションの不足や未成立が、特に家事・育児に専念している母親の孤立化を招き、その極端な結果として、母子心中という最悪の事態に至るのだと思われる。

## 日本人の行動規範と社会的孤立

最後に、社会的孤立が重要な要因として作用したと考えられる日本人の母子心中の事例を紹介し、日本における母子心中の特異性について考察してみたい。オーストラリアで一人息子と心中した日本人女性の事例で、アルダーらによって報告されている。

キミコは、夫がメルボルンのコンピューター会社の部長として一年前から赴任していたので、一緒に暮らすために、一人息子とともにオーストラリアにやって来た。彼女はホームシックにかかり、東京の家族や友人を懐かしがっていたようであり、自分の息子がオーストラリアの生活様式に適応できるかどうかを、何よりも心配していた。キミコは抑うつ的になり、希死念慮を口にすることもあった。そして、一人息子と一緒に車で桟橋から海に飛び込んだのである。二人とも死亡した。

検死官は、次のように書き記している。「彼女にとっては、自殺が唯一の解決策であったように思われる。なぜならば、日本の実家に戻ることは、友人や親類の目には〈失敗〉と映るだろうと、彼女は信じていたからである」。

この事例から浮かび上がってくるのは、異国の地で、文化的葛藤と社会的孤立に悩む日本人の姿である。事件の約一年前にオーストラリアにやって来たキミコは、オーストラリア人との間につながりを作ることがまだできなかったし、息子がオーストラリア社会に適応できるかどうかという強い不安を抱いていた。しかし、現地の日本人に相談することもできず、徐々に孤立していったのである。彼女の不安をやわらげ、孤立から救い出すべきであった夫との関係にも、問題があったのかもしれない。

キミコは、「日本の実家に戻ることは、友人や親類の目には〈失敗〉と映るだろう」と信じ、途中帰国は「恥」だと感じていたために、ホームシックにかかっていながら、日本には帰らなかった。これは日本人に特徴的な行動様式である。他者からどのように見られ、どのように評価されるかを、最も重要な行動規範とするのが、多くの日本人だからである。このきわめて日本人的な行動規範によって、彼女の社会的孤立がいっそう深まり、母子心中にまで追いつめられていったことは否定できない。

さらに、キミコの最大の心配は、一人息子がオーストラリア社会に適応できるかどうかということであり、ここに息子との強い同一化が認められる。彼女は息子に同一化して、自分自身の受け入れがたい症状、すなわちオーストラリア社会への不適応、反応性抑うつを息子の中に投影し、それを抹殺するべく、母子心中を図ったと考えられる。

このような同一化の根底にあるきわめて強い母子一体感は、本章で提示したような欧米の事例にも認められるが、特に日本社会では、母子心中に至るほどのきわめて強い母子一体感が容認されやすいように思われる。伝統的に強い母子の共死共生関係について、高橋は「家父長的家族制度と儒教倫理によって培われた〈私物的我が子観〉」によるものだと指摘している。

たしかに、「私物的我が子観」は、日本の多くの母親の我が子に対する見方を、的確に言い表わした表現であり、母子心中を遂行するような母親には、特にこの傾向が強く認められる。しかし、それが家父長的家族制度と儒教倫理によって培われたというのは、一昔前の話ではないだろうか。たとえ、家父長的家族制度と儒教倫理が、日本社会の底流として脈々と受け継がれてきたのだとしても、現在は死語になりつつある。

むしろ、現代の日本社会で「私物的我が子観」を形作る最大の要因となっているのは、核家族の中で、子産み・子育てが母親個人のみによるきわめて私的な行為として社会的に期待されており、母親一人が育児の全責任を負わされているという状況であろう。特に専業主婦の場合、子育てがうまくいかないと、母親自身の評価が低下し、人格までも否定されかねない風潮こそが、子供を殺す母親、あるいは母子心中を遂行する母親などを生み出してきたのである。

したがって、日本人がきわめて強い母子一体感を容認、ときには美化し、さらにその延長として、「母子心中」を子殺しとしてではなく、「心中」としてとらえてきたのは、この「私物的我が子観」によるところが大きいと考えられる。そしてそこにこそ、他者や組織との幻想的な一体感に寄りかかって、個として自立することが困難な、日本人の精神構造の問題の根源が潜んでいるのである。「母子心中」を子殺しとしてとらえ直すところから、日本社会の構造の本質を浮かび上がらせることができるのではないだろうか。

# 第三章　なぜ親を殺すのか

## エレクトラとオレステス

母に対する愛着は「後年のあらゆる愛情関係の手本」となって、成長してからの対象選択に重大な意味を持つ。それゆえにこそ、母は誰にとってもかけがえのない唯一の対象なのである。その一方で、母を殺す子供がいるのも事実である。母殺しはあまりにもおぞましく、恐ろしい犯罪なので、この犯罪について考えないようにするために、文化の中で最強の心理的防衛の数々が動員されることになる。

母を殺す子供の原型は、ギリシア神話に登場するエレクトラとオレステスの姉弟に見いだされる。父アガメムノンが母クリュタイメストラによって殺害されたことを知ったオレステスが、姉のエレクトラと共謀して、母とその愛人アイギストスを殺し、復讐を遂げるという物語である。

この物語は、ギリシア軍の総大将としてトロイアに遠征したアガメムノンが凱旋帰国するところから始まる。トロイアを滅ぼしたアガメムノンは巫女カサンドラを伴い帰国するが、貞淑な妻として夫を歓迎するふりをするクリュタイメストラとその愛人アイギストトス（アガメムノンの従弟にあたる）によって、殺されてしまう。オレステスは追放され、他国の宮廷で養育されるが、成人後、アポロンの神託に従って父の復讐を果たすべく帰国する。そして、姉のエレクトラと再会し、共謀して母とその愛人アイギストトスを殺害するのである。母殺しの罪によって、オレステスは復讐の女神たちに追い回され、狂乱して諸国をめぐるが、やがてアポロン神の命によりアテナイに赴き、そこの最高法廷で裁きを受ける。その結果、女神アテナの投じた最後の一票によってオレステスは赦免され、一方、復讐の女神たちも慈みの女神たちに転じて、アテナイ市の紀綱を守るべく鎮座することになる。

この題材を、ギリシアの三大悲劇作家はみな取り上げており、アイスキュロスは「オレステイア」三部作（「アガメムノン」「供養する女たち」「慈みの女神たち」）、ソポクレスは「エレクトラ」、エウリピデスは「エレクトラ」の中でそれぞれ母殺しを描いている。また、ラシーヌの「アンドロマク」、クレビヨンの「エレクトラ」、ヴォルテールの「オレステス」、サルトルの「蠅」、ユルスナールの「エレクトラ」、ジャン・ジロドゥの「エレクトラ」、ユージン・オニールの「喪服の似合うエレクトラ」等、数多くの文学作品の中にも、オレステスとエレクトラの姿を見いだすことができる。

オレステスとエレクトラの神話が、このように多くの芸術家の創造的才能を刺激して優れた作品を産み出させ、ギリシア人のみならず現代に生きる我々にも感動を与えるのは、素材の特異性によるところが大きいと思われる。オレステスとエレクトラの運命は、また我々自身の運命であるかもしれず、母殺しの衝動は心の奥底に潜んで、人間の罪責感の主要な源泉の一つになっているからこそ、普遍的に人の心を打つのではないだろうか。フロイトが指摘しているように、「心理学にとって重要なのは、心の中でその犯罪の起こることを希望し、それが起こった際に心の中で快哉を叫んだのは誰かということだけなのである」とすれば、罪責感を感じずにすむ人間が、はたしてどのくらいいるであろうか。

## ハムレットの衝動

それを示唆するように、いくつかの精神分析的研究はシェイクスピアの『ハムレット』とオレステスの類似性を指摘しており、ハムレットの中にも母殺しの衝動を見いだしている。もっともフロイトがハムレットという人物像に見いだしたのは、むしろ父殺しの衝動であった。本来ならば、父を殺した叔父に復讐すべきであるのに、ハムレットが父の亡霊から命じられたこの復讐という使命をなかなか遂行できなかったのは、彼の罪責感ゆえであるというのが、フロイトの解釈である。これは、自分にも父を殺したいという欲望があったことについての罪責感であり、その根底に潜んでいたのが、エディプスの場合よりも抑圧された形で表われた父殺しの欲望であったというのである。

一方、『フロイトの生涯』の作者ジョーンズは、その著書『ハムレットとエディプス』で母殺しの主題に一章をさいており、その中でデュギ、ムレイ、アンダーソンらによる、オレステスとハムレットの比較研究に言及している。

まず、デュギはハムレットとオレステスを比較し、「ハムレットの物語は、じつは違う名前、違う国でのオレステスの物語にすぎない」という結論に達している。

ムレイも、この二人の主人公の比較研究を行ない、多くの共通点、とりわけ「母殺しへの怯え」と「狂気の影」を指摘しているが、彼の結論は、二つの物語の間に歴史的関連を見いだすことはできないというものであった。むしろ、この二人の主人公の類似性は、人間の心の底に訴えかける何か普遍的なものに由来するのだろうと、ムレイは推測している。

アンダーソンも同様の比較を行ない、二つの物語の間にはきわめて古いつながりがあったにちがいないという結論を導き出して、「シェイクスピアが繊細で憂鬱なハムレット像を作り上げたとき、オレステスについて多くの知識を持っていたと確信する」と断言している。

このような議論を踏まえたうえで、ジョーンズは、ハムレットの中に母殺しの衝動をかいま見ることができるようないくつかの場面を挙げている。それが最も端的に表われているのは、ハムレットが母の寝室へ向かう途中、自らを戒めるためにつぶやく言葉「さしあたり、母上の許へ――おお、心よ、やさしい本性を失ってくれるな。決して、ネロの魂を、この胸の中へ入れては相成らぬぞ。冷酷であっても、人でなしの真似をするな。母上には剣の舌を振るうとも、剣そのものを振るうな」であろう。

ジョーンズは、「彼が母のところに向かおうとしているのは、本当は母を殺すつもりなのではないだろうか」「彼は行為のうえではたしかにネロではない、だがネロの心を持っているのだろうか」「この重大な瞬間に、なぜよりによってネロ、母と性交し母を殺したあのネロを引き合いに出すのだろうか」と問い、母殺しの衝動を制御しなければならなかったからこそ、ハムレットはこのような言葉を吐いたのではないかというウィルソンの説を紹介している。さらに、母の寝室の場面で、母がハムレットに向かって発する叫び「何を乱暴するの。まさか、殺すつもりじゃあるまいね」にも言及し、義父のクローディアス（叔父）のみならず、実母のガートルードにも向けられたハムレットの攻撃性を指摘している。

考察を積み重ねたジョーンズは、ハムレットにとっての難題は、復讐を遂げることよりもむしろ母との近親相姦的関係に終止符を打つこと、母をどうするかということだったのだと述べている。さらにハムレットが、母を傷つけないよう常に自らを戒めていたのは、母への攻撃衝動が注意を払うべき危険な性癖であったからだと指摘している。こうして、母殺しの衝動についてジョーンズの引き出した結論は、次のようなものであった。

「母殺しの衝動は常にエディプス・コンプレックスから派生しており、エディプス・コンプレックスの一側面、エディプス・コンプレックス解決の一つの試みなのである」。

フロイトの忠実な弟子の一人であり、ハムレット劇を「この物語の主要テーマは、男の子の母への愛情と、その結果としての父への嫉妬、憎悪であり、その偽装された、きわめて精巧なお話なのである」と要約するジョーンズにとって、これは当然導き出される結論であった。

## 母との性交

ブンカーも、オレステスとハムレット、さらにはエディプスとの根本的同一性を証明するために、三人を比較し、英雄誕生神話に共通する構造を取り出そうとした。まずオレステスとハムレットの共通点として、二人とも外国から帰ってきて、かつての母の愛人、父殺しの犯人で現在は夫におさまっている男を殺害して復讐を果たすことを挙げている。同時にブンカーは、オレステスが現実に母殺しを遂行したのに対し、ハムレットは母に攻撃を加えてしまうのではないかという不安に悩まされ、当惑していたという相違点も指摘している。

このような相違点を認めながらも、彼は、ジョーンズも引用したハムレットの台詞である「決して、ネロの魂を、この胸の中へ入れては相成らぬぞ」「母上には剣の舌を振るうとも、剣そのものを振るうな」、また父の亡霊がハムレットに向かって発した命令の「母に害を加えようとたくらんではならぬぞよ」や、劇の中で実際に母が死ぬ事実（叔父のクローディアスがハムレットに飲ませようとして毒を入れた杯を、母ガートルードが飲み干して死んでしまう）をとりあげ、ハムレットも幻想の中で母殺しの罪を犯している点で、オレステスと大差はないと述べている。

次にブンカーは、オレステスの母殺しの帰結と、エディプスに降りかかった運命とを比較し、いずれも「自己去勢」であったことを強調している。エディプスは我が眼を突いて盲目になったし、オレステスもポーサニアスの伝承では指を一本切り落としたと伝えられているので、二人とも自分自身の身体の一部を傷つけることによって、自らを罰し、罪をあがなおうとしたわけである。

そこで、罪のあがない方が一致しているのだから、オレステスの罪は一見逆のように見えても、エディプスの罪と同じだという論理を展開したブンカーは、「ギリシア悲劇におけるこの二人の傑出した主人公は、いずれも外国あるいは追放先から戻ってきて、父（もしくは父親代理）を殺害するのであるが、エディプスが母と結婚して子をなすのに対し、オレステスは全く逆に母を殺す。その結果、二人とも自らの罪のために、同じ罰、去勢を受けることになるのだ」と要約している。

このように、オレステスの母殺しとエディプスの母との結婚が同じ罰をもたらすところから、ブンカーは、母殺しの本当の意味は、じつは母との性交なのではないかと推論している。しかも、父親代理を殺し母殺しも犯したオレステスは、父を殺し母と性関係を結んだエディプスと同一人物、エディプスその人以外の何者でもないとまで断言しているのである。

これは、彼が母殺しを母との性交の偽装表現とみなしており、エディプス伝説を英雄誕生神話の原型として位置づけているためである。ブンカーによれば、英雄誕生神話は父の克服と母の獲得という二つの重要な主題を内包しているが、数多くの神話の中で、唯一エディプスにおいてのみ、母に関する主題が抑圧を免れ、あからさまに表現されており、他のすべての神話においては、母との性愛的関係が抑圧による歪曲をこうむって背景に退いているのだという。こうしてブンカーは、オレステスを「母との近親相姦が、一見正反対のように見える母殺しに転換した」典型例とする結論に至っている。

彼の論理は、その展開がやや乱暴で強引すぎる印象を与えるものの、「意識のうえで正反対の対極物として分裂して現われるものは、無意識においてはしばしば同一である」というフロイトの指摘を思い起こさせる。

ウェルサムもまた「母殺しの衝動」と題された論文の中で、フロイトによるハムレット解釈を批判し、「ハムレットの根底にあるのは父殺しの衝動ではなく、母に対するやきつくすほどの敵意、そして母殺しの衝動との感情的格闘なのである」と述べている。その根拠としていくつかの事実を挙げているが、たとえば、ジョーンズやブンカーも引用したハムレットの台詞「決して、ネロの魂を、この胸の中へ入れては相成らぬぞ」をとりあげ、ネロは母殺しの古典的象徴なのだから、「ネロの魂」にはここでは唯一つの意味しか考えられないと指摘している。

こうしてハムレットに母殺しの衝動が認められる論拠を示したうえで、ウェルサムは「ハムレットの母に対する敵意の基盤にあるのは、過度の愛着である。この母への過度の愛着は、私がハムレットと比較した、実際に母殺しを犯した患者においても認められた。しかし、この母への過度の愛着が、必ずしも父あるいは父親イメージに対する敵意につながるわけではない。母への過度の愛着は、母に対する激しい憎悪へと変わるのであるが、その一方で優しい父親イメージは保たれる」と述べている。さらに母殺しの衝動を「母への過度の愛着が、母に対する激しい敵意へと直接変形される」というテーゼによって説明し、特に息子の、母への憎悪を中心にした心理的布置を、「オレステス・コンプレックス」と名づけたのである。

**オレステス・コンプレックス**

ウェルサムは、オレステス・コンプレックスの六つの特徴を次のように記述している。

① 母親イメージへの過度の愛着
② 母親イメージに対する敵意
③ 女性一般への憎悪
④ 潜在的な同性愛的傾向を示唆する徴候
⑤ 希死念慮
⑥ 深い罪責感の表出

①の母親イメージへの過度の愛着が、②の母親イメージに対する敵意へと変形されるのは、オレステス・コンプレックスのテーゼの中ですでに指摘されているが、③の女性一般への憎悪は、母親イメージへの敵意が女性一般へと置き換えられた結果であろう。この置換によって、母殺しの等価物としての破壊行動や自己破壊行動が生じることを、リンドナーは指摘しており、おぞましい母殺しの欲望に対するきわめて有用な防衛機制としての置換の重要性を強調している。

リンドナーは母殺しの衝動が発散される経路として、

（ｉ）他の人物の殺害

（ii）母親イメージを投影された人物の殺害を伴う自殺

（iii）反社会的行動

（iv）夢

の四つを挙げている。このような形で現われる母殺しの等価物には、常に潜在的な同性愛的傾向が強く認められることも指摘しているが、これは、ウェルサムの指摘と一致する（④）。

フロイトは、数多くの男性同性愛者の観察にもとづいて、ある時期までは母に強く固着していた少年に「方向転換」が起こって、彼自身が母に同一化し、愛の対象を同性の仲間たちの間に探し求めるようになる過程、つまり愛着から同一化への転換を指摘している。したがって、この同性愛的傾向の根底にあるのも、やはり母への強い愛着である。

⑤希死念慮は、⑥罪責感ゆえに生じるのであろうが、母への強い愛着によるエディプス的葛藤が、その一因になっていると考えられる。それゆえ、ウェルサムが「オレステス・コンプレックス」という概念によって説明しようとした母殺しの衝動の根底には、やはり母への強い愛着を認めざるをえない。

フロイトのハムレット解釈に対する批判から出発したウェルサムが、「オレステス・コンプレックス」の基盤にあるとみなした「母への過度の愛着」が、男の子のエディプス・コンプレックスの一側面にほかならないのは、とても皮肉なことではあるのだが。

このように、息子の母殺しに関する精神分析的研究は、どうしてもエディプス・コンプレックスの一側面である母への強い愛着にたどりついてしまう。母に対する圧倒的な欲望は決して満たされることがないので、欲求不満のままの欲望、未解決のままのエディプス的葛藤が復讐へと転換するのであろうか。それともエディプス的な性愛葛藤から、母殺しを通じて母を性的に自分のものにしたいという衝動が生じるのであろうか。いずれにせよ、母殺しの衝動が生じるうえでエディプス的葛藤が重要な要因として作用していることを、どの研究も示唆している。(1)

これらの精神分析的研究は、母殺しの衝動を理解するためのきわめて興味深い視点を提供しているが、同時にさまざまな批判もある。最も多いのは、文学作品の主人公を題材として構築された理論や仮説は、現実の母殺しの実態を反映していないのではないか、精神分析的研究によって提唱された概念を支持するような証拠を、事例研究あるいは記述的研究の中に見いだすことは困難なのではないか、という批判である。

ウェルサムが提唱した「オレステス・コンプレックス」という概念は、実際に起こった母殺しの事例の観察にもとづいており、彼はその特徴として、「母殺しの犯人は通常非常に若い男性で、十五歳くらいから二十代後半までであることが多く、たいていの場合、非行歴、犯罪歴はない。彼らは不道徳というよりもむしろ過度に道徳的である。彼らはしばしば母に過度の愛着を抱いていて、尋常でないほど母を愛しており、他の異性にはほとんど関心を示さない」などの点を挙げている。

ところが、最近のＦＢＩの統計では、父殺しを犯す息子は、母殺しを犯す息子に比べて、有意に若いことが報告されている。母殺しを犯す息子の平均年齢は三十歳で、二二％が四十歳を超えており、十八歳未満は一五％にすぎなかったのである。

このような事実から、ウェルサムの指摘した「母殺しの犯人は非常に若い男性で、十五歳くらいから二十代後半までであることが多い」という特徴は、母殺しの実態を反映していないという批判を浴び、「オレステス・コンプレックス」の根底にある「母への過度の愛着」の妥当性についても、疑問が投げかけられることになったのである。

## 母殺しの実態

そこで、ここでは、母殺しについての記述的研究や事例研究などを参照しながら、母殺しの実態を概観し、精神分析的研究で指摘されたような特徴が、母殺しの事例に実際に認められるかどうかを検証していこう。

まず、オコネルは一九六三年に、イギリスのブロードムーア病院に入院していた母殺しの男性症例十三例を報告している。それによると、年齢は十九歳から四十歳までで、十一例が統合失調症、二例がうつ病と診断されている。九例が父親のいない家庭の出身で、ほとんどが独占欲の強い母親と一緒に暮らしていた。成熟した性的感情を持っていた者はおらず、一例を除いて結婚歴もなかった。また、ほとんどが同性愛的経験あるいは幻想を持っており、約半数が母親の性行動に強い関心を示していた。彼らは一般的に受身的、依存的で野心に欠けており、自分が社会的、性的に劣っていると強く感じると訴えていた。

また、マックナイトは一九六六年に、カナダのオンタリオ病院に入院していた十二例の母殺しの男性症例を報告している。診断は、六例が緊張型の統合失調症、四例が妄想型の統合失調症、一例が精神発達遅滞、一例がてんかんであった。犯行時の年齢は十五歳から三十九歳まで、平均年齢は二十四・五歳で、これは、殺人を犯して入院していた患者全体（百二十二例）の平均年齢（三十六歳）と比較すると有意に若かった。

一例を除いて結婚歴はなかったが、この一例も十六歳のとき三十四歳の未亡人と結婚し、結婚生活もわずか二年間だけという例外的なものであった。父親は、八例では生存しており、犯行当時も一緒に生活していたが、一例は継父で、三例は死別あるいは離別のため、犯行当時は母親と二人だけで生活していた。犯行は、半数の六例が母親と二人きりで自宅にいたときに起こっており、残りの六例は他の家族も一緒のときに起こっているが、そのうち二例では、姉妹も一緒に殺害されている。八例で死に至らしめるのに必要とされる以上の力が加えられており、六例にはひどい暴力の痕跡が認められている（過剰殺傷）。

最も多くの母殺しの事例を集めて報告したのは、イギリスのグリーンである。グリーンは一九八一年に、一九六〇年から七九年の間にブロードムーア病院に入院していた五十八例の母殺しの男性事例を報告している。診断は四十三例（七四％）が統合失調症、九例（一五・五％）がうつ病（八例が単極型、一例が双極型）、六例（一〇・五％）が人格障害であった。犯行時の年齢は十八歳から五十一歳までさまざまで、平均年齢は三十一・二歳であった。統合失調症の群の平均年齢が三十・一歳であったのに対して、うつ病の群の平均年齢は三十八・七歳であり、統計的に有意差が認められる。

ほとんどの場合（五十四例、九三・一％）、犯行当時、母殺しを犯した息子は母親と一緒に生活しており、近親者の証言によれば、母親は支配的で所有欲が強く、息子はきわめて依存的であることが多かった。父親とは、四十一例（七一％）が、犯行前のある時期に何らかの理由により別れている。死別（三十三例）、両親の離婚または別居（六例）、私生児（二例）であった。息子の性関係については、三十三例（五六・九％）が有意義な性体験を持っておらず、このうち十三例には異性との持続的な関係の経験が全くなく、性的、情緒的な関係を築くうえでの問題が顕著に認められた。四十九例（八四・五％）に結婚歴がなく、残りの九例のうち八例は、犯行当時離婚あるいは別居していた。

殺害の手段は、三十六例が刺す、あるいは殴るという方法によるものである。特徴的なのは、刺すあるいは殴るという手段による殺害では過剰な暴力が認められており、二十五例に、死に至らしめるのに必要とされる以上の暴力の加えられた形跡があったことである。このことは病名と殺害手段との相関関係にも表われており、うつ病の場合、ただ窒息させるだけで殺害しようとする傾向が強かったのに対して、統合失調症及び人格障害の場合には、刺す、殴る、射殺する等の、より暴力的な手段を用いる傾向が強かった。犯行後、殺害を隠蔽しようとする試みはほとんど認められず、ほとんどの場合、警察、親類、友人等に連絡している（五十六例、九六・五％）。

逮捕後、四十三例について後悔の有無を医師が調べている。それによると、うつ病の男性は全員（六例）後悔を示しているのに対し、ほとんどの統合失調症の男性（三十二例のうち二十六例）は全然、あるいはほとんど後悔を示しておらず、そのうちの十例はむしろ安心を示したことが報告されている。なお、十一例が犯行直後に自殺を図っており、二例は数年後、ブロードムーア病院入院中に自殺を遂げている。

犯行後調べられた殺害の動機は、二十七例が被害妄想に対する反応（全例統合失調症）、十四例が利他的な動機（六例が統合失調症、八例がうつ病）、十一例が不明、六例がその他の多様な動機（嫉妬、偶発的な事故等）であった。被害妄想に対する反応として起こった母殺し二十七例のうち、二十三例では妄想が母親を中心に構築されており、母親が唯一の被害者であったが、三例では母親以外の人物も妄想体系の中に巻き込まれ、複数の人物が殺害されている。残りの一例では、妄想の中心に位置づけられていたのは妻であり、妻が最初に攻撃され、その争いの仲裁に入った母親が結果的に殺害されることになった。

このように妄想が原因となって起こった母殺しの群では、他の病的体験も多く認められており、十三例では、母親の殺害を命令する幻聴あるいは作為体験の結果として母殺しが起こっており、八例は母親を悪魔、魔女、母親にとりついたゾンビ、神話のゴルゴン等として知覚していた。七例は、母親が自分に毒をもろうとしていると感じていたし、五例は、母親が自分と妻あるいは恋人の関係を邪魔しようとしていると感じていた。さらに、「母親を殺した後、人生で初めて自由を感じた」というような解放感を語った事例も、七例認められている。

利他的な動機による母殺しの群は、大きく二つのグループに分けられる。第一のグループは、自分自身が死ぬという考えにとりつかれており、母親一人だけを残して逝くのは不憫だという気持ちにとらわれていた。第二のグループでは、高齢、病気、息子の引き起こした不名誉等のために苦しんでいる母親を、救ってやりたいという慈悲の行為として、母殺しが現実化していた。十一例は自分自身の行為を説明することができず、動機が不明であり、残り六例の動機は多様であった。そのうち二例の統合失調症の息子は、母親の性的不道徳を信じこんでおり、それに対する病的嫉妬が重要な動機となっていた。二例の人格障害の場合、強く支配的な母親から逃げ出そうとする試みとして、母殺しが起こっていた。

母殺しの動機における性的な要素の関与も調べられている。性的な要素は二十二例（三八％）で確認されており、すべて統合失調症の事例であった。その内容としては、母殺しの前の性交（近親相姦）、母殺し後のネクロフィリア（屍姦）、近親相姦を暗示するような幻聴等さまざまであった。ある息子は、妻との性交の最中に母親が妻の身体にのりうつるという妄想に苦しんでいたし、またある息子は、自分は去勢を必要としているのに母親が許してくれないと信じていた。

これらの事実から、グリーンは次のような結論を導き出している。

①　母殺しはギリシア神話に描かれているように、古くから狂気と結びつけられてきたが、現代の研究も、母殺しが一般的に精神疾患と結びついた行為として起こることが多いことを示唆している。主として統合失調症と関連して起こることが多く、うつ病、人格障害と関連して起こることは比較的少ない。

②　統合失調症の場合、うつ病の場合と比較して有意に若い年齢で母殺しを犯す。

③　統合失調症の場合、被害妄想が原因となって母親を殺害することが多く、殺害の手段も殴る、刺すといったような暴力的な方法を用いる傾向が強い。彼らが殺害後に後悔を示すことはあまりなく、ときにはむしろ安心を示す。これに対して、うつ病の場合には、利他的な動機から母親を殺害することが多く、殺害の手段も窒息死のような、あまり暴力的ではないものが多く、殺害後は一般的に後悔を示す。

これらの結論を踏まえて、グリーンは次のような考察を行なっている。母殺しを犯す息子の多くが、母親への幼児的愛着及び依存から脱することができないでいることは、ほとんどの息子が未婚あるいは結婚生活に失敗しており、人生の大半を母親と一緒に暮らしているという事実によく表われている。母親と息子との密接な関係は、統合失調症の場合には「敵対的依存」の形をとることが多く、うつ病の場合には「献身」の形をとることが多い。息子が母親との「遷延したエディプス状況」にとらわれている、つまり、母親とのエディプス的葛藤が未解決なまま、そこから脱け出すことがなかなかできないことは、性的に未成熟な事例、動機に性的要素の関与する場合が多いことによって実証される。母殺しという行為は、このような母親に支配された状況からの究極的な逃避であると言えるかもしれない。そして最後に、母殺しを犯した息子の七一％が犯行前の何らかの時期に父親を失っている事実を挙げ、このことが母親と息子との関係の複雑さを強めるうえで重要であった可能性を指摘している。

さらに、キャンピオンらは、ニューヨーク大学ベルヴュー病院犯罪精神医学部門に、一九七〇年から八二年の間に、母親を殺害して入院していた十五名の男性患者について報告している。それによると年齢は二十一歳から六十三歳で、九例に結婚歴がなく、十三例は犯行当時独身であった。また犯行当時、十一例が無職であった。キャンピオンは、ＤＳＭ―Ⅲ（アメリカ精神医学会の診断基準）に従って、㈠統合失調症（八例）、㈡物質乱用・依存による精神障害（四例）、㈢衝動制御障害（三例）の三つの群に分け、それぞれの群に特徴的な精神力動および社会的要因を取り出している。

まず第一の統合失調症の群では、犯行までの病歴は一年から八年までさまざまで、七例に母親に以前ひどい暴力を加えた既往があり、四例に自殺企図の既往があった。全員母親からの独立に失敗しており、犯行当時父親が一緒に生活していた事例は二例のみで、その父親も無力だと認識されていた。ほとんどの犯行は、母親と息子が二人きりで自宅にいたときに起こっており、殺害の誘因となったのは、三例が母親による身体的暴力、三例が被害妄想で、二例では特に認められなかった。

入院後の投影テストの結果、患者の自己イメージは、弱い、小さい、無力、能力がない、希望がない、性同一性が不確か、依存的、分離し成熟した男性の役割を引き受けられない等であった。また彼らは女性を、大きい、挑発的、力強い、拒否的、侵入的、支配的とみなしていることも明らかになった。

これらの結果から、キャンピオンは、全例で父親が不在あるいは無力であったことを強調し、生来の脆弱さに加えて、母親からの精神的分離―個体化を果たすために必要不可欠な父親の影響が欠けていたことが、重要な要因となったのではないかと推測している。さらに、全員が母親からの独立に失敗していることをとりあげ、彼らは母親を力強く、挑発的で敵対的だとみなしながらも、その母親に依存した関係に閉じ込められたまま、動きがとれないと感じていたのだと指摘している。

彼らにとっては、「分離」という生活史上の問題が精神病的にゆがめられて、存在あるいは同一性への脅威として知覚された母親に対する「自己防衛」になってしまっていた。したがって、母殺しという行為は、母親によって身体的にも精神的にも無化されてしまうという幻想に対する反応として、また母親から分離しようという自己主張の暴力的な行為化としてとらえられる、という結論に至っている。

第二の物質乱用・依存による精神障害の群（四例）は、アルコールあるいは薬物の乱用・依存によって精神病状態に陥り、母親を殺害した事例である。この群の特徴は受動的同性愛および女性との関係における性的不能であった。彼らは母親イメージの圧迫、破壊性との葛藤に悩んでいたが、その脅威は、統合失調症の場合のように存在に対するものとして知覚されるのではなく、特に男性としての性同一性に対するものとして知覚されていた。したがって、この群の息子たちは受動的、マゾヒスティック、自己破壊的な性格で、攻撃的な近親相姦欲動と格闘していたのである。そしてアルコールや薬物の作用によってこの欲動への抑制が解除されたとき、母殺しとして行為化されるに至ったのではないかと、キャンピオンは推測している。

第三の衝動制御障害の群（三例）は、二例の器質的障害を持つ事例と、一例の抑うつ状態の事例である。キャンピオンは、器質的障害を持つ患者は、欲求不満に耐えられず攻撃衝動を制御できなくなって母親を殺害したのだと述べている。また抑うつ状態の患者の場合、妻（薬物依存症）に捨てられたことが、子供時代の見捨てられ体験（アルコール依存症の母親に見捨てられ孤児院に預けられた）による怒りと喪失感を引き起こし、それが母殺しにつながったと述べている。

これらの群を比較すると、統合失調症の場合、母殺しは、母親によって身体的にも精神的にも無化されてしまう恐怖に対する反応としてとらえられるが、アルコール・薬物乱用による精神障害の場合、母親は男性性に対する脅威として知覚されており、自己破壊的、被虐的、同性愛的行動の下で抑圧されていたサディスティックな近親相姦欲動が、母殺しにおいて表現されることがわかる。最後に結論として、キャンピオンは、母殺しの衝動は、分離―個体化、性同一性、抑圧された近親相姦欲望、母親への欲求不満など、個人の精神発達上のさまざまな問題の影響を受けて引き起こされるのだと指摘している。

シニャルもまた、イギリスの特殊病院に入院していた十六例の母殺しの男子症例について報告している。それによると、年齢は二十八歳から五十五歳までであり、診断は十五例が統合失調症、一例が人格障害を伴う統合失調症であった。十五例の患者に結婚歴がなく、犯行当時は全員が独身で母親と一緒に暮らしており、八例の患者が母殺しに先立つ何らかの時期に死別、離婚、別居等の理由により父親と別れていた。また、十三例の患者が、母親は支配的で要求が多かったと語っており、多くの息子が母親との強い葛藤をはらんだ両価的な関係に悩んでいたことが明らかになった。

これらの結果から、シニャルは、母親を殺害した息子の大部分が未婚もしくは結婚に失敗していること、犯行以前の何らかの時期に父親と別れていることに注目し、このことが母親と息子の関係の複雑さを強める重要な要因であるかもしれないと述べている。また、母親と一緒に暮らしている若い、独身の統合失調症の息子が母殺しを犯す危険性の高い群であり、社会的孤立とささいな挑発によって、その危険性が高まることを指摘している。

ドルバンらは一九八九年に、息子によるものより少ないといわれる、娘による親殺し十七例（母殺し十四例、父殺し三例）を報告している。それによると、母殺しの群の平均年齢が三十九・五歳（十七歳から五十四歳まで）であったのに対して、父殺しを犯した娘の年齢は、十八歳、二十歳、二十六歳で、有意に若かった。診断は、母殺しの群では六例が統合失調症、五例がうつ病、二例が人格障害、一例がアルコール依存症であった。また、父殺し三例のうち二例には精神疾患が認められておらず、一例は反社会性人格障害であった。十二例（七〇％）が独身で、三例は別居あるいは離婚しており、二例だけが犯行当時も結婚していた。五例に出産経験があったが、そのうち四例は子供と別居していた。

特徴的なのは、十三例（七六％）が、犯行当時、犠牲になった親と二人だけで暮らしており（十二例が母親と同居、一例が父親と同居）、社会的に孤立している傾向が強かったことである。母親を殺害した娘は支配的な母親と二人きりで暮らしており、お互いに依存しあいながらも、その底には敵意と恨みがあるという関係が特徴的であった。父殺しの群では、三例のうち二例が、父親は専制的、暴力的で、娘を虐待していたと語っており、一例では父親と娘の間に近親相姦が認められている。

母親を殺害した娘たちの多くは支配的な母親と二人きりで暮らしていて、社会的に孤立していること、また、母親と娘の関係は相互依存的であると同時に敵対的でもあることが明らかになったが、これらの特徴は、息子による母殺しに認められた特徴とほぼ同じであった（ただ、息子による母殺しにしばしば認められる性的な要素は、娘による母殺しの場合には認められなかった）。したがって、これらの特徴は、特定の精神障害に特異的というよりも、むしろ母殺しにおいて重要な意義を持つ特徴であろうと、ドルバンは述べている。

また、母殺しを犯した女性を、子殺しを犯した女性と比較したところ、母殺しの群の方が有意に年齢が高く、独身の事例が多く、精神疾患や薬物・アルコール依存の割合が高かったという。最後にドルバンは、殺人を引き起こす危険因子として、心気妄想と被害妄想の重要性を指摘している。

これらの記述的研究から明らかになってくるのは、母殺しは息子によるものが圧倒的に多く、精神疾患、特に統合失調症と関連して起こる場合が多いことである。ただし、精神疾患の関与する割合が高い（七五〜八五％）のは、これらの研究が精神医学的な枠組みの中で行なわれており、精神病院などに入院中の患者を対象にしていることによるのかもしれない。

そこでクラークは、この偏りをできるだけ少なくするように、イギリスの高等法院の起訴状の資料を詳細に検討し、その結果を「母殺し：統合失調症の犯罪か」と題する論文で発表した。対象となったのは、一九五七年から八七年の三十年間に、スコットランドで母殺しを犯して逮捕された事例二十六例（男性二十三例、女性三例）である。それによると、六例（二四％）が統合失調症、五例（二〇％）が人格障害、四例（一六％）がアルコール依存症、三例（一二％）がうつ病、一例（四％）が軽躁状態という診断であり、七例（二四％）には精神疾患が認められなかったという。それゆえ、たしかに統合失調症の割合は高いにしても、母殺しを統合失調症に特有の犯罪とみなすべきではないことを、クラークは指摘している。

## 母殺しの三つの要因

精神疾患という要因を除外したとしても、圧倒的に多い息子による母殺しに認められる共通点がいくつか浮かび上がってくる。父親は死別あるいは離別（別居、離婚）の場合が多く、一緒に生活していたとしても多くの場合無力である。一方、母親は支配的で、所有欲の強い場合が多い。息子たちは、性的に未成熟で、有意義な性体験を持っていない場合が多く、ほとんどの場合未婚あるいは結婚生活に失敗している。また、同性愛的傾向が認められる場合も少なくない。彼らは、母親への依存を脱して精神的な分離—個体化を果たすことができず、人生の大半を母親と一緒に生活しており、社会的に孤立していることが多い。このような母親との密接な関係は、息子が母親に依存しながらも敵意、恨みを抱いているという関係（グリーンの表現では「敵対的依存」）になりやすい。

このことから、母殺しを犯す息子は、多くの場合母親との「遷延したエディプス状況」にとらわれていることをグリーンは指摘した。この密接な関係は、母親への愛着だけではなく、同時に敵意、恨みも含んだ両価的な関係であり、葛藤をはらんでいることが特徴的である。その点では、ウェルサムが母殺しの衝動を、「母への過度の愛着が、母に対する激しい敵意へと直接変形される」というテーゼによって説明しようとしたのは的確であった。

ただ、ＦＢＩの報告やこれらの研究が示すのは、母殺しを犯すのが必ずしも「非常に若い男性」だけではなく、十代から六十代までの非常に幅広い年齢層だということである。そこで、事例研究において「母殺し」として報告される事例は、じつはきわめて多様であり、いくつかの異なる範疇に分けられるのではないかと考えられる。

このような視点から、ホルコームは、一九三四年から九七年までに報告された母殺しの詳細な事例、二十五例（息子によるもの二十二例、娘によるもの三例）を再検討し、二十一歳以上の群（十一例、四四％）と二十一歳未満の群（十四例、五六％）の間には、いくつかのきわだった相違が認められることを見いだした。

犯行当時二十一歳以上で母親を殺害した群は、二十一歳未満の群と比較して、何らかの精神疾患に罹患している割合が有意に高く、犯行時も妄想的である場合が多かった。一方、二十一歳未満の群は、精神疾患に罹患している事例は少なかったが、親による虐待を受けていた割合が有意に高かった。また、二十一歳未満の群は、二十一歳以上の群と比べて、複数の被害者を殺害する傾向が強かったという。

これらの相違にもかかわらず、多くの家族はいずれも共通して機能不全の様相を呈していたことを、ホルコームは報告している。典型的な家族像は、支配的な母親と、受け身で内気な父親から成り立っており、父親が不在の家庭も少なくなかった。二十例（八〇％）が犯行当時母親と一緒に生活していたが、そのうち十例は二十一歳以上だった。また十四例（五六％）に、親による虐待の既往が認められている。

以上の結果から、母殺しを犯す息子は、少なくとも三つの異なるタイプに分類されるのではないかと、ホルコームは推測している。

第一のタイプは、若くて、家族の中で虐待を受けていた可能性の高い息子であり、家族は、支配的な母親と受け身の父親から成り立っている場合が多く、父親不在の家庭も少なくない。また、犯行以前にも犯行時にも精神疾患が認められることはきわめてまれである。ウェルサムが記述したのは、このタイプの母殺しに認められる特徴だったのではないだろうか。

第二のタイプは、精神疾患に罹患している場合が多いのが特徴的で、犯行時に妄想あるいは他の精神症状が認められることも少なくない。母親は必ずしも支配的であるとは限らないが、精神疾患による障害ゆえに息子が母親への依存から抜け出すことができないという状況がしばしば認められる。

第三のタイプは、精神疾患の要因と、支配的な母親や虐待という家族の要因の両方が認められる場合である。この場合、母親を殺害するのに必要以上の過剰な暴力が用いられる傾向が強いが、母親以外の人物を殺害することはきわめてまれである。

このように三つのタイプに分けられるのは、母殺しの要因として、家族力動、性的葛藤、精神疾患の三つが重要であり、どの要因がより強く作用しているかによって、異なる様相を呈するためではないかと考えられる。そこで次に、それぞれのタイプの典型とみなされる事例を提示し、その病理を分析していくことにしたい。

## 家族力動と性的葛藤のケース

まず第一の、若くて、家族力動の問題が大きく、性的葛藤も大きな要因となっていたと考えられるのは、シュレジンジャーの提示する十六歳の高校生Kの事例である。この少年は、母を絞殺した後、性交と肛門性交を行なっているが（ネクロフィリア）、生前、母との間に性関係（近親相姦）を実際に持っていたことが、逮捕後明らかになった。

Kは高校二年生で、普通の学校生活を送っていた。犯行当日、彼は六時に起き、いつも通り、一人で朝食を食べ、顔を洗い、仕事に出かける父に行ってらっしゃいと言った。その後、Kが開いたままの浴室のドアから母をのぞき見ると、母は下着とボタンをはずしたシャツを身につけているだけだった。そのとき勃起した、とKは犯行後語っている。母は、「犬とじゃれあっていて、学校に行くしたくをなかなかしない」ことで、彼を叱った。このときの状況について、Kは逮捕後、次のように供述している。

「母は叫び続けていて、僕は一言も言い返せませんでした。全部真に受けて、僕は怒った。僕は階下に降りて行きましたが、母に対して自分がどれだけ怒っているかということばかり考えていました。母が僕を虐待していたこと、性的な虐待です、母が僕に触っていたことなど。これが、そのとき僕の心を通り過ぎたすべてです」。

「僕は母をお風呂から引っ張り出して、乱暴に押し倒しました。僕は何も言いませんでしたが、本当にカッカしていました。母は言いました。『あんた、なにをやっているの。私は、あんたのお母さんよ。あんた、何をしようとしてるの』。僕は、自分を抑えられなくなっているのを感じました。すべての怒りが僕の中から吹き出しているようで、その怒りに僕の体が反応したのです。僕は母をベッドに押し倒し、両手を首のまわりに巻きつけました。本当に興奮していました。そして、一言も言わずに母を絞め殺したのです。母が死んでしまった後で、母の服を引き裂きました。まだ怒っていたので」。

「母が死んでから、母とセックスしました。そのとき、母はただ意識を失っているだけなのだと、僕は思っていたので。勃起していました。母が僕を性的に興奮させたのです」。

性交と肛門性交を行なった後、彼は射精している。

「母が動かなかったので、死んだのだと思いました。そのとき、母を支配することができたように感じたのです。母をずっと僕の支配下に置くことができるようになったのです。僕は、それまで若いツバメみたいだったので、殺すことによって母を取り戻すことができたように感じました。だからこそ、それを実行したのです」。

「僕は母をベッドの上に寝かせました。それから、食べ物、お金、僕の犬、車のキーを持ち出しました。宝石も持ち出しました、お金が底をついたときに売ることができると思ったので。僕はただできる限り遠くまで逃げたかったのです」。

それから、彼は母の顔の上にTシャツを投げかけたが、それは「母の目が閉じてなくて、僕をにらみつけているようだった」からである。

その後、Kは車に乗り込み、一時間ばかり乗り回したものの（彼は運転免許を持っていなかったし、運転の仕方も知らなかったので）、車がスリップして、雪のふきだまりに乗り上げてしまった。警察が到着したとき、彼は父に電話してくれるように頼んだ。その日の早朝、Kの父は、妻の勤務先から、妻が出勤していないという連絡を受けていたが、それはめったにないことだったので、自宅まで様子を見に帰った。父がちょうど自宅に到着したとき、Kから電話があり、「僕はママを殺した。迎えに来てよ」と告げたのである。

Kは少年院に一時的に収容され、裁判を待っている間に、母との近親相姦の詳しいいきさつを打ち明けた。それは彼が七歳の頃に始まっていた。最初は、母は「僕のペニスの周囲をいじるくらいだった」。ところが、彼が小学校四年生になった頃には、性的な接触はより頻回になっていった。彼は、一方では、母が触ったりこすったりするのを異常とはみなしていなかったが、他方では、どこかおかしいと感じていた。その当時の出来事について、彼は次のように語っている。

「いつものように学校から帰ってくると、ママが僕にキスして、服を脱がせ始めた。ママは僕のペニスを握った。それから、僕の手を取って、ブラウスの下のオッパイに押しつけたんだ。僕は好奇心で一杯だったと思う。そのことについては何も考えられなかったんだ。しばらくしてから、これはまともなことではないと感じるようにはなったんだけど」。

思春期の始まる（小学校六年生）頃には、Kの母は、「僕の服を脱がせて、自分も服を脱いだ。それから、もっとすごいことをやるようになったんだ。『あんたは、すてきな足と体をしているわ』と言って。僕は興味津々だった。パパが帰ってくるとすぐに、ママは全く別人みたいになっちゃったけど」。Kは、このような性的関係が「気持ちよかったので」、楽しんでいたと語っている。

Kの母は、息子との性交を何度も試みたようである。最初、Kは「怖かった」が、やがて誘惑に負けてしまう。最初に性交したときのことを彼は詳しく語っている。

「母は寝室にいました。そして、寝室に来るように、僕を呼んだのです。母は仕事から帰ってきたときの服装で、僕を抱きしめ、キスしました。母は服を脱ぎ始め、僕もシャツを脱ぎました。母はブラウスを脱ぐと、僕のパンツを脱がしました。それから、僕はベッドの上に倒れ込みました、母が押したからです。母はスカートを脱ぐと、僕の体に触って、キスし始めました。僕は横になっていましたが、勃起していました。母は向きを変え、僕の方が上になり、母の足が僕にからみつきました。僕たちは以前には、こういうことは一度もやったことがなかった、いつもはオーラル・セックスだったのです。でも、そのときは、ただそれをやりたかったのです」。

彼は射精した後、母を押しのけた。「それで、母が僕に尋ねたのです。『どこか悪いの、怖いの。一体どうしたの』と。僕は、走って自分の部屋に戻りました。僕はドアのわきにじっと座っていましたが、母は僕をののしり続けていました。腹が立ちましたが、自分の部屋でずっと考え続けていました。『なぜ、母はああいうことをやりたがるのだろう』と。僕は自分が正常ではないのだと思い、学校の他の子たちとはずいぶん違っているように感じました。教室で席に座っていても、みんなを眺め回し、こういうことが他の子たちにも起こっているのだろうかと考えたのです」。

Kは、母との性関係を週二回程度、七、八年ものあいだ続けていたと語っている。ところが、犯行の六カ月ほど前から、母とずっと続けてきた頻繁な性関係によって、落ち着かなくなった。彼は父に打ち明けることも考えたが、「僕は父を信用していなかった。もし父に打ち明けたら、僕の家族はバラバラになってしまうのではないかと思った。僕は、それがいやだった。前にも両親が別居したとき、僕のせいなのではないかと思ったので」。

犯行の一週間ほど前、二カ月続けてレポートの点数が悪かったので、Kはひどく落ち込んだ。彼は母を無視し、性的なことに関わり合うのを避けようとしたが、母は彼に「圧力」をかけ続けた。「母は、僕の足、肩、胸を触って言いました。『どうして、あんたはママのことをきらいになっちゃったの』。これは、性的なことを言っているのだなと僕は思いました。僕が犬を連れて家に帰ったときに、父がいないと、母は言いました。『どこか悪いの。あんたは、お父さんそっくりね』。それから僕に触り、服を脱ぎ始めるのです。母がブラウスのボタンをはずすと、僕は走って逃げました」。

それまで長年にわたって、母と性関係を持ち続けてきたのに、なぜそのときになって母との性交をいやがるようになったのか、という質問に対しては、次のように答えている。

「その月は、いつもと違っていた、僕は、疲れ果てているように感じていたんだ。もうセックスなんかしたくなかったんだ。するとお母さんは言ったんだ、『あんたはお父さんみたいね、あんたは何もしたくないのよ、困ったものね』と」。Kはそのとき、自分が性的な問題を抱えていることを、母にほのめかされたように感じたという。

彼は、母が自分にますます圧力をかけてきているように感じていた。「母は、誘惑し続け、わめき続けていた」ので、ついに彼は最終通告を発した。「僕をそっと一人にしておいてくれないなら、誰かに言いつけるぞ」と。

Kが母と最後に性関係を持ったのは、殺害の十日ほど前のことである。「オーラル・セックスの最中に、僕は『もうこんなことはしたくない』と言って、母をおしのけた。すると、母は言ったんだ。『いいえ、あんたと私は、ときどきこれをしなくちゃいけないのよ。あんた、どこか悪いの』」。息子が母の口の中に射精して、二人はオーラル・セックスを終えたのだが、「母は、僕をまた元気にしようとした。また刺激しようとしたんだ。僕は母をおしのけて、浴室に行き、内側から鍵をかけて、体を洗った。母はドアの外で叫び続けていた。『どこか悪いの。どうかしちゃったの』と」。

他の機会もとらえて、母は息子との性関係を再開しようとしたようであるが、Kの方が拒否していた。犯行の前日には、「僕は母を殴ることを考えていた。父がいないときには、母は僕に触り続けていたけど、もうそれがいやだったから。母の顔をピシャリと平手打ちして、僕がもう母を欲してはいないことをわからせてやろうと思っていたんだ」。その晩は、「自分に眠るように言い聞かせた。だけど、月曜日の朝起きたら、疲れているように感じたんだ」と彼は語っている。

こうして、その日、Kは母を殺害してしまったのである。

Kは犯行の二日前に十六歳になったばかりだった。逮捕後施行された心理検査、知能検査（WAIS-RでIQ一一三）、脳波検査、神経学的検査では明らかな異常は認められず、頭部CTの所見も正常であった。また、精神医学的な診察の結果、軽度の抑うつ気分が認められたものの、統合失調症などの精神病の症状、人格障害の徴候は認められず、共感能力、論理的な思考能力、現実検討能力も良好であった。したがって、この母殺しには、精神疾患よりもむしろ家族力動、性的葛藤が重要な要因として関与しているのではないかと考えられる。

Kの両親の夫婦関係は以前から問題をはらんでおり、それにともなって一人っ子であったKと母の関係も複雑なものになっていたようである。彼の母はふしだらで、露骨に誘惑するような女性であり、夫の留守中に何人もの男友だちを引っ張り込んでいた。下着姿で息子の目の前を歩き回ったり、息子の友人たちと猥談をしたりすることもしばしばあった。一度など、彼の高校のサッカーのコーチと、公衆の面前でいちゃついたという。さらに、毛皮のコート以外何も着けずに家を出て行き、地元の商店主たちを誘惑するようなことも何度もあったようで、その他のみだらな言動も数多く報告されている。

## 男の子にとっての母親と娼婦

このような母のふるまいが、思春期にさしかかった少年の幻想を強く刺激し、母と息子の関係を性愛化したことは、疑いない。筆者は、第I部で三番目の事例として提示したギュイ・ジョルジュが、女性の中に〈娼婦〉を見るようになったのはなぜなのかを分析し、母親を娼婦にひきずりおろす男の子の幻想について論じた。大人の性生活に関するほぼ完全な知識を初めて手に入れ、少なくとも自分の両親だけは不潔な性行為などにかかわりのない例外的存在だという確信を抱くことが困難になると、男の子は次のように自分に言い聞かせるのである。「お母さんと娼婦の違いはそんなに大きなものではない。どっちも結局のところは同じことをやっているのだ」。これは、愛情生活の二つの流れ、つまり「愛情的」な流れと「官能的」な流れという相反する二つの流れを隔てている断絶に、少なくとも幻想の中では橋渡しをしようとする試みであり、同時に母親をおとしめて官能的な性愛対象にしようとする努力でもあるとフロイトは述べている。

これら二つの流れのうち、より古いのは愛情的な流れの方である。この愛情的な流れはすでに幼児期初期に生じており、自己保存欲動の欲求にもとづいて形成され、家族の成員、とりわけ自分の世話をしてくれる人たちに向けられる。そして、この流れが、最初の性欲動や性愛的関心の構成要素となるのである。これらの性愛的な要因は、幼児期にすでに多かれ少なかれ認められるし、神経症者の場合には、成人後も精神分析によって例外なく発見される。したがって、この愛情的な流れは、幼児期の原初的な対象選択に対応しているのだと考えられる。幼児期にこの原初的な対象に充当されていた性愛エネルギーがあまりに強いと、母親や姉妹への近親相姦的固着が克服されぬまま無意識の中にとどまることになる。

思春期になると、この愛情的な流れに、官能的な流れが加わる。この官能的な流れは、一見過去の古い道筋をたどり、以前にもまして強力になった性愛エネルギーを、幼児期に選択した原初的な性愛対象に向けていくように見える。しかし、思春期に至るまでの間に教え込まれた近親相姦のタブーという障壁にぶつかって、この流れは、現実には避けるべき不適切な性愛対象から離れ、実際の性生活を可能にしてくれるような他の対象、つまり外部の血のつながりのない性愛対象へとすみやかに移っていこうとする。ところが、この血のつながりのない性愛対象もやはり、幼児期の対象という原型にしたがって選択されるのである。

こうして、この新しい対象に、以前の対象につなぎとめられていた愛情が向け変えられてはじめて、幼児期の近親相姦的な性愛対象から新たに選択された対象への移行が可能になる。このときになってようやく、愛情と官能が結びつけられるわけである。(2)

少年Kの場合、近親相姦の禁止という掟は全く機能しておらず、母の娼婦性と誘惑によって、むしろ欲望が刺激されている。思春期になって性に関する啓蒙的な話を聞かされると、少年の心の中に幼児期の印象や欲望の記憶痕跡が呼び覚まされ、この記憶痕跡によってある種の心の動きが再び活発になる。こうして、少年は母その人を、今新たに理解された意味で激しく愛しはじめる、つまり、いわゆるエディプス・コンプレックスの支配下に入っていくわけである。このとき、大多数の少年たちは、父による禁止をはじめとする近親相姦のタブーという障壁にぶつかって、母への欲望を断念し、先述したように母を娼婦にひきずりおろす幻想の中で、自慰行為にふけることになる。

ところが、Kにとって、このような幻想は必要ではなかった。母は娼婦的なふるまいによって、むしろ息子を誘惑していたし、両親の葛藤をはらんだ夫婦関係ゆえに、父も近親相姦を禁じる存在にはなりえなかったからである。こうして、彼はエディプスの欲望を満たし、自らがエディプスその人になってしまったのである。

## 復讐としての殺人

それでは、なぜ彼は性愛対象である母を殺してしまったのであろうか。まず、ブンカーが「母殺しの本当の意味は、じつは母との性交なのではないか」と推論したように、息子による母殺しに性愛的な意味合いが含まれているのは明らかである。このことは、Kが犯行の少し前から母の誘惑を拒絶していたにもかかわらず、母を殺害後、性交と肛門性交を行ない、射精しているという事実に端的に表われている。

「そのとき、母を支配することができたように感じたのです。母をずっと僕の支配下に置くことができるようになったのです。僕は、それまで若いツバメみたいだったので、殺すことによって母を取り戻すことができたように感じました」という彼の言葉は、母殺しによって、母を永遠に支配し、自分だけの所有物にすることができるという彼の幻想を、如実に物語るものであろう。

また、性愛対象としての母への愛着が強いほど、母の娼婦性に対する復讐願望も必然的に強くなる。フロイトは、母を娼婦にひきずりおろす幻想を抱く男の子は、性交という恩恵を自分にではなく父に与えた母を不実とみなして、母を恨みに思うのだと述べている。Kの心の中にあったのは、むしろ、母が父以外の男を誘惑して、性交という恩恵を与えているという幻想であったように思われる。それゆえにこそ、彼は母を許さず、復讐願望をかきたてられたのではないだろうか。

レヴィッチとシュレジンジャーは、「何らかの理由、おそらくは文化的な理由によって、男の子が母の不貞やふしだらな行為を認識した場合、女の子が父の同じようなふるまいを認識した場合よりも、より強い外傷体験となる」ことを指摘している。

たしかに、男の子の方が、母の性行動に敏感に反応するようである。たとえば、ウェルサムは、睡眠中の母を三十二回も突き刺して殺害した十七歳の少年の事例を報告しているが、この少年も母の性行動に悩まされていた。彼の母は、父の死の直後から何人もの愛人と次々に性関係を持っていたので、彼は母を家族の恥だと思っており、復讐のために殺したのである。

同様に、シャールとマックの報告している十四歳の少年も、父の留守中に母が他の男性と性関係を持ったことに腹を立てて、母を殺害している。一度など、彼は母が愛人とベッドの中に一緒にいたところをとりおさえたこともある。口論の後、眠ってしまった母を射殺した少年は、殺害後、司祭のもとにおもむき、犯行を告白している。

これらの母殺しの事例では、母の性行動に悩まされていた男の子が「母は自分に対して不誠実である」という恨みを抱き、そこから母への復讐願望が芽生え、さらには母殺しの衝動へと発展している。したがって、Kの場合も、母の娼婦性によって、不実な母に対する復讐願望をかきたてられたことが、母殺しの重要な要因となったのではないかと考えられる。

母に誘惑され、実際に母と性関係を持ってしまったKであるが、ある時期から、母を無視し、性的な関わりを持つのを避けるようになり、犯行の前日には「僕がもう母を欲してはいないことをわからせてやろうと思っていたんだ」とまで語っている。母へのきわめて強い性愛的欲望を抱いていたはずの彼に、何が起こったのであろうか。

これは、近親相姦への罪責感ゆえの変化にほかならず、彼の罪責感は「もし、父に打ち明けたら、僕の家族はバラバラになってしまうのではないかと思った」という言葉に、最も端的に表われている。この罪責感ゆえに、彼の性行為はあるときから抑止されるようになり、欲望の対象である母を殺害してしまったのである。

こうしてエディプスの欲望を成就し、オレステスのように母殺しを犯してしまったKは、オレステスはエディプスと同一人物、エディプスその人であるというブンカーの指摘を思い出させる。彼はまさに、グリーンが指摘したような「遷延したエディプス状況」にとらわれていたのであり、彼にとって母殺しという行為は、母による性愛的な呪縛、支配からの究極的な逃避の試みにほかならなかったのである。

## 精神疾患と母への依存

次に、ホルコームが第二のタイプとして挙げている、精神疾患に罹患していて、母への依存からなかなか脱出することができない息子による母殺しの事例を分析しよう。日本で起こった二十三歳の息子による母殺しの事例で、入院中、筆者が主治医として担当した。

Oの父は一度離婚歴があり、四十一歳でOの母と再婚したが、三年目にして突然仕事を辞めてしまい、職を転々として賭けマージャンに熱中するようになったため、借金取りが自宅まで来たこともあった。そのため、母がピアノ教室と絵画教室を開いて生計を立てていたが、喧嘩が絶えず、母は父のことを学歴がないと言ってばかにするようになった（父は旧制中学卒業、母は短大卒業）。

Oは小学校時代は成績優秀で、友人も多く、母はかなり期待をかけていたらしい。また母はしつけに厳しく、服装、食べ方、はしの持ち方に至るまで口うるさく注意したが、Oはほとんど反発することなく、口ごたえもほとんどしなかった。Oの小学校卒業と同時に両親が離婚、その後、父が自宅を訪ねてきたとき、Oは「なんで来るんや」と言って、怒って追い返した。父が家に入れてもらえないのを怒って暴れたため、警察を呼んだこともあるという。

中学校入学後、勉学に対する意欲が低下し、成績も徐々に下がった。母は、Oの中に父親のいやな面を見つけると「お父さんみたいになるよ」と言って叱った。高校受験の際、母はかなりランクの高い高校を期待していたが、実際に入学できたのは、日頃から母がばかにしていた高校であった。高校入学後も、Oは全く勉強せず、夜はゴルフ場の球拾いのアルバイトをしていた。

高校卒業後、Oは母の強い勧めで大学を受験するが失敗、しばらくの間、タレント養成学校に通っていたが、そこもやめてしまい、働き始めた。真面目に勤務し、毎月五万円程度を家に入れていたが、母からは「もっとまっとうな仕事（公務員、警察官など）につくように」と言われていた。

二十三歳の誕生日を迎える一カ月前、Oは、親友の恋人（同棲中）から、二人の仲がうまくいかないことで相談を受けているうちに、「彼女は自分に気があるのだ」と思い込み、結婚を申し込んだが断られ、そのことで親友に殴られた。この頃より不眠のため、アルコールを多飲するようになった。また「人間という動物は、いったい何なんだろう」と考えるようになり、今の会社にいても進歩はないと思い、十一月末日で突然退職し、それまで貯めていた金を全額母に渡した。

十二月になると、家に閉じこもり、食事は摂るが、夜は全く眠らず、昼夜逆転の生活を送るようになった。十二月初旬、叔母（母の妹）のところに突然電話をかけ、一年前に亡くなった母方の祖父について、「おじいちゃんのお墓、知ってるか」と何の脈絡もなく尋ね、面食らわせた。

母方の祖父は大きな会社を経営していたことがあり、文学者のパトロンになって出版に出資したりもしていた。その一方では艶福家であり、芸者のところにいりびたって腹違いの子供を二人産ませており、Oの祖母とはほとんど別居状態であった。Oの母が短大在学中に、祖父の会社が倒産、その後、祖父母は正式に離婚し、祖父はこの芸者と再婚した。

実業家であり文化人でもあった祖父のことを、母はOに、「おじいちゃんはえらい人やった」と語っていた。だが、Oの母は、愛人を作って家を出て行ってしまった祖父の裏切りを、けっして許そうとはしなかったという。祖父の死後、その妻（元芸者）の手によって葬儀が盛大に営まれ、Oの祖母、Oの母とその弟妹たち、Oと弟、いとこたちも参列した。この葬儀の後、Oは祖父の趣味の一つであった骨董品に関心を示すようになり、自分でも収集を始めている。

十二月下旬より三日間、先の親友と一緒に九州に旅行に行ったが、その旅行から帰った後、今度は一人で九州を旅行した。親友の恋人の実家が九州なので、その実家まで、「一人で結婚の申し込みに行ったのだ」と語っていた。帰宅後、「そこの奥さんが『お父さんが帰ってきたら大変なことになる』と言っていた。お父さんが帰ってきて、『若いもの、ええ度胸しとるやないか』と言い、そこで酒を飲ませてもらった。それで、杯をかわしたことになるので、そのヤクザの組に入ったことになり、『誰かを殺せ』と言われたら、殺さないといけないことになった。その連中が、一月一日に訪ねて来る」と言って、非常に怖がっていた。

また、「外へ出ると、近所の人が自分の行動を監視している。声をかけてくる。カメラで監視されている」、「自分に悪いことをする悪魔がついている」、「自分は神になった。人類、宇宙を救わなあかん」などと訴え、テレビに向かって独語するようになった。テレビやステレオを壊したり、置物を割ったりすることもあったため、心配した母は以前より優しくなっていたが、そのことに対しても、Oは「お母ちゃん、最近人が変わったみたい」と懐疑的であり、母と弟がこそこそ話をするのも何か変だと、神経をとがらせていた。母は心配して親類にいろいろ相談したが、精神科の受診はさせなかった。

十二月三十日の夕方、叔母宅に来ていたOは、暖房器具の雑音を聞いて、「指令がきている。この三人を殺せと指令がきている。ここにいる者を皆殺しにしろと言っている」と言い出した。午後一〇時頃、突然「お母ちゃんが殺される」と叫んで起きだし、叔母たちの引きとめるのも聞かず、出て行ってしまった。彼は後になって、このときのことを、「事件の前の日から、自分が神になったような気持ちになり、自分中心に世界が動いているように思えてきた。それであんな事件を起こしたのだ」と語っている。

Oは、一晩中外を徘徊した後、翌十二月三十一日午前一一時半頃帰宅。午後二時半頃、母をハンガーでめった突きにして、出血多量により死に至らしめた。木製のハンガーを二つに折って、最初頭部を殴打し、その後、顔面、胸部を何十回も突き刺したらしい。殺害後、母の胸部に、折れたハンガーを差し込んでいた。Oは後に、このときのことを「しょうみの人間がやるようなことでないことをやった。死んだ人間から心臓を取りだした。あのときは自分に、何かがとりついていたとしか思えない」と語っている。また、母の体の上に座布団と自分のジャンパーをかけ、顔面にトイレットペーパーを二段重ねに置いて、花を挿していた。

午後三時半頃、心配した祖母が訪ねてきたが、そのときOは呆然とした様子で立っており、「お母ちゃんを殺してしまった。とんでもないことをしてしまった」「自首する」と言って、祖母を連れて近所の床屋まで出かけて行った。その床屋から警察には電話せず、叔母宅に電話したが、そのとき「もうこれでO家（母の実家）との縁は切れたから終わり。お葬式だけ頼むわ」と言って電話を切ってしまった。叔母が直ちに警察に通報し、Oは緊急逮捕された。

拘置所でも、Oは「自分は神になったのだ。お母さんが悪魔に思えたから殺した」「監視されている」「自分の考えていることが、全部、警察にわかっている。雷が鳴って『神様を怒らせると怖いぞ』と思うと、警察の人が『おまえは、自分のことを神様だと思っているだろう』と言う」などと訴えており、幻聴、誇大妄想、被害関係妄想、考想伝播などのきわめて活発な病的体験が認められた。精神鑑定の結果、統合失調症と診断され、心身喪失状態での犯行とみなされて不起訴となり、精神保健福祉法第二九条にもとづき、筆者の勤務していた病院に措置入院となったのである。

入院後は服薬により、比較的安定した状態が続いていたが、約半年後、叔母、祖母との面会を契機にして退行状態に陥り、病的体験も再燃、拒薬、自殺企図も出現したため、隔離室に収容しなければならない状態が約半年間続いた。その後、長いあいだ音信不通であった父が病院を訪れ、医療保護入院への変更、退院を切に希望した。十カ月後、精神医療審査会での審査の結果、措置解除となり、二カ月後に退院した。

## 「父」と「結婚」の問題

この事例では、「杯をかわしたことになるので、そのヤクザの組に入ったことになり、『誰かを殺せ』と言われたら、殺さないといけないことになった。その連中が、一月一日に訪ねて来る」という妄想に従うかたちで、十二月三十一日に母殺しが起こっているが、家族力動も重要な要因になっていると考えられる。なぜならば、三世代にわたる系譜の中で、「父」「結婚」の問題が大きく浮かび上がっているからである。

彼の家庭では、父は幼少期には母から見下された存在であり、思春期以降は離婚により不在であったため、Oにとって同一化すべき対象とはなりえなかった。このことが如実に現われているのが、離婚後の母が、Oの中に父のいやな面を見つけると、「お父さんみたいになるよ」と言って叱ったという事実であろう。それゆえ、実業家であり、文学者のパトロンになるなど文化人でもあった母方の祖父のことを、母は「おじいちゃんはえらい人やった」と半ば理想化して息子に語ることになったのである。

だが、その「えらい人」であったはずの祖父も、実際には芸者のところにいりびたって腹違いの子供を二人産ませており、その後、Oの祖母とは離婚するに至っている。「掟」を課するはずの「父」でありながら、婚姻の掟を犯して別の女性を享有していたのである。

Oの母はこのような祖父の裏切りを決して許そうとはしなかったが、彼女自身もまた結婚に失敗している。したがって、Oの母にとって、「父」「結婚」をめぐる問いに対する答えは、得られぬままであったと考えられる。

この母は、しつけに厳しく、小学校時代は成績優秀であったOにかなり期待をかけていた。そのような母の要求に対して、彼はほとんど反発することなく服従していた。また、それほど多くはない給料の中から、かなりの額を家に入れていたという事実、そして発病直前、会社を突然辞めたとき、それまで貯めていた金をすべて母に渡したことからは、支配的な母に従順に服従し、依存しようとしていた息子の姿が浮かび上がってくる。

したがってOは、グリーンが指摘するように、このようなかたちの依存から脱することができず、その一方で、依存しながらも敵対し、母に支配された状況からの解放を望むという、「敵対的依存」の関係にあったのではないかと推察される。

殺害後、叔母に電話で告げた「もうこれでO家との縁は切れたから終わり」という言葉は、このような葛藤をはらんだ状況に別れを告げる、決別の宣言だったのではないだろうか。彼が、犯行後、母の体の上に座布団と自分のジャンパーをかけ、顔にトイレットペーパーを二段に重ねて置き、花を挿していたのも、埋葬の儀式として理解される行為であろう。彼は、母殺しによって、母との敵対的依存、愛着と敵意の両価的関係に終止符を打ったのである。

さらに、離婚後父が自宅を訪ねてきたとき、Oが「なんで来るんや」と言って怒って追い返したことに端的に現われているように、彼は自らが母の欲望に応えられる存在でありたいと欲していたのであり、母―子の二項関係に介入してくる父親的存在、「父」の次元を拒絶していたのだと考えられる。

それゆえ、遠い存在でありながらも「えらい人」として母が半ば理想化して語っていた祖父の死と、その葬儀への参列は、Oにとって、「父」をめぐる問いをさらに露呈させることになった。なぜならば、葬儀というきわめて象徴的な儀式は祖父の妻によって営まれたが、それは祖母とは違う女性、母の「父」が婚姻の掟を犯して享有していた別の女性の手によるものであり、彼の系譜における「父」「結婚」の問題を、よりいっそう鮮明に浮かび上がらせたからである。

事実、この葬儀の後、彼が祖父の趣味のひとつであった骨董品に関心を示し、自分でも収集するようになったのは、この問いの答えを見いだそうとする試みのひとつとしての、祖父への同一化の機制の表われであろう。しかし、このような試みによっても答えを見いだすことは不可能であったがゆえにこそ、一年後、親友の恋人に結婚を申し込み、さらに母方の叔母に突然「おじいちゃんのお墓、知ってるか」と何の脈絡もなく尋ねて面食らわせることになるのである。謎の答えを、自らが結婚を申し込むこと、また、祖父の墓に尋ねることによって得ようとしたのであろう。

この親友の恋人への結婚の申し込みは、「彼女は自分に気があるのだ」という思い込みにもとづいてなされている。この思い込みは、親友とその恋人との恋愛関係の相談を受けているうちに唐突に生じたものであり、結婚の申し込みを断られ、親友に殴られたことからもわかるように、現実の状況から離反している。したがって、「彼女は自分に気があるのだ」というこの思い込みは恋愛妄想であり、親友の恋人に結婚を申し込んだ時点で、すでに発病していたとみなしてよいであろう。「父」「結婚」をめぐる問いが浮上してくる中で、この二つの主題と密接な関連を有する恋愛妄想が出現し、実際に結婚を申し込むことによって、妄想を現実化しようとしたのである。

この一連の文脈の中で、その後の「結婚の申し込み」と称する九州旅行もなされているので、この旅立ちもやはり恋愛妄想に裏打ちされていたと考えられる。この旅行で、彼は親友の恋人の父に出会う。彼は、この父を「ヤクザの親分」として、また酒を飲ませてもらったことを「杯をかわした」として妄想的にとらえている。この出会いにおける彼の体験を、いかに解するべきだろうか。

「そこの奥さんが『お父さんが帰ってきたら大変なことになる』と言っていた。お父さんが帰ってきて、『若いもの、ええ度胸しとるやないか』と言い、そこで酒を飲ませてもらった」というOの言葉が如実に示すように、彼が遠く離れた九州で出会った、親友の恋人の父は、父親イマージュを喚起し、〈父の名〉を暗示する（父のような人）であったと考えられる。いいかえれば、O―親友の恋人―親友の恋人の父、という想像的な三角形の中では、女性への接近を禁止する第三の位置を占める存在だったのである。しかし、母―子の二項関係に介入し、母子一体化を禁じる「父」の次元を拒絶しているOにとっては、「父とは何か」という問いは謎のままであり、それを暗示するように、妄想的他者が語り始めるのである。

さらに、彼にとっての「父」はその本性を明かさぬまま、彼の言動に影響を及ぼし始める。九州で（父のような人）と出会ったとき、その人の背後に現われたのは、Oにとっての「父の掟」を体現した世界であった。彼はそれを「ヤクザ」と名づけている。「杯をかわしたことになるので、そのヤクザの組に入ったことになる」というのは、彼がその世界において父から認知されたこと、つまり父子の関係を結んだことを意味している。

そのヤクザの世界を支配する架空の他者＝「ヤクザの親分」が、彼の精神病的世界における妄想的他者となる。この妄想的他者は、彼に「誰かを殺せ」と命じる存在であり、彼はこの命令に従わなければならないからこそ、「その連中が一月一日に訪ねてくる」と言って非常に恐れたのである。この妄想的他者の欲望を満たすべく、彼は一晩中歩き続け、家に帰り着いて、十二月三十一日、母の殺害に至る。彼にとって、母殺しは、妄想的な「父」からの「指令」を果たすべく行なわれた行為であったと考えられる。

このように、Oの場合、家族力動の問題が妄想的に加工されて表われており、特に、数多くの事例研究が共通して指摘している支配的な母と、不在もしくは受け身で無力な父という典型的な家族像を背景にして、母殺しが起こっている。

それだけではなく、彼は性的に未成熟であり、この母殺しには性的な要素も関与していたのではないだろうか。彼の性的な葛藤が端的に表われているのは、母を殺害した後、その体内に折れたハンガーを差し込んだことである。母の体腔内にハンガーという棒状のものを挿入する行為は、母との性交を連想させるもので、ブンカーが指摘しているように、「母との近親相姦が、一見正反対のように見える母殺しに転換した」のではないかと考えられる。先に提示したKの場合、現実の近親相姦の後、母殺しが起こっているのに対して、Oは母を殺害した後、象徴的な近親相姦を遂行しているという違いがあるにせよ、根底にある構造は同じなのである。

そういうわけで、母殺しに至る過程で精神疾患が関与しているにせよ、いないにせよ、その根底にある家族力動や性的要因、とりわけ母への性愛的な欲望は共通しているように思われる。精神疾患の関与によって、現実の母殺しがより短絡的になされてしまうことは、否定しがたいとしても。

## 遷延したエディプス状況

そこで最後に、ホルコームが第三のタイプとして挙げている、精神疾患という要因と家族力動の要因の両方が認められる母殺しの事例について、その構造を分析していくことにしたい。

リプソンが提示している、三十四歳の息子Xによる母殺しの事例である。活発な妄想が出現したため、Xは妄想性障害との診断で十日間入院していた。ところが、母と妻が来院し、母の強い要求によって、主治医の反対をおしきり、自宅に連れ帰ってしまった。退院後もなお彼は妄想状態にあり、妻と性関係を持つ際、結婚してから初めて不能になってしまった。彼はますますいらいらするようになったので、妻は病院に戻すことを希望したが、同居していた母が、「息子を自宅に置いておきたい。息子は家で死ぬほうがいい」と言い張って拒否した。

犯行当日、母が、息子の手にかかって死ぬことについて話した。そのとき、母が、数年前にXの起こした自動車事故のことを尋ねた。母は、彼が保険金目当てに、自分を殺そうとしたのではないかと質問したのである。その質問によって、彼はまたいらいらしたので、妻は彼を病院に戻すことを希望したが、またもや母が反対した。

その日の夜、彼はいつもどおり、母の部屋までおやすみのキスをしに行ったのだが、そのとき母の顔面を殴った。母がベッドから転げ落ちても、彼は血だらけになった顔面をさらに執拗に蹴り続け、それは警官が到着するまで続いた。収容された病院で、Xは、母が悪魔にとりつかれており、自分に罪を犯させて、自分たちの結婚を破綻させようとしていると強く主張した。

この事例においても、Oの場合と同様、「母が悪魔にとりつかれている」という妄想に影響されているにせよ、根底にあるのは、性愛的な欲望を母から切り離し、肉親以外の対象へと移行させなければならないという、息子にとってのエディプスの課題である。Xの場合、母が支配的だったこともあって、この課題の解決は、理想的な仕方でなされていたとは言いがたく、その葛藤が「母が自分たちの結婚を破綻させようとしている」というように、妄想的に加工されて表われたのである。性的な要因が強く作用していることは、妻との性関係において不能になったため、いらいらするようになり、その直後に母殺しが遂行されたことからも明らかである。そして、「母が自分に罪を犯させようとしている」という妄想の中で彼が言及している「罪」とは、近親相姦の罪であることは言うまでもない。

このように、息子による母殺しの事例においては、共通してその根底に母への強い愛着、依存が認められ、同時にこうした母子密着からなかなか抜け出すことができず、敵意もはらんだ葛藤的、両価的な母子関係に陥っていることが特徴的である。精神疾患の関与によって、母殺しの動機が妄想や幻聴という形で表われているにしても、これらの病的体験には、ある種の真実、心的現実が潜んでおり、それが、家族内葛藤、性的要因、とりわけ母への性愛的欲望や母の性行動への関心だったりするのである。その意味で、母殺しを犯す多くの息子たちは、グリーンが指摘したように「遷延したエディプス状況」にとらわれており、その背景に、父の不在、あるいは受け身で無力な父が認められることも少なくない。

「遷延したエディプス状況」における、母という原初的対象と息子との関係を特徴づけるのは、母への強い性愛的欲望と強い母子密着である。この特徴は、拙著『十七歳のこころ——その闇と病理』でとりあげた、少年による母殺しの事例（二〇〇〇年に岡山と山口で起こった二件の母殺し）にも共通して認められる。

したがって、母子一体感が強すぎると、思春期、青年期になって、それを断ち切るような何らかの作用（父の介入など）が外部から働くことが必要になるが、そのような作用が欠如している場合は、息子自身がこの密着関係を断ち切るべく、現実の母殺しという過激な行為にまで至ってしまうのではないかと考えられる。

このような母子関係を、第Ⅰ部で提示した連続殺人犯たちの母子関係と対比してみると、非常に興味深い。連続殺人犯たちは、幻想の中で、失われた対象としての〈母〉を常に追い求め、母子一体感を希求していたが、彼らは、現実にはむしろ、母によって〈拒絶〉されていた。それゆえにこそ、母への復讐願望が不特定多数の女性へと転移され、際限なく殺害が繰り返されたのである。

レヴィッチとシュレジンジャーは、「母への〈不健康な〉愛着が、性的な動機による殺人のすべての事例に認められる」と指摘している。性的な動機による連続殺人犯は、母による拒絶を体験していたからこそ、幻想的な母子一体感を追い求め、その対象である母への〈不健康な〉愛着を持ち続けたのである。したがって、連続殺人も、母への復讐願望による代理的母殺しとしてとらえられる。母とのつながりが濃すぎる場合には、母を殺し、逆に母とのつながりが薄すぎる場合には、母への復讐願望が他の女性一般へと移しかえられるというのは、まことに皮肉なことではある。

**註**

（1）母殺しは、息子によるものが、娘によるものよりも圧倒的に多いため、息子による母殺しの研究の方が圧倒的に多い（グリーンの報告によれば、息子による母殺しは、娘による母殺しの四〜八倍であった。また、ホルコームの報告によれば、息子による母殺しが八六％、娘による母殺しが一四％を占めていた）。
娘の母殺しの衝動は、エレクトラというモデルを出発点にして、女の子の母へのライバル意識として、より理解されやすい印象を与えるかもしれない。しかしフロイトは、両性のふるまいの類似性を強調しようとする「エレクトラ・コンプレックス」という名称は、用いない方が妥当であると考えていた。なぜなら、両親の一人（異性の親）を愛すると同時に他の一人（同性の親）を競争者とみなして憎悪するという宿命的な関係は、ただ男の子の場合にのみ生じるものだからである。

フロイトによれば、男の子にとっても女の子にとっても母が最初の愛の対象となるのであるが、男の子の場合には母がいつまでも愛の対象であり続け、この母への愛着がエディプス・コンプレックスの核となるのに対し、女の子の場合には対象の変換が起こる、つまり母という根源的な対象を捨て、そのかわりに父を対象とするようになるという。母から父へという対象の変換が生じるのは女の子のペニス羨望（Penisneid）によるというのが、フロイトの理論の骨子であった。

この対象の性の変換に関して、フロイトは二つのきわめて興味深い事実を指摘している。一つは、女性に父への強い愛着が存在する場合、それ以前にもっぱら母に向けられた愛着がこれと同じくらいの強さで存在した時期があったということ、もう一つは、このような母への愛着は思いがけないほど長期間保持されており、かなり多くの例で四、五歳に至るまで続いていたということである。この事実ゆえに、フロイトは、両性の類似性、対称性を強調しようとする「エレクトラ・コンプレックス」という名称を、用いるべきではないと考えていたのである（「女性の性愛について」一九三一年）。

（2）「愛情的」な流れと「官能的」な流れが合流していない男性の愛情生活は、二方向に分裂した状態にある。芸術は、このような分裂を、天上の愛と、地上の（動物的な）愛として描いているが、より卑近な例を示せば、純愛と肉欲への分裂ということになろうか。現代の多くの若者たちが、出会い系サイトや風俗産業などによって安易に性欲を満たしながらも、その一方では純愛に憧れるのも、この愛情的な流れと官能的な流れの分裂によると考えられる。彼らは、愛するとき欲望せず、欲望するとき愛することができないのである。

このような事態は、無意識の中で近親相姦的な性愛対象に強く結びつけられているために起こるのだと、フロイトは説明している。近親相姦的固着が強いと、自らの官能を愛する対象から遠ざけようとして、必然的に愛する必要のない対象を探し求めることになり、性対象蔑視の傾向が生じる。これは、たとえば多くの男性は、自分の性行為が女性に対する尊敬の念のために制限されているように感じており（上品な妻を相手にする場合など）、おとしめられた性対象を相手にしてはじめて、自らの全精力を発揮できるというような現象に、端的に表われている。その点では、愛情の流れと官能の流れが合流している男性の方が、文明社会においてはむしろまれなのだと言うべきかもしれない。

また、近年増加していると言われる心因性ＥＤ（勃起不全）も、じつは、近親相姦的な性愛対象への固着に由来するのではないかと考えられる。フロイトは、近親相姦を避けるために選択された対象に見いだされるほんのちょっとした特徴によって、避けようとした対象（母や姉妹など）が思い出される時にこそ、「抑圧されたものの回帰」によって、心理的性交不能という奇妙な機能不全現象が現われるのだと説明しているが、これこそ心因性ＥＤの機制にほかならないからである。

# 第Ⅲ部　病と神

# 第一章　病と大量殺人

## なぜ関心が低いのか

二〇〇四年八月、兵庫県加古川市で四十七歳の男性が、叔母、従兄弟ら計七人を殺害した事件は、横溝正史の『八つ墓村』のモチーフになった「津山三十人殺し」を彷彿させた。

また宅間守死刑囚の死刑が執行されたことも、二〇〇一年に大阪教育大学付属池田小学校で起こった惨劇（児童八人を殺害、児童と教師計十五人に重軽傷を負わせた）の記憶をよみがえらせることになった。

このような大量殺人事件は、皆を震え上がらせると同時に、きわめて悲劇的でもある。皆を震え上がらせるのは、いつでも、どこでも、そして誰にでも起こりうるからである。他の犯罪と違って、大量殺人事件は、大都市でも田舎の小さな村でも起こりうるし、郊外のショッピングセンターでも街中のスラム街でも起こりうる。また、あまりにも多くの人々が巻き添えになって殺されるがゆえに、さまざまな悲劇を生み出すことにもなる。

大量殺人は、とりわけ欧米において増加しており、コロンバイン高校における惨劇がマイケル・ムーア監督によって映画化され（「ボウリング・フォー・コロンバイン」）、センセーションを巻き起こしたこともあって、大きな注目を集めつつある。

ただ、第Ⅰ部で紹介した連続殺人に対する大衆メディアの注目や学問的関心と比較すると、大量殺人に対する一般の関心はまだ低いと言わざるをえない。その理由として、次の四つを挙げることができるだろう。

① 連続殺人犯を特定し逮捕することが、しばしば困難であるのに対して、大量殺人犯は、犯行現場ですぐに見つけられ、自殺あるいは警察による射殺によって死亡することが多く、生き残ったとしてもすぐに警察に引き渡される。その点では、連続殺人犯にしばしば認められるような、法、権威に対する持続的挑戦という要因が少ない。

② 大量殺人は、大衆の不安や恐怖を、連続殺人ほどにはかきたてることがない。連続殺人犯は、逮捕されるまでの数週間から数カ月間、場合によっては数年間、自由の身である。それゆえ、一般市民は怯え、自分自身が次の犠牲者になることのないように、身を守ろうとする。こうして、新たな殺人が発生するたびに、住民の不安は高まる。このような不安、恐怖の高まりによって引き起こされるパニックとも呼びうる状態が、第Ⅰ部で紹介した大久保清や宮崎勤が逮捕されるまで、多くの日本人に認められたことは、当時の報道からも明らかである。それに対して大量殺人は、大惨事ではあるものの、単発の事件である。大衆に報道された時点で、事件はほぼ終わっている。したがって、大量殺人は多くの人々に恐怖を呼び起こすかもしれないが、不安を感じさせることはほとんどない。

③ 大量殺人に対する関心が、連続殺人に対する関心と比べて低いのは、入手可能な一次資料が限られて

いることにもよる。というのも、大量殺人犯が犯行後生き残ることは、まれだからである。彼らが日記や遺書を遺して、その動機を理解する助けになるような場合があるとしても、我々の疑問に対する答えはほとんど謎のままである。典型的な連続殺人犯がインタビューや取り調べの際に、事実をねじ曲げながらも多くを語り、結果的に我々に多くの情報を与えるのとは対照的である。

④　大量殺人に対する関心が比較的低い最も重要な理由は、連続殺人の巻き起こすセンセーションには及ばない点にあると考えられる。大衆もメディアも、さらには学者も、大久保清、宮崎勤、ギュイ・ジョルジュのような連続殺人犯たちのサディスティックな性向に、あまりにも惹きつけられるように見える。第I部で分析したように、連続殺人犯の主要な動機が性にあることは明らかであり、彼らの倒錯的な性は、多くの「正常人」の抑圧された性をネガの形で浮かび上がらせるので、皆が惹きつけられてしまうのである。

このような理由から、連続殺人と比較すると注目されることの少ない大量殺人ではあるが、近年の増加を背景にして、いくつかの研究報告が発表されている。ここでは、これらの研究報告にもとづいて、大量殺人はどのように定義されるのか、大量殺人犯とはどのような人たちなのか、共通して認められる特徴は何か、どのような類型に分類されるのか、その根底にあるのはどのような病理なのか、なぜ彼らは大量殺人を犯すに至ったのか、などの点について考察、分析していこう。

**大量殺人と連続殺人の違い**

まず重要なのは、複数殺人（multiple homicide）のうち、連続殺人と大量殺人を明確に区別することである。一九六〇年代から、大量殺人（mass murder, massacre）という用語が用いられるようになったが、当初は連続殺人と混同されていたところがある。

まず一九七六年に、ランドはその著書『殺人と狂気』の中で、複数殺人の多くの事例の根底にある、精神病理の二つの類型を区別する必要があることを強調している。一つは妄想型の統合失調症で、攻撃性と疑い深さ、幻覚（通常、幻聴）と誇大妄想、被害妄想によって特徴づけられる。もう一つの類型は性的サディストで、自らの性的欲望を満たすために、被害者の拷問、殺害、切断を実行する。「この種の殺人犯は、被害者を対象とみなして脱人格化する」とランドは述べている。これは、第Ⅰ部で紹介した連続殺人犯に典型的に認められる病理であろう。

一九八五年には、アメリカの社会学者レヴィンと法律家フォックスが、大量殺人に関する初めての著作『大量殺人――アメリカの増大する脅威』を出版し、四十二例の研究にもとづいて、典型的な犯人像を次のように描写した。

「二十代から三十代の白人男性が、自分の知っている人たち（親族、知人）、あるいはまったく見知らぬ人たちを何人も同時に、ピストルあるいは銃で殺害するというのが典型的な犯人像である。彼らの動機は、犯行の状況によってさまざまであるが、しばしば、金銭、嫉妬、性的欲望などが関与している。彼らに過去の犯罪歴が認められることはむしろ例外的であるが、財産の侵害や傷害などの前歴があることは多い。行為化は、目的が達成されず、長期間にわたって続いた欲求不満の結果であり、引き金となる出来事によって惨劇の幕が急激に切って落とされる。冷淡、悔恨の欠如、責任の否認が共通して認められる特徴である。重篤な精神病理、あるいは精神病が認められることはむしろまれである。見かけとは異なり、彼らはきわめて普通の人格の持ち主なのである」。

さらにレヴィンとフォックスは、大量殺人を三つの類型に分類している。

①　家族殺人（family massacre）：愛情、嫉妬、熱情あるいは復讐の名において遂行される殺人であり、事例の半分以上を占める。

②　利欲のための殺人（mass killing for profit）：冷酷で計算高い人間が明確な目的のために実行する殺人であり、典型的な場合、犯行は目的遂行のための手段にすぎない。

③　性的サディズムによる殺人（slaughter motivated by sex or sadism）。

この分類で、③の「性的サディズムによる殺人」として分類されている殺人犯の多くは、むしろ連続殺人犯の範疇に入れられるべきであり、連続殺人犯と大量殺人犯が明確に区別されているとは言いがたい。

**大量殺人の定義**

この概念の混乱を批判したのはディエッツである。彼は、一九八六年に発表した論文「大量殺人、連続殺人、センセーショナルな殺人」の中で、「ホロコーストの大量処刑、虐殺、ジョーンズタウンにおける集団毒殺（一九七八年、ジム・ジョーンズを指導者とするカルト集団「人民寺院」の集団死事件）、連続殺人、アメリカにおける人工妊娠中絶のようなまったく異なる事件」について、一律に「大量殺人」の用語を用いることを批判した。

ディエッツはこの論文の中で、複数殺人と名づけるのは、殺害の意図を持って五人以上を攻撃し、そのうち少なくとも三人を殺した場合に限定すべきであると主張し、明確に区別すべき二つの範疇を設けた。

① 大量殺人（mass killing）：単発の事件として一つの場所で発生し、通常二十四時間以内に終了する。
② 連続殺人（serial killing）：さまざまな場所で繰り返される事件として発生し、継続期間は、数日から、場合によっては数年に及ぶ。

ここで初めて、大量殺人と連続殺人の明確な区別がなされたのである。大量殺人の定義においては、単発の事件であるかどうかが重要であり、その判断基準として時間と距離が問題になるのである。

時間について、FBI行動科学課は「同時に複数の犠牲者」、ベネゼックは「同時」とのみ指摘しており、それ以上の詳しい言及はない。ディエッツは「二十四時間以内」と定義しているが、これに対して、レーンとグレッグは「たいてい犯行は数時間で、数日に及ぶことはあまりない」とし、アワードとナッシュは「行為化は通常二十四時間以内におさまるが、ときには一週間ほど続く場合もある」と、若干の幅を持たせている。いずれにせよ、大量殺人は短期間、通常は二十四時間以内に終了するが、場合によっては、数日から一週間くらい続くこともありうるというのが、妥当な見解だろう。

もう一つの判断基準である距離について、ディエッツは「一つの場所」という点を強調しており、もし殺人犯が移動する場合、次のように限定して、大量殺人の用語を用いるべきであると主張している。「一つの場所で被害者の半数以上を殺害し、すぐに次の場所に移動して犯行を続ける殺人犯、あるいは移動する車の中から殺害する殺人犯のような場合にのみ、大量殺人犯という用語を用いるべきであるが、時には微妙な中間段階の事例も存在する」。

レーンとグレッグも、「殺害現場が異なる場合があっても、犯行に継続性が認められること」と述べている。したがって大量殺人は、通常は「一つの場所」で遂行され、ときには犯行場所が移動することもあるものの、その場合でも犯行の継続性が維持されることが、その定義に不可欠であるとされる。

大量殺人の判断基準で次に重要になるのは、被害者の数が何人から大量殺人と呼びうるかということである。大量殺人を定義するうえで最も重要なのが、この被害者の数の問題である。なぜなら、何人以上の殺害を大量殺人と名づけるかによって、統計的な数字がまったく違ってくるからである。

前記のディエッツは、「三人以上を殺害」した場合を大量殺人と定義している。同じように三人以上という基準を用いているのは、アワードとナッシュ、ケラーらである。これに対して、ＦＢＩは四人以上という基準を採用しており、レヴィンとフォックス、レーンとグレッグらもＦＢＩの基準を用いている。

日本では、吉益脩夫、中村一夫、影山任佐らが、「二名以上の被害者」のいる殺人を、大量殺人と定義しており、最も広義のものになっている。これは、アメリカと比べて日本では大量殺人の件数が少なく、被害者の数も少ないことによると考えられるが、二人以上からを大量殺人と定義した場合、あまりにも間口が広くなりすぎて、大量殺人に特有の病理を取り出すことが困難になるように思われる。ちなみに、ＦＢＩの定義では、被害者が二人あるいはそれ以上の殺人は、「無差別殺人（spree murder）」と呼ばれている。

アメリカの司法統計局は毎年、一件の殺人事件で殺害される被害者数の統計を発表している。たとえば、一九八三年の統計結果によれば、一件の殺人事件の被害者数の分布状況は以下の通りである。

被害者数一人の場合、八八・五％、二人の場合、八・九％、三人の場合、一・六％、四人以上の場合、一％。

この統計結果から、被害者一名の殺人事件が大多数を占めており、被害者二名の殺人事件と合わせると、じつに九七％以上を占めていることがわかる。つまり、三名以上の被害者をもつ殺人事件が全体に占める比率はきわめて小さく、被害者一名の大多数の殺人とは、数のうえで極端な対比をなしている。

おそらくディエッツは、この数字に触発されて、「単発の事件で、一人の殺人犯が殺害の意図を持って五人以上を攻撃し、そのうち三人以上を殺害した場合」に限定して「大量殺人」とすべきであると主張したのだと考えられる。そこで本書では、ディエッツの定義に従って、「三人以上を同時に殺害した単発の事件」を大量殺人と定義することにする。

ここで注目すべきは、ディエッツの定義でも示されるように、大量殺人事件では、殺されはしないものの、攻撃される人々が少なくないということである。それはたとえば、大阪教育大学付属池田小学校の児童殺傷事件で、殺害されたのは児童八人であったが、そのほかに児童と教師、計十五人が重軽傷を負ったという事実からも明らかであろう。ケラーはこの点を強調して、「多くの大量殺人犯は、殺害するよりも多くの被害者を負傷させる傾向があるので、大量殺人は、多くの人間を殺そうという明確な意図によって定義されるべきである」と述べている。

## 大量殺人の実態と犯人像

それでは、このように定義された大量殺人の実態とはどのようなもので、大量殺人犯とはいかなる人間なのであろうか。

レヴィンとフォックスは、ＦＢＩの一九七六年から八九年までの犯罪記録にもとづき、単発の事件で四人以上を同時に殺害した三百二十九例の大量殺人事件について、詳細な分析を行なっている。この三百二十九例の大量殺人事件は、四百十人の殺人犯（一つの事件に複数の加害者が関わっている事例があるため）と千四百九十六人の犠牲者を含んでいる。この分析では、犯行動機として殺害の意図が明確に認められる事例だけを対象にしており、容疑者が生命よりもむしろ建造物の破壊を意図した放火などの事件については、除外している。

まず注目すべきは、大量殺人の発生する地域である。被害者一人だけの殺人が大都市に集中しているのに対して、大量殺人にはそのような傾向は認められず、むしろ小さな町、田舎の村で多く発生している。これは後述するように、家族殺人が、大量殺人のかなりの部分を占めているためではないかと考えられる。

殺人に使用される武器は、予想通り、ピストル、ライフルなどの銃器が大部分を占めており（七五・五％）、被害者一名の殺人において銃器が用いられる割合（六四・三％）と比較して、有意に高い。多くの人々を同時に殺害する手段として最も有効なのがライフルやピストルであり、ナイフや鈍器ではなかなか困難なのは明らかである。

殺人犯と被害者との関係についても、興味深い結果が出ている。一般に信じられているように、たまたま運悪くその場に居合わせた見知らぬ人々を攻撃する大量殺人犯は、じつはそれほど多くない（一九・七％）。大量殺人の四〇％近くを占めているのは家族殺人であり（三八・九％）、残りの四一・五％が、知人に対する攻撃なのである。殺人がしばしば家族を巻き添えにすることはよく知られているが、大量殺人の場合は、他の殺人と比較して、その傾向がより強く認められる（被害者一名の殺人で、家族が犠牲になる事例の比率は、二二・七％）[1]。

殺人の類型によって、犯人の特徴にきわだった差異が認められることも、きわめて興味深い。大量殺人犯は、一人だけを殺害する殺人犯と比較して、白人男性である割合が有意に高く（男性の割合は九四・四％、白人の割合は六八・四%。それに対して被害者一名の殺人では、男性の占める割合は八六%、白人の割合は四八・九%)、年齢もやや高いことが報告されている。一人だけを殺害する殺人犯は、若い男性の白人もしくは黒人が多いのに対して、大量殺人犯の典型像は、中年の白人男性なのである。

## 四つの動機

さらにレヴィンとフォックスは、犯行動機にもとづき、大量殺人を四つの類型に分類している。前述のように、この二人は一九八五年に、家族殺人、利欲のための殺人、性的サディズムによる殺人、という三つの範疇の分類を提案した。しかしこの分類は、連続殺人と大量殺人の両方を含んでおり、また、殺人犯―被害者の関係と動機を混同していたので、動機のみにもとづく大量殺人の分類をあらたに提案したのである。この分類では、大量殺人は、

① 復讐
② 愛情
③ 利欲
④ テロ

の四つの類型に分類されている。このうち最も重要な動機は①の復讐であり、これはさらに、

(i) 特定の個人に対する復讐
(ii) 特定の集団に対する復讐
(iii) 不特定多数(社会全体)に対する復讐

の三つに分けられる。

またこれらの類型は、殺人犯と被害者の関係（知っている人か、見知らぬ人か）、計画性の有無（綿密に計画されているか、行き当たりばったりか）、精神状態（精神病の症状が認められるかどうか）などの要因から、比較、分析されている。

大量殺人の動機として最も多いのは、①復讐であり、その対象が特定の個人なのか集団なのか、それとも不特定多数（社会全体）かによって若干異なる様相を呈するが、復讐のための殺人の典型は家族殺人である。

家族殺人について論じた精神科医のシェルヴェール・フレージャーは、「代理殺人」という概念を提唱し、代理殺人によって殺害される人物は、復讐の主要な標的と同一視されるがゆえに犠牲者として選択されるのだと述べている。ある男性が、自分の子供を皆殺しにするのは、子供たち全員を妻の延長とみなしているからであり、彼が最も仕返ししたい相手は妻に他ならないのである。

このような機制による家族殺人の典型例が、一九八七年のジーン・シモンズによる家族皆殺しである。シモンズは、幼児を含めて十四人の家族全員を殺害したのであるが、復讐したいと願っていた相手は、妻と長女であった。彼は、長女と近親相姦の関係にあったが、妻も長女も彼を拒絶するようになったので、仕返しを企んだのである。

この「代理殺人」の概念は、家族殺人の枠組みを超えて拡大、一般化される。とりわけ、職場への復讐として遂行される大量殺人に、この機制が認められることが多い。たとえば、一九八六年、パトリック・シェリルは、オクラホマ州エドモンドの郵便局員十四人を殺害したが、それは、上司に叱責され、解雇するぞと脅された直後の出来事だった。上司こそ最初の標的だったのだが、最後の標的にはならなかったのである。

シェリルは、文字通り「郵便局を殺す」ことを試みたが、それはまさに、冷たくされた夫あるいは父が「家族を殺す」のと同じ機制による。

### 復讐としての大量殺人

復讐という動機が最も明確に認められる典型の一つは、横溝正史の『八つ墓村』のモチーフになった「津山三十人殺し」（一九三八年）を引き起こした二十二歳の青年、都井睦雄《といむつお》である。

彼は犯行後自殺したが、姉にあてた遺書に、「僕は遂にかほどまでにつらくあたる近隣の者に身を捨てて少しではあるが財産をかけて復讐をしてやろうと思う様になった、それが発病後一年半もたっていた頃だろうか、それ以後の僕は全く復讐に生きとると云っても差支えない、そしていろいろと人知れぬ苦心をして今日までに至ったのだ。目的の日が近づいたのだ、僕は復讐を断行します」とはっきり書き遺している。

幼児期に両親を肺結核で亡くしていた彼は、他家に嫁いだ姉が発病したこともあって、必要以上に結核を恐れており、自分も「不治と思われる結核を病み、大きな恥辱を受けて」いたと信じていたようである（もっとも、医師の診断では病気はそれほど重症ではなかったようであるが）。それゆえ、当時まだ夜這いの風習があった村の中で、かつて関係のあった村の女たちが自分に冷淡になったのも、あるいはたびたび情交を迫って拒絶されたのも、すべて人の嫌う「肺病」のせいだと思い込んでいた。その結果、「少しでも丈夫になってきゃつらに復讐してやるため」に犯行を決意したのだが、彼が憎悪を燃やしたのは女だけではなく、その女の家族、周囲の者にも及んでいたために、かくも多くの村人たちを殺害したのである。

これらの大量殺人は、特定の理由により特定の個人を標的として選択する復讐、つまり「特定の個人に対する復讐」(①のⅰ)に分類されるが、「特定の集団に対する怨恨による復讐」(①のⅱ)も、大量殺人の重要な動機となる。特定の集団とは、たとえばアメリカにおいては、すべての黒人、女性全体、あるいはアラブ系の人々すべてなどである。これらの集団に、自らの人生における失敗の全責任を転嫁する傾向が、大量殺人犯には強く認められる。

この場合、大量殺人犯は自分の知っている特定の個人に仕返しをするのではなく、ひとりよがりの判定基準に合致すれば、憎悪のために、誰にでも仕返しをするのである。それゆえ、レヴィンとマックデヴィットは、この種の犯罪を「憎悪の犯罪(hate crimes)」と名づけている。

たとえば、一九八九年、反フェミニズムに燃え上がったマーク・レピンが、モントリオール大学で暴れまわって、十四人の女子学生を殺害した事件が典型的である。二十五歳のレピンは、モントリオール大学工学部から入学を断られた自身の悲痛な体験を、すべてフェミニストのせいにしていた。「彼女たちは、本来の居場所である台所にとどまっているべき」なのに、「野心家で攻撃的」であるために、教室での自分の席を図々しくも奪い取ってしまった、というのが彼の論理であった。

ここで思い出されるのは、大阪教育大学付属池田小学校で児童八人を殺害した宅間守である。彼もまた、「元妻や父親に対する恨みや学歴コンプレックスから、社会や世間に仕返ししようと考えた」(検察側の冒頭陳述)からこそ、犯行に及んだのであり、復讐が主要な動機となっている。

また、彼が殺害対象として小学生を選んだのは、「小学生であればたやすく大勢を殺害できる」と考えたからであり、あえて池田小学校を選んだのは、「被告の目から見た社会の象徴ともいえるエリートの子弟が集い、自らもかつて入学を希望したが叶わなかった」(判決要旨)ためである。つまり池田小学校は、彼にとって「エリート」の象徴だったのであり、自分自身の人生における失敗（失職、離婚した妻からの復縁の拒否、経済的・社会的行きづまりなど）のすべての責任を、「エリート」に転嫁していたからこそ、攻撃対象として選択したのである。その意味でこの事件は、特定の集団に対する復讐（①のii）の典型例であると考えられる。

パラノイア的傾向が強くなると、憎しみの対象が拡大して、社会全体への復讐のための殺人、つまり不特定多数（社会全体）に対する復讐（①のiii）も遂行される。この場合、数多くの人々、家族も友人も見知らぬ人々も、みな自分に害を加えようとして広範囲にわたって共謀している、という被害妄想的な観念が根底に認められる。

たとえば、ジョージ・ヘナードは、ほとんどみなが自分に敵対しているのではないかという疑いを抱いていた。モントリオール大学を襲撃したマーク・レピンの憎悪、軽蔑が、ある特定の集団のみに集中していたのとは対照的に、ヘナードは人類すべてを憎んでいたのである——女性も、ラテン系の住民も、同性愛者も、そして自分が住んでいる国のすべての国民も——。その結果、一九九一年テキサスで、拾ったトラックをカフェテリアの窓ガラスに激突させ、昼食中だった二十三名の客を無差別に射殺したのである。

復讐のための殺人では、動機がより強くなり、標的が特定の対象に絞られているほど、犯行はより計画的に、秩序立って遂行されるようになる。その典型例が、先述の家族を皆殺しにしたジーン・シモンズであり、彼は大量殺人の計画を、六カ月かけて練り上げていた。その計画通り十四名の家族全員を殺害した後、アーカンソーにおもむいて、元上司と、以前彼をはねつけた女性を捜し歩いたのである。彼の言葉によれば、「みな、俺を傷つけたやつら」であった。シモンズは、彼の精神鑑定を担当した数名の精神科医によって、判断能力の低下は認められず、理性的であると診断されている。

シモンズとは正反対の事例が、一九八四年にカリフォルニアのマクドナルドで二十一名を殺害した大量殺人犯、ジェームズ・オリバー・ヒュバーティである。近所のアパート警備員の職を失うというつらい体験の後、彼は狩りに出かけてくると妻に言い残して、マクドナルドまで歩いて行った。そして、客も従業員も歩行者も、動くものはすべて、人であれ物であれ、無差別に撃ったのである。彼には、後に行なわれた精神鑑定で、幻覚を含む精神病的な体験が認められた。このような事例では、行き当たりばったりの偶然の要素が、より強くなるのである。

## 家族大量殺人の構造

大部分の大量殺人が、憎しみに駆り立てられて、復讐のため（①）に遂行されるのだとしても、数は少ないが、いくつかの家族殺人は、ねじ曲がった愛情によって引き起こされる。愛情による大量殺人（②）であり、フレージャーは「代理自殺」と名づけている。

典型的なのは、家族の行く末を思って落胆した夫または父が、自分の命を絶つだけではなく、家族全員を不幸や苦悩から救うために、子供全員と、ときには妻の命まで奪ってしまう「愛他的殺人」である。第II部第二章の「母子心中」では、このような心理機制から子供全員を殺害して自殺を図った母親の事例を紹介したが、父親の場合には、妻までも殺害してしまい、結果的に大量殺人になる事例の比率が高いようである。(2)

たとえば、ヘルミノ・エリザルドは、献身的な父親という評判だったが、一九九〇年五月、溶接助手の職を失ったばかりで、失望、落胆していた。さらに、よそよそしくなった妻が、五人の子供たちの親権を奪ってしまうのではないかと心配していた。彼は、愛する子供たちを失うよりは、どんな犠牲を払っても、少なくとも精神的な面では、子供たちを自分の手元に置いておこうと決意した。エリザルドは、「子供たちが自分の元から去っていく」くらいなら、殺そうと思ったのだと語っている。彼は自らの命を絶つ前に、眠っている子供たちにガソリンをかけ、火をつけた。そして子供たちが死亡したのを確認してから、自分自身も火の中に飛び込んだ。子供たちを全員殺害することによって、死後のもっと幸せな世界で、みんな再会することができると、彼は信じていたようである。

エリザルドの事例に端的に表われているように、愛情に衝き動かされた大量殺人犯は、被害者をよく知っている。というのも、被害者はたいていの場合、家族だからである。「代理自殺」として起こる大量殺人の場合、自殺一般がそうであるように、その根底に失望や抑うつ気分が認められることが多い。子供たちを幸せにする責任を自分一人で背負っているように感じ、苦境から脱出するための他の手段を見いだすことができないのである。

ここで注目すべきは、家族が犠牲となる大量殺人の多くに、両価性、つまり、一方に憎しみあるいは復讐、他方に愛情あるいは献身という相反する要因が認められることである。エリザルドの場合も、一見、動機は愛情であるように見えるものの、被害者に対するいくばくかの怒りも潜んでいたことは否定しがたい。彼が、あの世でずっと家族と一緒にいることを願っていたのだとしても、放火という、ひどい苦痛をもたらす殺害手段を選択しているからである。

同様の両価的な情動は、一九九一年、ニューハンプシャーで、妻と三人の娘を殺害した三十九歳のジェームズ・コルベールにも認められる。彼は、妻を絞め殺した後でキスをし、妻を愛していたが他の男と一緒にいるのを見るのは耐えられなかったとつぶやいている。彼は、「妻が私の子供たちを連れ去ることはできない。今夜、みんな死ぬ」ようにするために、娘たちも全員殺害してしまった。自殺を計画しながら、コルベールは、娘たちにも恩恵を施すことになるのだと考えていた。自分と妻の亡き後、娘たちは両親なしで生きていかねばならなくなるからである。

このように、家族を殺害する大量殺人犯には、行為化に至る過程で抑うつ的傾向、自殺への傾斜が認められる事例が少なくなく、自殺と他殺の関係、抑うつと他殺の関係についていくつかの研究がなされている。特に注目すべきは、殺人を、自分自身に対する攻撃性の置き換えの結果として起こった象徴的自殺、つまり「拡大自殺」あるいは「代理自殺」としてとらえる視点である。

たとえばブロンベルクは、「他殺と自殺は、復讐という動機の強さに応じて生じる。……その結果は、投射と取り入れの機制の相対的な強さによって決定される。投射が強ければ他殺が起こり、逆の場合には自殺が起こる」と述べており、オコニスキーも「殺人は、他者の破壊であるにしても、しばしば、強い自己破壊性を内包している」と述べている。大量殺人を「拡大自殺」「代理自殺」としてとらえる視点は、きわめて重要であるように思われるので、後でもう一度取り上げてくわしく分析したい。

あと二つの動機、③利欲と④テロのための大量殺人は、より有効な手段を用いて遂行される。利欲のための大量殺人で代表的なものは、他の犯罪、特に強盗事件の目撃者を消し去るための犯行である。たとえば、一九八三年、シアトルのチャイナタウンに三人の男性が侵入し、すべての店で強盗を働いた末に、十三人の頭部を撃ち抜いて射殺した例がある。

テロのための殺人も、組織的に秩序立った仕方で実行される。テロリストたちは、テロ行為という手段によって「メッセージを送る」ことを望んでいる。たとえば、全世界に衝撃を与えた二〇〇一年九月十一日のアメリカにおける自爆テロは、「反米」「反グローバリズム」というメッセージを全世界に明確に伝えた。これは、標的の選択が的確になされたことによるところが大きい。ニューヨークのツインタワー・ビルはアメリカ経済の繁栄の象徴であり、ワシントンのペンタゴンはアメリカの軍事力の象徴だったからこそ、全世界にかくも大きな衝撃を与えたのであり、攻撃対象の象徴性が果たす役割はきわめて重要である。

もっとも、③利欲と④テロのために数多くの人々が殺害される事件を、大量殺人の範疇に含めることが適切なのかどうかという議論もある。強盗事件に随伴して起こった殺人事件、あるいは政治テロのための殺人については、大量殺人の範疇から除外するべきだという意見も少なくない。したがって典型的な大量殺人は、①復讐と②愛情のために遂行されるというのが、妥当な見解だろう。

**なぜ、かくも多くの人々を殺すのか**

それでは、なぜ彼らは、かくも多くの人々を殺すのであろうか。この点を明らかにするために、レヴィンとフォックスは六つの要因をとりあげて分析している。これらの要因は三群に分けられる。

（A） 素因（Predisposers）

① 長期間にわたる欲求不満

② 他責的傾向

（B） 促進要因（Precipitants）

③ 破滅的な喪失

④　外的なきっかけ

（C）　容易にする要因（Facilitators）

⑤　社会的、心理的な孤立

⑥　大量破壊のための武器の入手

素因は、長期間にわたって持続的に存在する前提条件であり、大量殺人犯の人格の中に組み入れられていて、生活歴の中に必ず見いだされる。

促進要因は、短期間にまたは急に出現して、きっかけとなる要因である。

容易にする要因は、通常、犯行前の状況であり、暴力的な暴発を起こしやすくする要因であるが、大量殺人という反応を引き起こすのに必ずしも必要というわけではない。

まず（A）素因の①長期間にわたる欲求不満は、ほとんどの大量殺人犯に認められ、それに付随して、問題の処理能力が低下していくのが特徴的である。その結果、彼らは、容赦のない、深い抑うつ感をずっと抱き続けることになる。先に述べたように、大量殺人犯が、一人だけを殺害する犯人と比較して年齢が高く、中年男性が多いのは、子供時代、または大人になってからの失意体験が積み重ねられて、最高潮に達し、強い欲求不満へと結実するのに、何年かを要するからではないかと考えられる。

たとえば、「津山三十人殺し」の都井睦雄は、小学校三年から高等科二年の卒業まで級長を通すほど成績優秀であり、卒業時に進学を勧められたにもかかわらず、育ての親である祖母が跡取り息子の彼を手放さなかったこともあって、中学への進学を断念している。裕福な家庭の同級生たちが、自分より成績が悪かったにもかかわらず中学に進学したのを見た睦雄は、平気ではいられなかったらしく、巡査や教員の資格受験のために講義録をとりよせて勉強したが、軽い肋膜炎にかかって、すぐに放棄している。必要以上に結核を恐れ、すでに肺が侵されていると信じ込んで家の中に閉じこもっていた彼は、百姓仕事をすることもできず、村の女たちへの夜這いを繰り返していたのである。

また一九七五年、オハイオ州で、復活祭の日曜日に親戚十一人を殺害した四十一歳のジェームズ・ルパートは、早くに父を亡くし、学校での成績はきわめて悪く、スポーツも不得意で、友人を作ることもできないという子供時代を送っている。そのうえ、ずっと喘息と脊髄炎に悩まされており、女性にうまく近づくこともできなかったので、一度も性体験はなく、成人してから定職に就くこともできなかった。

大阪教育大学付属池田小学校事件を起こした宅間守も、「社会的に高い地位に就くことにあこがれ、小学生の時に大教大付属池田中への進学を望んだが断念した。その後、離婚した三番目の妻への恨みや劣等感、借金などが、攻撃的な性格とあいまって社会に向かった」と検察側の冒頭陳述でも指摘されているように、長年にわたって強い欲求不満を抱き続けていた。

また、二〇〇四年八月に兵庫県加古川市で叔母など七人を殺害した藤城康孝容疑者も、少年時代からひどい家庭内暴力を繰り返し、三重県の全寮制高校に入学したものの、よく寮を抜け出して実家に帰ってきていた。卒業後も「料理人になりたい」と何軒かの料理店で働いたが、「鍋洗いばかり」「仕事は冷蔵庫磨き」なとと不満を言っては辞め、長続きしなかった。さらに、二人とも無職だったことも、強い欲求不満の一因になっていたのではないかと考えられる。

長期間にわたる強い欲求不満、そしてそれによる抑うつ気分を抱えた人々は、通常、他の誰かを肉体的に傷つけることなど考えず、むしろ自殺について思いをめぐらすことの方が多いのではないだろうか。この人たちは、人生における失敗の責任は実際のところ自分自身にあるのだと認識しており、それゆえに自分自身が無価値だと感じている。自殺する人間の攻撃性は内向きで、自罰的なのである。

## 共通する他責的傾向

それに対して、強い欲求不満が他罰的な攻撃という形で行為化される場合、つまり攻撃性が外に向けられる場合、個人的な問題や失敗を他者のせいにして、非難する傾向が強い。大量殺人犯は、失敗の原因が自分自身にあるとはけっして思わず、常に誰か他の人たちが自分の失望の原因であると感じており、その人たちに怒りの矛先、攻撃性を向ける。彼らには、責任を外在化する傾向、すなわち、（Ａ）素因の②他責的傾向が顕著に認められるのである。

責任転嫁は、「上司が不公平だ」「妻が自分の困った事態を理解してくれない」「恋人が、自分の善意を評価してくれない」「同僚が、自分の業績を横取りして、手柄にしてしまった」「女性は、社会における男性の正当な立場を破壊しようとしている」「移民がすべての職を奪おうとしている」というような論理にもとづいてなされる。

たとえば、一九八九年、二十四歳のパトリック・エドワード・パーディは、カリフォルニアのクリーヴランド小学校で五人の児童を殺害し、三十人に重軽傷を負わせた。彼は、自分が立派な職を得て貧しい生活から抜け出すことができない原因になっていると信じていた、社会の構成要員に仕返しをしようとしたのである。パーディが、襲撃計画を実行するにあたって学校を選んだのは、偶然ではない。彼の眼には、社会が堕落していて、自分に対し不公平であるように映っていたので、社会の中で最も大切にされている子供たちを標的に選んだのである。

ただし攻撃対象として、どの学校、どの児童でもよかったわけではない。彼は熟慮の末に、怒りの矛先をクリーヴランド小学校に向けたのである。というのも、この小学校では、児童の圧倒的多数を、カンボジア、ラオス、ベトナム出身の難民が占めていたからである。パーディは東南アジア系の移民を毛嫌いしていたが、それは、自分自身がけっしてつかむことのできなかったチャンスを、彼らが奪い取っているように感じられたからである。そのうえ彼は、自分自身の惨めな子供時代の原因が、クリーヴランド小学校の教師や児童にあると感じていた。彼は、クリーヴランド小学校で不幸な四年間を過ごしたのである。

同様の構造は、宅間守にも見いだされる。先述したように、彼の「目から見た社会の象徴ともいえるエリートの子弟が集い、自らもかつて入学を希望したが叶わなかった」からこそ、大阪教育大学付属池田小学校の子供たちに狙いを定めたのである。その根底にあるのは、判決要旨でも指摘されているように、顕著な「他罰性、自己中心性」である。彼は、「何もかも自分の思惑どおりにならないなどと憤まんを募らせ、そもそも公務員の職を失ったのも三番目の妻のせいであるなどと筋違いの怒りをたぎらせて同女の殺害を企図したが、確実に殺害できる自信がなかったために、その怒りの矛先をこれまで自分に不愉快な思いをさせ続けてきたとして社会一般に向け、以前から空想していた無差別大量殺人を実行して自分と同じ苦しみを多くの人に味わわせたいなどと考えるようになり、あれこれ殺害計画を考えた」(判決要旨)のである。

人生における自分自身の失敗の責任が他者にあるとみなして、怒りの矛先を社会一般あるいは特定の集団に向ける「他責的」な傾向は、大量殺人犯に共通して認められ、大量殺人の行為化の根底にある主要な機制であるように思われる。

## 喪失の脅威

長期間にわたる欲求不満と、他責的傾向の二つの素因があるところに、ある種の出来事、状況が加わると、それが引き金となって、爆発的な怒りを急に引き起こすことになりやすい。ほとんどの場合、大量殺人犯は、突然の喪失、あるいは喪失の脅威を、破滅的な出来事であるように感じる。喪失は、愛する人との望まぬ別れや解雇などに関係することが多い。

たとえば先のジェームズ・コルベールは、よそよそしくなった妻と三人の娘たちを殺害したが、その直前に、妻が他の男性とつきあいはじめたのを知って「もし、自分が妻と娘たちの面倒を見てやらなければ、誰にもできはしないだろう」と考えた。

また、親戚十一人を殺害したジェームズ・ルパートの場合、生まれてからずっと住んでいた実家から出て行くよう母から迫られたことが、引き金になっている。彼は、飲酒をやめるか、借金を払うか、それとも家を出て行くかという選択を母から迫られたのであるが、いずれの選択肢も、彼にとっては破滅的な結末を招くように映ったのであろう。

仕事上の問題が大量殺人を引き起こすきっかけとなる場合は、もっと多い。たとえば、オクラホマ州のエドモンドの郵便局員十四人を殺害したパトリック・シェリルは、その二日前に、解雇するぞと上司に脅されていた。

宅間守も、「当時、そのプライドを支える唯一のよりどころともいうべき公務員の職を失い、強く望んでいた三番目の妻との復縁はもとより、同女から金銭を得ることすらかなわぬことが次第に明らかとなり、仕事も長続きせず、経済的にも社会的にも行き詰まりを感じ、嫌っていた父親にまで泣きついたがすげなくあしらわれ、何もかも自分の思惑どおりにならない」（判決要旨）という状況が引き金となって、大量殺人に至っている。

さらに、別の傷害事件で書類送検され、大阪地検に出頭を要請されていたその日に、この池田小事件を起こしていることも、「引き金」となる出来事の重要性を示唆している。彼の場合は、望まぬ別離、失職、逮捕の可能性という三重の喪失がきっかけになったわけである。いずれにせよ、ある出来事が大量殺人の（B）促進要因として作用するかどうかは、それに遭遇した人間が、③破滅的な喪失として受けとめるか否かによると言えるだろう。

大量殺人犯に占める男性の比率（九四・四％）が、殺人犯一般に占める男性の比率と比較して有意に高い（たとえば被害者一名の殺人では、男性の占める割合は八六％）のは、男性の方が、大量殺人の引き金になりやすい喪失を、破滅的なものとして体験する機会がより多いことも一因ではないだろうか。別居や離婚の後、家族の住む家から追い払われるのは、一般的に夫または父である。また、欧米や日本で、女性の社会進出が進んだとはいっても、女性よりも男性の方が、自らの職業的役割（自分が「何者であるか」ではなく、「何をしているか」）によって自身を規定する傾向が強く、それゆえ、失職によって受ける心理的痛手もずっと大きいのである。

**コピーキャット現象**

対象喪失や失職ほど一般的ではないにしても、ある種の外的きっかけが大量殺人の「触媒」として作用することにも注目しなければならない。(B) 促進要因の④外的なきっかけとして重要なのは、いわゆる「コピーキャット (copycat)」、やたらにまねる現象である。この現象を科学的に実証することは困難であるが、いくつかのエピソードが、この現象の重要性を示唆しているように思われる。

たとえばアメリカで、一九八八年頃、学校での大量殺人事件が頻発している。一九八八年五月にイリノイ州の小学校でローリー・ダンの起こした射殺事件に始まり、一九八九年一月のカリフォルニア州、クリーヴランド小学校でのパトリック・エドワード・パーディによる大量殺人に至るまでの一連の事件は、他の事件によって触発されて起こる「一時的流行」のような現象を示唆している。

最も衝撃的なのは、一九八八年九月、サウスカロライナ州の小学校に忍び込んで子供たちを射殺したジェームズ・ウィルソンが、ローリー・ダンのファンだったことである。ウィルソンのアパートの家宅捜索で、『ピープル』誌の表紙を飾ったローリー・ダンの写真が壁に貼り付けられているのが見つかり、知人の証言から、彼がいつもローリー・ダンのことを話していたことがわかっている。おそらく、ジェームズ・ウィルソンにとってローリー・ダンは、「ヒーロー」だったのであり、「ヒーロー」に同一化した結果、あらたな大量殺人事件を引き起こしたのではないだろうか。

このような大量殺人の「一時的流行」現象に関連して、ケラーは、コロンバイン高校での惨劇の後、新しい類型の大量殺人が出現していることを指摘し、興味深い仮説を立てている。ある種の大量殺人犯は、過去に起こった大量殺人事件や、「ランボー」「タクシードライバー」のような暴力的な復讐を賛美する映画の筋書きを模倣するという仮説である。

たしかに、ある劇的な事件が、一連の「コピーキャット」殺人の誘因となることは考えられるが、この仮説では、なぜ彼らが、そのような恐ろしい結末をもたらす筋書きに惹きつけられるのかは謎のままである。「コピーキャット」現象は、メディアの媒介によってのみ引き起こされるわけではなく、権威ある人物が「触媒」として働くことによっても、極端な暴力を招くことがありうる。(3)

典型的なのは、カルト集団による大量殺人事件である。地下鉄サリン事件に関与したオウム真理教の信者たちが、カリスマ的な教祖に洗脳、触発されて大量殺人を遂行したのは明らかである。教祖という「父的な人物」が、信者たちに「自分は特別」だと感じさせ、殺すことが必要なのだと信じ込ませて、大量殺人を正当化したからこそ、犯行が実行に移されたのである。この点については、次章でもう一度とりあげて、集団心理学の視点から、さらに詳しく分析していくことにしたい。

### 心理的孤立

三つ目の要因としてレヴィンとフォックスが挙げているのが、(C)容易にする要因である。(C)容易にする要因の⑤社会的、心理的な孤立は、ほとんどの大量殺人犯に共通して認められる。彼らの多くは、独身あるいは離婚していて、「孤独な一匹狼」と形容するのがふさわしいような生活を送っており、愛情のきずなや社会的な支えから切り離されている。もっとも彼らの孤立は、内気さ、内向的性格によるというよりは、むしろ長年にわたる対人関係上のいざこざ、慢性的な怒りの当然の帰結とみなした方がよさそうである。

たとえば先のジェームズ・オリバー・ヒュバーティは、一九八四年にカリフォルニアのマクドナルドで二十一名を殺害したが、「一風変わった、短気な怒りっぽい男」という評判であった。彼は、ブラインドをずっとおろしたまま、玄関には三重に鍵をかけ、敷地内の至る所に「不法侵入禁止」「犬に用心」の張り紙をしていることで有名だった。オハイオ州で失職してカリフォルニア州までやって来たヒュバーティは、そこでまたもや職を失い、戻るところはどこにもなく、支えてくれる人も導いてくれる人もおらず、一人ぼっちであるように感じていたのである。

宅間守も、すさまじい家庭内暴力、父との確執、兄の自殺、度重なる結婚と離婚など、さまざまなトラブルを経て、家族からも拒絶され孤立していたこと、離婚した三番目の妻との復縁を拒否され恨みに思ったことが、動機形成の重要な要因となっていた。

家族と一緒に暮らしていても、心理的には孤立している場合もありうる。都井睦雄は、彼を跡取りとして溺愛した、育ての親である祖母と暮らしていたが、村の中では孤立していたのであろう。姉にあてた遺書に、「近隣の冷酷圧迫に泣き遂に生きて行く希望を失ってしまいました」と書き遺している。なお、彼は祖母を最初に殺害している。

また、加古川で七人を殺害した藤城康孝容疑者も、定職に就かず、自宅の敷地内に建てたプレハブにひきこもって生活しており、親類や近隣住民らとたびたびいさかいを起こして、周囲から疎遠になっていた。彼の父は定年退職後に、「こんな家におったら殺される」と言って家を出てしまい、母が靴下工場で働いて生計を立てていた。事件前日にも、彼は母と激しい口論をし、すさまじい暴力を加えたため、身の危険を感じた母が近くの交番に、「殺される」などと叫びながら駆け込んでいた。

孤立している人間、失望している人間、あるいは怒りを抑えられない人間は数多くいるが、皆が皆大量殺人を犯すわけではない。ほとんどの人には、その手段がないからである。ナイフやハンマーで大量殺人を犯すことはきわめて困難であり、やはり大量殺人を（C）容易にする要因として、⑥大量破壊のための武器の入手が重要になってくる。アメリカで大量殺人が非常に多い背景に、銃の入手の容易さがあることは否定できない。さらにアメリカでは、大量殺人犯の多くが銃の扱い方の訓練を受けたり、自分で練習したりしていたことが報告されている。殺したいほどの怒りを感じたそのとき、その場に弾の入った銃があれば、大量殺人の危険性が高まるのは当然であろう。

日本では、銃を用いた大量殺人はまだそれほど多くはない。都井睦雄が三十人も殺害するに至ったのは、やはり銃の力によるところが大きいが、それ以外の多くの大量殺人は刃物によってなされている。宅間守が八人も殺害したのは、被害者が小学生だったからであろうし、加古川で藤城康孝容疑者が親戚を七人も殺害したのは、深夜、就寝中のところを襲ったからである。今後日本でも、密輸などの非合法な手段によって銃が普及するようになれば、大量殺人の件数も被害者数も増加するであろうという危惧を抱かざるをえない。

## 精神医学的視点から

これら六つの要因は、大量殺人の危険性を予測するうえで重要であるが、忘れてはならないのは、これらの要因がたとえ重なったとしても、殺人を犯さない人の方が多いということである。ましてや大量殺人は、先に述べたようにまれな犯罪であり、まれな犯罪の危険性を予測しようとする際には、「偽陽性（false positive)」が必然的に発生することを認識しておくべきであろう。六つの要因すべてにあてはまり、危険性がきわめて高いと予測されるような人物であっても、実際に大量殺人にまで至ることは、むしろまれなのである。

そこで、いったい何が大量殺人へと導いたのかを綿密に分析することが必要になる。

レヴィンとフォックスの研究は、心理的、社会的な面からの分析であったが、次に、より精神医学的な視点からの分析として、ヘンペルとメロイらによる研究を紹介し、大量殺人の精神病理について考察したい。ヘンペルとメロイらは、アメリカとカナダで、一九四九年から九八年までの五十年間に起こった三十例の大量殺人事件を、精神医学的な視点から分析し、次のような特徴を指摘している。なお、これらの事例はすべて男性であり、大部分（二十一例）が一九八五年以降に起こっている。

① 独身または離婚しており、四十歳代であることが多い。
② 仕事あるいは恋愛関係をめぐる大きな喪失体験が引き金となることが多い。
③ 襲撃計画や攻撃行動は、戦士の思考様式にいろどられている（武器や軍服への熱中、武器とりわけ銃の収集）。
④ 犯行直前あるいは犯行時にアルコールを飲用している事例はきわめて少ない（酩酊による脱抑制の状態での犯行はきわめて少なく、明確な目的のために遂行された計画的犯罪の方が多い）。
⑤ 犯行開始時もしくは犯行中に、主要な動機を、短い言葉で、強い感情をこめて叫ぶことが多いが、犯行前に被害者を直接威嚇することはむしろ少ない。
⑥ 抑うつ的傾向、あるいは妄想的傾向が認められることが多い。
⑦ 犯行時に精神病症状が認められる場合、死傷者数が有意に増加する（なお、三十例のうち、犯行時に精神病症状が認められた事例は十二例、四〇%であり、主要な症状は被害妄想であった）。
⑧ 自殺、あるいは他の人間の手（多くは警察）によって殺害されるというのが、大多数の大量殺人犯の迎える結末である。

またマレンは、大量殺人に関する文献研究から見いだされた共通特徴として、

① 男性
② 四十歳代以下
③ 深く親密な人間関係が欠けており、社会的に孤立している
④ 無職、あるいは就労しているにしても、臨時の仕事か簡単な仕事である
⑤ 子供の頃にいじめられていたか、孤立していた
⑥ 武器に魅了されている
⑦ 武器、とりわけ銃の収集

などの点を挙げている。ヘンペルとメロイらが指摘する特徴と比較すると、孤立していた、あるいはいじめられていたことがあり、また暴力的な幻想を抱き、戦闘や武器に熱中している、などの共通点が浮かび上がってくる。これらは、多くの大量殺人犯に認められる共通の特徴であり、その根底にある精神病理を分析するうえできわめて興味深い。

さらに、シェフラーとセニンジャーの二人の精神科医は、大量殺人犯に共通して認められる精神病理として、

① 被害妄想
② 「拡大した」親殺し
③ 対象喪失による象徴的袋小路
④ 抑うつ的な側面

の四つを挙げている。

被害妄想については、ヘンペルとメロイらも指摘しており、マレンも、大量殺人犯にしばしば認められる人格特徴の一つとして、「疑い深く、何でも自分自身に関係づけて妄想的に解釈する傾向があり、次第に被害念慮に変わっていき、妄想にまで発展することもある」という点を挙げている。

また親殺しが拡大した結果、大量殺人にまで至ることがあるのは、数々の事例が示している通りである。[4] 対象喪失は、レヴィンとフォックスの取り上げた六つの要因のうちの一つ、破滅的な喪失によって引き起こされ、抑うつとも密接に関連している。そこで、ここでは特に、①被害妄想と④抑うつ的な側面を取り上げて分析することにしたい。

## 被害妄想

妄想的傾向、とりわけ被害妄想が多くの大量殺人犯に認められることは、以前から指摘されている。たとえば、一八三五年にフランスで、母、弟、妹の三人を殺害したピエール・リヴィエールの犯行は、「三人はみな団結して父を迫害していた」「父が迫害されており、神が私に処刑を命じた」という妄想観念にもとづくものであった。

また、ドイツでは、一九一三年、ワグネルという四十歳の次席訓導が、自宅で妻と実子四人を殺害した後、以前自分が住んでいたミュールハウゼンの村におもむき、まず農家の穀倉に放火してから村中を歩き回り、特に男性をねらって数メートルの距離から射撃し、男性八名と少女一名を射殺、十二名に重傷を負わせている。

彼がこのような大量殺人を犯した動機は、十二年前にミュールハウゼンで自分自身が犯したという「道徳的な過失」であり、それは動物との淫行であった。この過失について彼は非常に後悔し、苦しんでおり、町の人々の表情や動作から、人々が自分の過失を知って嘲笑しているものと思い込んだ。これは明らかに被害妄想であり、彼は悩んだ末、ついに自殺を決意し、家族を道連れにしたうえ、自分に過失を犯させたミュールハウゼンの村の人々に復讐すべく、大量殺人を決行したのである。

都井睦雄も、姉にあてた遺書に「不治と思われる結核を病み大きな恥辱を受けて、加うるに近隣の冷酷圧迫に泣き遂に生きて行く希望を失ってしまいました」「かほどまでにつらくあたる近隣の者」などと書きしるしている。しかし生き残った村の者たちは、彼の肺病は、自分で思い込むほどひどくはなく、そのために格別彼を避けたり差別したりしたことはなかったと証言している。そこでこれは、当時の岡山地方裁判所塩田末平検事が指摘しているように、「自己の肺患並びに周囲の圧迫を実相以上に重く感じ、ほとんど妄想の程度に進んでいる」と考えざるをえない。ちなみに中村一夫は、都井を「敏感関係妄想」と診断している。

宅間守にも、顕著な他罰性、他責的な傾向が認められ、精神鑑定では「妄想性、非社会性、情緒不安定性の各人格障害」と診断されている。加古川七人殺害の藤城康孝容疑者も、動機について「長年の恨みで殺した」と供述しており、「うまくいかない」のは「迫害されている」ためだととらえる妄想的傾向が強かったようである。また彼は、被害者の自宅に何度か刃物を持ってやって来て、「おれの悪口言っているやろう」とすごんだこともあったということなので、被害妄想から攻撃的言動を発展させていった可能性が高い。

このように、大量殺人の動因となる中心的な感情は、煮えたぎる怒りや恨みであり、そのための復讐として犯行が遂行されるのである。この怒りはしばしば、他者が自分を迫害している、あるいは不当に扱っているという妄想観念によって引き起こされる。妄想観念に抑うつ気分が重なり合うと、怒りがいつまでも続き、その一方で、反社会的、自己愛的な人格に特有の、自分には正当な権利があるという感覚が、行為化へと導くことになる。

なお、大量殺人犯の自己愛的傾向については、マレンが、「自己愛的で誇大的な傾向が強く、自分には正当な権利があると強く感じており、自己正当化する」と指摘している。また、ヘンペルとメロイらは、大量殺人犯の病理的な自己愛は、攻撃や権威への同一化、あるいは誇大感や万能感の高まりという二つの形で表われると述べている。

こうした自己愛的万能感を保ち続けるための手段が、武器や軍服への熱中なのである。銃が武器として選択されるのは、殺害の効率性のみによるのではなく、幻想的な誇大感や万能感の強力な支えになるからでもある。

妄想観念は、被害念慮から体系化された妄想に至るまで、その程度はさまざまであるが、大量殺人犯に、かなりの割合で見いだされ、それにはいくつかの理由が考えられる。

まず、妄想的な力動によって、他者や周囲の世界を、悪意を持って自分を迫害する対象としてとらえる傾向は、危険が差し迫っているという不合理な恐怖を生み出し、先制攻撃を正当化することになる。

次に、妄想的な人間は、長年にわたって、屈辱や侮辱を受けた過去の体験を絶えず反芻し、思い出しては憤慨するので、慢性的な怒りと恨みを持ち続ける。さらにそこに、レヴィンとフォックスが指摘するような、促進要因としての破滅的な喪失が付け加えられると、それまで積み重ねられた屈辱感と怒りは、大量殺人という一つの行為に凝縮される。しかも彼らの内面では、この行為は完全に正当化されるのである。

## 「投射」の機制

三つ目の最も重要な理由として、「投射」の機制を挙げることができる。レヴィンとフォックスが、大量殺人犯に認められる素因として、他責的傾向を挙げているように、自分の失敗や不幸の責任を他者に転嫁する傾向が認められる。実際、少なからぬ大量殺人犯が、他人を殺害する権利があると感じているのは、被害者たちに自分の不幸の責任があると考えるからである。このような他責的傾向の根底に認められるのが、「投射」である。「投射」は、自らの内にあることを認めたくない、あるいは拒否している資質、衝動、感情、欲望などを外部へ投げ捨て、他者に転嫁する機制である。

この「投射」に「同一化」の機制が加わると、「投射による同一化」によって、外部に投げ捨てたものが反転して自分自身に向かってくるように体験され、被害妄想の萌芽を形成するのである。したがって、被害妄想と他責的傾向の根底には、「投射」の機制があり、大量殺人犯の精神病理の中核をなしていると考えられる。

この「投射」の機制から「動機なき殺人」の奥に潜む無意識の衝動を解明しようとしたのは、フランスの精神科医ジローである。ジローは、一見不可解な動機から遂行される〈動機なき殺人〉は、「悪」を消すために遂行されるのだと解釈している。彼は、「悪」を意味する言葉「カコン（kakon）」を用いて、「カコンを消そうとしているのだ」と述べており、カコン＝悪を抹殺しようとする衝動が、意識化されないまま、殺人という行為の動因になっていると説明している。

ここで論じられている「悪」とは、自らの内なる悪であり、ジローの「動機なき殺人」と題された論文を

「美しき研究」と評したラカンも、「攻撃する対象の中で襲おうとしているのは、その存在自身のカコン以外の何物でもない」と述べている。明確には意識化されないままの「内なる悪しき対象（mauvais objets internes）」の探知、そしてその帰結として自らの内なる悪を消そう、抹殺しようとする衝動が生じ、攻撃行動において、無意識のうちに満たされることになるわけである。

もちろん、この衝動は自らへの攻撃性という形で発現することもあるが、他者への攻撃性として表われる場合は、自らの内なる悪を外部の他者に投射、さらには自分自身の悪と他者の悪を同一化して、その悪を消そうとする機制が働くのではないかと考えられる。このような機制が働く場合、攻撃対象となる他者、つまり悪を投射されたり悪と同一化されたりする他者は、身近な親族、あるいは逆に全く面識のない赤の他人なのであろうと推察される。実際、大量殺人の犠牲者となるのもそのいずれかであることが多いのは、けっして偶然ではないだろう。

### 自殺願望から大量殺人へ

一方、自らの内なる悪＝カコンを消そうとする衝動が非常に強く、「投射」の機制がそれほど強くない場合には、自殺願望あるいは抑うつ気分として表われることになる。大量殺人犯が犯行後、自殺によって死亡する場合が多いことは、ヘンペルとメロイらによってすでに指摘されているし、犯行前に自殺の決意を遺書にしたためる、あるいは犯行後自殺を図って未遂に終わる事例はもっと多い。

たとえばピエール・リヴィエールは犯行後、「私は自殺することに決めた。私の犯した罪について考えることが耐えがたかったのだ」と手記に書き遺している。彼は、逡巡しながら森や海岸をさまよい歩き、「草や木の根っこを食べて生き延び」て、一カ月後に逮捕されたが、結局、犯行の五年後、収容されていた刑務所で、首吊り自殺を遂げた。

ワグネルも、自宅で妻と実子四人を殺害後、復讐のためにミュールハウゼンの村に向かう途中で、知人や同僚らにあてた遺書を発送している。自らの犯したという「道徳的な過失」を人々がみな知っており、そのために自分を嘲笑しているという被害妄想に苦しんだ彼は、まず自殺を決意したのである。そのうえで家族を道連れにし、さらにミュールハウゼン村の住民たちに復讐するという決心がなされた。したがってこの大量殺人は、「拡大自殺」「無理心中」としてとらえられる。

抑うつ気分、自殺願望が最もはっきりと表れているのは、都井睦雄である。彼の犯行原因（動機）について、当時の内務省警保局の和泉正雄警視は、「岡山県下に於ける大殺傷事件」と題する長文の報告書の中で、次のように指摘している。

「両親を結核で失った彼が、己れの病気が結核だとの診断は、生命に対する危惧からいたく憂鬱となると共に、これにともなう女関係の破綻は、幼少時代明朗の彼の性格に大いなる変化を来し、憂鬱であるかと思うと昂奮状態になり……」。

実際、彼は犯行後自殺しており、姉にあてた遺書にも「……僕もよほど一人で何事もせずに死のうかと考えましたけれど、取るに取れぬ恨みもあり、周囲の者のあまりのしうちに遂に殺害を決意しました」と書き遺している。この遺書から読み取られるのは、被害妄想に裏打ちされているとはいえ、自殺への強い願望と決意である。彼も、「拡大自殺」あるいは「無理心中」の結果として、大量殺人へと至ったのではないだろうか。

また宅間守は、「自殺も考えたが、『あほらしい。大量殺人を起こせば、離婚した妻や（不仲の）父親を後悔させることもできる』と考えるようになり、ねたましく思っていた付属池田小の児童を無差別に殺害することを決意した」(5)ことが、検察側の冒頭陳述で指摘されている。

加古川七人刺殺事件の藤城康孝容疑者も、犯行後、自宅にガソリンをまいて放火し、全焼させているし、逃走する乗用車にもガソリン入りの灯油缶を持ち込み、壁に激突して炎上させ、自殺を図っている。この点について、彼は逮捕後「人生を清算して終わらせたかった」「生きていても仕方ないと思った。死に場所を探していた」などと供述している。

## 自殺と他殺を分けるもの

このように、大量殺人犯には強い自殺願望が認められる場合が少なくなく、「拡大自殺」「無理心中」としてとらえられる大量殺人も少なくないが、それではなぜ、このような自殺願望から大量殺人へと至るのであろうか。

殺人一般において、自殺と他殺、あるいは抑うつと他殺が結びついており、とりわけ家族殺人において、その関係が密接であることを、ベネゼックは指摘している。そもそもフロイトは、自殺願望それ自体を、他者への攻撃性の反転したものとみなしていた。フロイトは「喪とメランコリー」という論文の中で、メランコリー（うつ病）患者が自らに課した苦悩は、「サディズム的欲動と憎悪の満足」を表わしており、これらの欲動は、「はじめは、ある対象に向けられていたのであるが、反転して自分自身に向けられるようになったのである」と述べている。「自己懲罰という回り道を通って、もとの対象に復讐することができる」というわけである。

フロイトにならって、ベネゼックも「メランコリー者の自殺は、自分自身に反転したサディズムのしるしを表わしている。これは、他者を殺そうとする意図なしに自殺することはありえないというテーゼの証拠である」と述べている。彼も、ある種の自殺は、「体内化された原初的な対象を破壊しようとする試み」としての他殺であると考えたのである。

さらに、ギュッマッシェは、「自分自身の殺害は、憎しみの対象である誰かを象徴的に殺す行為」であり、とりわけ「抑うつ的な人間の自殺は、しばしば、両親のどちらか一方の殺害として解釈される」と述べている。

したがって自殺衝動は、じつは憎んでいるものの、敵意を直接示すわけにはいかない対象に対する攻撃性、破壊衝動の反転したものとしてとらえられるが、逆もまた真なのである。たとえば、ギュッマッシェは、「ときには、殺人が、殺人犯自身のある一部のみを破壊するための試みであるように見えることさえある。その部分を、被害者に投射して、消し去ることを望んでいるのであり、このような他殺は、いわば部分的な自殺であると言える」と述べている。つまり、「殺人は、他者の破壊であるにしても、しばしば、強い自己破壊性を内包している」のは明らかである。

それでは、自己に対する攻撃性と他者に対する攻撃性との間に揺らぎが認められるとき、自殺に向かうか、それとも他殺に向かうかを決定する要因とは何であろうか。この点については、ブロンベルクが指摘するように、「他殺と自殺は、復讐という動機の強さに応じて生じる。……結果は、投射と取り入れの機制の相対的な強さによって決定される。投射が強ければ他殺が起こり、逆の場合には自殺が起こる」と考えるべきであろう。したがって、自らの内なる悪＝カコン＝体内化された原初的な対象、を消してしまいたいという衝動が、相対的に強い場合は自殺に傾き、逆に、内なる悪を外部に投射して抹殺しようとする衝動が強い場合は、他殺へと傾くことになるのである。

大量殺人犯に、他責的傾向、他罰的傾向、妄想的傾向が認められることが多いのは、「取り入れ」よりも「投射」の機制が強いためである。その意味で、彼らは「内なる悪」を自分自身で引き受けることに耐えられず、外に投げ捨てて、抹殺してしまおうとした人たちなのだと言えるだろう。つまり、他者に対する攻撃的な怒りは、自らの抑うつ、自殺を避けるための手段であり、攻撃性を〈記号〉としての他者に移動させた結果、自殺の等価物として大量殺人を犯すのである。

**註**

（1）たとえば、二〇〇四年十一月、茨城県土浦市で二十八歳の無職男性が、「いつか自分が家族に殺される。殺される前に家族を殺そうと思った」という動機から両親と姉を殺害した事件も、殺人の犠牲者三名なので、大量殺人とみなされ、その中の家族殺人の部類に入る。

（2）わが子を殺害して自殺を図る父あるいは母は、日本では「父子心中」「母子心中」として情緒的にとらえられることが多いが、第II部の第二章「母子心中」でも強調したように、あくまでも子殺しの枠組みでとらえられるべきである。そのうえで、配偶者を含めて、同時に三人以上を殺害した場合に、大量殺人の範疇に入れるのが妥当であるように思われる。

（3）アメリカで大量殺人が非常に多い一因として、国父である大統領が指導者として指揮する、外国での「正当化された」大量殺戮を「やたらにまねる（copycat）」人々が少なくないということもあるのではないだろうか。この点については次章で、教会と軍隊の二種類の集団に認められる共通構造という視点から、さらに詳しく分析したい。

ちなみに、「津山三十人殺し」は、一九三八年（昭和十三年）に起こっているが、当時の世相がこの事件に与えた影響について、松本清張は次のように述べている。

「津山事件の場合は日華事変の最中であった。新聞は連日のように敵兵の大量死者数を発表し、日本軍隊の勇敢を報道していた。一人の機関銃手が数十人の敵兵をみな殺しにしたという『武勇談』も伝えられた。これが睦雄の心理に影響を与えていなかったとはいえない。げんに彼の犯行時の服装からして空想的な日本兵の漫画によるヒントだった。津山事件には戦争の翳も落ちていたのである」（『闇に駆ける猟銃』）。

（4）「拡大した」親殺しという言葉で、シェフラーとセニンジャーが言おうとするのは、系譜という秩序に対する攻撃としての象徴的犯罪である。罪責感の主要な源泉である親殺しの衝動への抑圧が解除され、偶然そこにいた数多くの人々を殺害した結果としての大量殺人である。

もっとも、実際に、親殺しが拡大した結果として大量殺人に至る事例が少なくないのも事実である。これは、レヴィンとフォックスがＦＢＩの犯罪記録にもとづき指摘するように、大量殺人の多くの部分を家族殺人が占めていることによる。

たとえば一八三五年にフランスで、母、弟、妹の三人を殺害したピエール・リヴィエールは、ミシェル・フーコーに紹介されて有名になった。彼は、「三人はみな団結して父を迫害していた」「父が迫害されており、神が私に処刑を命じた」という妄想観念にもとづいて、この殺人を決行したのである。

また、一九五五年十一月一日、コロラド州、デンバー空港を離陸してから十一分後に、旅客機が爆発、墜落し、四十四名が死亡し、二週間後に二十三歳の青年グラハムが逮捕された。彼は母のスーツケースにダイナマイト爆弾を仕掛けたことを自白した。搭乗の直前、彼が母に多額の保険金をかけていたことも判明している。

彼の生活歴を振り返ると、父の不在と母の拒絶が特徴的である。生後十八カ月のときに、父が母のもとを去ったため、彼は母方の祖母によって育てられた。祖母の死亡後、彼は施設に預けられ、母は裕福な牧場主と再婚した。彼は何度も施設から逃げ出してその牧場まで行ったが、そのたびに施設に送り返された。一九五三年にグラハムは結婚したが、翌五四年十月に継父（母の再婚相手）である牧場主が死亡。五五年、莫大な額の遺産を相続した母は、彼のためにドライブインを購入してやり、同居するようになった。この頃から母の介入、干渉が激しくなり、いさかいが絶えなくなって、彼は怒りっぽくなり、いらつくようになっていた。同時に、彼は母への依存をますます強めていったが、ドライブインの経営に行き詰まり、犯行直前の一九五五年九月には、冬の間だけ閉鎖することを決定したばかりだった。

母はアラスカの親類を訪ねるために飛行機に乗ったのであるが、その直前、彼が感謝祭の休日を一緒に過ごすよう母を説得したものの、断られている。母が感謝祭を彼と一緒に過ごすのを拒否したことによって、幼児期の母からの拒絶、分離不安がよみがえり、母に対する敵意とあいまって、決定的な引き金になったのではないかと考えられる。表面的には、保険金目当てのように見えても、じつはその根底には、無意識の敵意や怒りが潜んでいる場合が少なくないのである。

「津山三十人殺し」の都井睦雄が最初に殺害したのも、育ての親の祖母であった。彼は二歳のときに父を、三歳のときに母を亡くしている。「僕は自分がこのような死方をしたら、祖母も長らえていますまいから、ふびんながら同じ運命につれてゆきます」（姉あての遺書）という理由から、就寝中の祖母にオノを何度もふりおろし、殺害したのである。この遺書の言葉からは、彼を盲愛していた祖母＝母親代理とのきわめて強い一体感がうかがえる。

（5）このような宅間の言説は、「熱情犯罪」（crime passionnel）についてのベネゼックの、次のような指摘を思い出させる。

「熱情犯罪の犯人は、自らの自殺企図が、情熱的な愛の告白以上に、相手に真剣に受け取られるわけではなく、自分自身の消滅が対象を混乱させるどころか、安心させるだけだということを認識している。したがって彼は、自殺企図を繰り返すわけではなく、その〈精神的自殺〉（情動的自殺）によって将来に対して無関心になり、犯罪について考えをめぐらすようになるのである。その後、続いて自殺が起こることもあれば、起こらないこともある」。

こうした機制が宅間に認められるのは、彼が離婚した三番目の妻に執着していたからであり、望んでいた復縁を拒否されたという喪失体験が、動機形成の重要な要因になっているからだと考えられる。

# 第二章　神の名のもとに

## 宗教戦争とセクトの集団死事件

二〇〇一年九月十一日火曜日は、歴史に永遠に刻まれる日として我々の記憶に残るにちがいない。アメリカの富、資本主義の象徴であった世界貿易センタービルと、世界最強のアメリカの軍事力の象徴であった国防総省が、同時多発テロによって攻撃、破壊されたのである。アメリカ合衆国大統領は「これは戦争だ！」と叫び、テロ撲滅のためという名目で、首謀者と目されるイスラム原理主義者ビン・ラディンの組織アルカイダと、彼らを保護していたタリバン政権に宣戦布告した。

一方がテロ撲滅のための「十字軍」であるとしてこの報復攻撃を正当化しようとすれば、他方は偉大なる唯一神「アラー」のために「ジハード（聖戦）」を遂行し、死をも恐れないと宣言する状況の中で、この戦争は、あたかもキリスト教徒対イスラム教徒の宗教戦争であるかのような印象さえ与えた。

タリバン政権を打倒したブッシュ政権は、「大量破壊兵器撲滅」という名目のもとに、次なる目標をイラクに定め、イラクへの攻撃を開始した。イラクのサダム・フセイン元大統領は、元来は世俗派で「便宜的なイスラム教徒」にすぎなかったはずなのに、米英軍の猛攻に遭って、米英との戦いを「ジハード（聖戦）」としてイスラム世界に広く認識させることに活路を見いだそうとした。「聖戦」意識がアラブ民衆に広がれば、反米運動も高まり、ブッシュ政権を動揺させることができるというもくろみがあったのは、明らかである。

このような対立の構図を、アメリカ政府が何としても避けようとしていたのに対して、タリバン政権、フセイン政権は世界中のイスラム教徒を味方につけるために、この戦争が宗教的色彩を帯びることをむしろ望んでいたと思われる。唯一神「アラー」の名のもとに全世界のイスラム教徒が団結し、キリスト教徒と敵対して戦うことは、アメリカ政府にとって大きな脅威となるからである。もっとも、ブッシュ政権の重要な支持基盤の一つであるキリスト教原理主義の団体が、少なからぬ影響を及ぼしたことはすでに報道されており、こちらの側に宗教色が全くなかったわけでもなさそうである。

宗教戦争は過去の歴史の中でも幾度となく繰り返されてきたし、宗教セクトの集団死事件も後を絶たない。日本では、一九九五年の「オウム真理教」による地下鉄サリン事件が有名であるが、アメリカでも一九九三年に、テキサス州ウェーコで、武装したカルト教団「ブランチ・デヴィディアン」が警察部隊と激しい戦闘を繰り広げ、教祖デイヴィッド・コレシュと子供十八人を含む七十八人の信者が死亡している。

一九九四年十月には、カルト教団「太陽寺院」の信者たちが、スイスで四十八人、カナダで五人、焼死体で発見され、集団自殺か虐殺かという議論を巻き起こした。さらに、翌一九九五年十二月には、同じ「太陽寺院」の信者十六人の遺体が、フランスのヴェルコール山中で発見され、やはり、集団自殺か虐殺かという論争を引き起こした。

「追う者と追われる者は、共に神の名を口にする」というアラブの格言があるように、本来は人間の魂を救済するために生まれた宗教がかくもたやすく攻撃や殺人と結びつく、あるいはある種の戦争が神の名のもとに遂行されることがあるのはなぜなのだろう。この問題について、フロイトの精神分析理論にもとづき、分析、考察してみよう。

## フロイトの宗教の定義

宗教についてのフロイトの考え方はきわめて明快である。彼は、宗教とは「幻想」にすぎないと主張し続けた。ではそれは、いかなる点において「幻想」なのであろうか。教義として与えられる宗教的観念が、けっして経験の集積や思考の最終結果などではなく、人類最古の、最強の、そして最も切実な願望の実現であるという点において、幻想なのである。というのも、フロイトは、幻想が人間の願望から派生していると考え、願望充足が動機として前面に出ている場合、その信念を幻想と名づけたからである。

フロイトの定義では、幻想が現実とどのような関係にあるかは問題とされず、その点では、錯誤と同じではないし、必ずしも錯誤であるとは限らない。たとえば、害虫が汚物からわくというアリストテレスの見解は、錯誤ではあるが、幻想ではない。これに対して、コロンブスがインドへの新航路を発見したと信じたのは、錯誤であると同時に幻想であった。この錯誤に彼の願望が働いていたのは、明らかだからである。フロイトは、幻想と名づけてさしつかえないものとして、ゲルマン民族こそ文化創造力を持つ唯一の人種であるというナチスの主張や、小児は性欲を持たないという信念などを挙げている。

幻想は必ず人間の願望から発しているという点で、妄想に近いが、妄想とも異なる。妄想の本質として重要なのは、現実との矛盾であるが、幻想は、必ずしも実現不能、つまり現実と一致しないというわけではない。たとえば、貧しい少女が映画スターや億万長者などとの結婚を夢見るのは、幻想ではあるが、妄想ではない。この種の例が全くないわけではないからである。

「メシア（救世主）」が現われて、迫害に苦しむ民族を救ってくれるというほうが、はるかにありそうもないことではないか。したがって、ある信念を幻想とみなすか、それとも妄想の一種とみなすかは、判断する人の個人的立場に任せたうえで、「宗教の教理はすべて幻想であり、証明不能なので、何人《なんぴと》もそれを信じたり、真実とみなしたりすることを強制されてはならない」というのが、フロイトの宗教に対する基本姿勢であった。

このように、宗教的観念は、人類の最も切実な願望を幻想的に具現しており、どう見ても実証性に欠けるのに、過去の時代から人類に絶大な影響を及ぼしてきたのは、その願望の強さゆえであると、フロイトは考えたのである。それでは、この願望は何に由来するのであろうか。

この願望は、人間の途方に暮れた「よるべなさ」に由来する。つまり、自分ばかりではなく、ほかのみんなも脅かす制御されざる自然、運命の圧倒的な力に対して、どのように身を守るのか、という不安を抱きながらも期待する状態から派生するのである。

このよるべない状態は、べつに新しいものではなく、幼児期にその原型を持っており、以前にあった原型の継続にすぎない。かなりの期間にわたって幼児が体験するよるべなさ、保護を必要とする状態が、愛による保護への欲求をかきたてる。やがて、成長しても、社会の巨大な力に直面して、自分が本当に頼りなくか弱い存在であることを認識すると、かつて幼児期に感じたのと同じような仕方で自らの状況を受けとめる。そして、その絶望的な気持ちを、幼児期に自分を保護してくれたさまざまな力を再びよみがえらせることによって、克服しようとするのである。

こうして、幼児期の子供の目に映った父と母のイメージが更新され、再構築された結果として、その崇高な昇華であるような、全能にして公正な神と、慈愛に満ちた自然が姿を見せることになる。特に、このよるべなさから生涯を通じて離れることはできないと悟ると、より強力な父としての神の存在にしがみつくようになるのである。

したがって宗教は、人間のよるべなさを耐え得るものにしたいという要求から生まれ、自分自身と人類の幼年期におけるよるべない状態への追憶を素材として構築されたのだと、フロイトは考えた。その意味では、宗教性の本質とは、全宇宙に対する人間の弱小さや無力感そのものではなく、それに対する反応として、そういう状態からの救いを求める要求こそ、宗教性の本質をなしているのだと考えられる。

この要求に呼応するように、神は、自然と運命の危険、そして人間社会それ自体による侵害という二つの方向に対して、人間を保護することになる。こうして、神は、三重の任務を帯びるのである。

①　自然の脅威を追い払う

②　運命の残酷さ、特に死と関連して表れる過酷な運命と和解する

③　文明の中での共同生活によって人間に課せられる苦痛や不自由を償う

その結果、神の摂理の慈悲深い働きが、人生の危険を前にした不安をやわらげることになる。また、世界の道徳秩序の設定は、人間社会の内部であんなにもしばしば実現されぬままに終わっていた正義の要求の実

現を保証してくれる。さらに、来世の生活によるこの地上での生活の延長は、これらの願望充足が実現される空間的および時間的余地を与えてくれるというわけである。

## 宗教幻想の実態

このように、人間の無力さに由来する結果に対して保護を要求する願望が、宗教意識の源泉であるならば、その教義が幻想に満ちあふれたものになるのは当然である。実際、さまざまな宗教の教義を通して表現される幻想の実態は似たり寄ったりで、おおよそ次のように要約される。

この世で起こるすべてのことは、我々を超越した知性の意図の実現であって、この知性は、たどるのが困難な成り行きや回り道を通りながらも、結局は、万事を善、つまり、我々を喜ばせるように導く。我々すべての頭上では、一見厳格そうに見えるものの、じつは善意あふれる神意が見張っていて、我々が、あまりにも強大で容赦ない自然力にもてあそばれることのないように守ってくれる。

死それ自体でさえも無化ではないし、無機物、無生物への回帰でもなく、より高い発展への途上にある、新たな存在様式の始まりなのだ（輪廻）。宇宙のあらゆる出来事を支配しているのは、宗教の築き上げた道徳律と全く同じものである。もっともその道徳律は、人知が及ばないほどの強大な力と影響を持った最高法廷によって守られているのではあるが。

ついに、すべての善は報いられ、すべての悪はその罰を受ける時がやってくる（因果応報）。もしそれが、人生というこの形式において実現されないとしても、死後に始まる未来の存在の中で達成される（最後の審判）。人生の恐怖、苦悩や過酷さは、このようにしてことごとく取り除かれる運命にある。そして、現世の続きである死後の生活は、我々が現世で遂げられなかったと悔いることの完全な実現をもたらす、という幻想が、神のためなら死をも怖れぬ狂信者や、心中に走る男女、親子などを数多く生み出しているのは、周知の通りである。

こうした宗教幻想は、人間の共同生活に不可欠な衝動放棄という犠牲の代償という意味合いを持っているのではないだろうか。あらゆる文化が強制と衝動放棄のうえにうちたてられているのは否定しがたい事実であり、衝動の断念という人間に課せられる重荷をいくら軽減しても、犠牲となる衝動が必然的にある程度残ることはやむをえない。そこで、人間をなだめて、代わりに代償を与えることに成功するかどうかが、文化を成立させる鍵になる。そのための手段として、宗教は人間の文化に大きな貢献をしたのであり、結果的に反社会的衝動の制御にも大いに寄与することになったのは明らかである。

たとえば、「汝、殺すなかれ」という掟はモーセの十戒として、神から与えられたことになっている。神様が御下命になったから、そしてこの世でもあの世でもいやというほど罰せられるからという理由で、隣人を殺してはならぬと思っている人間が、いったん、神様など存在しないし、神の罰を恐ろしがる必要などないと知れば、遠慮会釈なく隣人を殺してしまうようになる可能性は否定できない。したがって、人間の共同生活に不可欠なある種の禁止に神の後光を添えることが、ある程度の抑止力として機能してきたことはたしかである。ところが、この殺人禁止の掟を神意という独特のおごそかさで装うことは、一方で、それを守るか否かは、神を信じるか否かに左右されるという危険も、大いにはらむことになる。

一方、このような掟を、その合理的根拠という点から考えるとどうなるだろう。文化が掟を作って、憎いから、自分の邪魔になるから、あるいはその財産がほしいからといって隣人を殺してはならない、と命じるとすれば、そうでもしなければ実現できそうにない、人間の共同生活の利益のためであることは明らかである。一つの殺人から始まって果てしなく続くことになるであろう復讐、仇討ちの連鎖によって、人間がお互いに殺し合って絶滅してしまう危険を、なんとしても回避しなければならない。

こうして、生命への脅威というすべての人間に共通する危険が、人々を結合させ、社会を作らせ、その社会が個々の人間に殺人を禁止して、この禁に背く者を社会全体の名において、殺す権利を自身で留保することになった。これがやがて、司法と刑罰になる。

すると、人間の意志を神におしつけることをやめて、社会的な理由づけだけで満足するほうが得策であるように思われる。というのも、神を問題の外に置いて、あらゆる掟や規範が純粋に人間の手になることを正直に認めれば、人間は、これらの命令や法律が、自分たちを支配するためというよりは、むしろ自分たちの利益のためのものであることを理解するようになるからである。そして、人々が掟や規範とのより友好的な関係を確立し、それらの廃止よりもむしろ改善を目指すようになる結果、文化への敵意が軽減するのではないかと期待されるからである。

## 「父殺し」の仮説

このように、文化による規制に対して純粋に合理的な根拠を与えようとする、つまり、社会的要請に起因するものとして解釈する試みをフロイトも行なったが、合理性だけでは説明できない現象、罪責感につきあたった。そこで、この「汝、殺すなかれ」という掟は、原始時代の父殺しに由来するのではないかという仮説をたてたのである。トーテミズムにおける父親代理の崇拝、トーテム饗宴に見いだされる両価性、記念祝祭や、違反すると死によって罰せられる禁止の制定などの中に、宗教の最初の発現が認められ、それは、社会の形成や道徳的義務とも密接に結びついていたからである。

殺人禁止の掟の根源にあるとされる「原父殺害」について、フロイトは、「トーテムとタブー」という論文の中で記述している。彼は、ダーウィンやアトキンスン、ロバートソン・スミスらの論理的思考を参照しながら、それを精神分析による発見や示唆と結びつけた。

まずダーウィンからは、原始群（Urhorde）の仮説を借用している。人間は原初において小さな群れをなして暮らし、誰もが一人の年長の男の専制権力に服従していたが、この男はすべての女をわがものにし、若い男たちを、たとえ自分の息子であっても自分の意のままに従わせ、服従しない男を追放したという仮説である。

あらゆる女を独占したこの男こそ「原父」であり、ある種の宗教セクトの教祖が「原父」を彷彿させるような存在であることは少なくない。たとえばオウム真理教では、性関係を結ぶことは「破戒」と呼ばれ、一般の信者たちは出家修行者として性行為を戒められていたが、教祖の麻原は、在家の修行者として自由に性関係を結ぶことができ、妻帯していたのみならず、弟子の女性たちとも性関係を持ち、子供までもうけている。カルト教団「ブランチ・デヴィディアン」の教祖デイヴィッド・コレシュも、ウェーコの教団施設で生活する女性はみな自分の花嫁であると宣言し、男たちには独身を強制していた。

また、第Ⅰ部で分析した大久保清の場合、性的に放縦で息子の嫁までも犯した実父によって、「原父」の幻想をかきたてられ、その父への同一化の欲望が連続強姦殺人の一因になったと考えられることは、すでに述べた通りである。

## トーテムとタブー

次に、フロイトがアトキンスンから借りたのは、この叙述の続きである。「原父」によって支配された家父長組織は、息子たちの反抗によって終焉を迎えることになる。息子たちが団結して父を打ち倒し、みなで一緒に食べてしまったからである。

こうして「原父」は、兄弟たちにその座を譲ったわけであるが、その帰結についてフロイトが引用したのは、ロバートソン・スミスの著作『セム族の宗教』である。オーストラリアで観察された原住民は、小さな血族または部族に分かれて暮らしており、そのおのおのが自分たちのトーテムによって名づけられていた。トーテムとは通常、動物であり、まず第一に血族の祖先、次に血族の守護神で救済者とみなされていた。トーテム仲間は、自分たちのトーテム動物を傷つけたり、殺したりしてはならず、そのトーテムの肉を食べてもいけないという神聖な義務のもとにおかれていた。

しかし、年に一度は、共同体のすべての男性が集まって饗宴に参加し、ふだんは崇拝しているトーテム動物を細かく引きちぎって、皆で一緒に食べつくしてしまった。そしてこの饗宴から抜けることは、誰にも許されなかった。さらに興味深いことに、同一のトーテム仲間は、お互いに性的関係に陥ってはならない、お互いに結婚してはならないというタブーがあり、これがトーテムと結びついた外婚（Exogamie）であった。

フロイトが注目したのは、トーテミズムにおける二つのタブーが、エディプス・コンプレックスの内容である二つの掟と、驚くべき一致を示していることであった。トーテム動物を殺してはならないというタブーと、同じトーテム種族の女を性的な対象としてはならないというタブーが、エディプス・コンプレックスの、父を殺してはならない、母を妻としてはならないという二つの掟と、符合しているように見えたのである。

原住民がトーテム動物を自分たちの種族の祖先として崇拝していることからもわかるように、彼らがトーテム動物を父とみなしたのは明らかである。さらに、精神分析経験から得られたある事実が、フロイトの確信を強めることになった。幼児期早期における動物恐怖症の分析から、恐怖の対象となる動物はしばしば父親代理であり、エディプス・コンプレックスにもとづく父親への恐怖が動物に置き換えられたことを、フロイトは見いだしたのである。

これらの点を踏まえてフロイトは、トーテミズムの根底にあるのは「原父」殺害ではないかと推測している。この行為の後、勝利した兄弟たちは、父に対する感情的両価性と罪責感ゆえに、同じトーテム種族の女を放棄し、自らに外婚を課すようになったという仮説である。息子たちは父を憎んでいたが、また愛してもいたがゆえに、一度、憎悪が攻撃によって満足させられると、愛がこの行為についての後悔の中に出現し、父殺しを罰するかのように、そのためにこそ父を殺すことになった女を所有することを一切禁じてしまった。これが外婚の起源である。すなわちトーテム饗宴は、父殺しという身の毛もよだつ行為を記念する祭りであり、この行為にこそ人類の罪責感が起因しているというわけである。

この「原父」殺害という行為が実際に起こったかどうかを検証することは、社会的原始状態を観察することができない以上、不可能である。それゆえフロイトは数多くの非難を浴びたのであるが、彼自身は、この行為を、歴史的真理としてとらえていたようである。つまり、唯一の偉大なる神が今日も存在すると信じるのではなく、太古においてある唯一の人物が存在し、当時は巨大に見えたにちがいなく、やがて神にまで高められて、人類の記憶の中に回帰していることを信じるという姿勢である。

この唯一の人物が「原父」であることは、言うまでもない。その意味では、このようなことの可能性があると歴史的に受け入れられるかどうかは別として、宗教は、父コンプレックスを土台として構築されたものであり、父コンプレックスを支配する両価性のうえに樹立されたのだと考えられる。

トーテミズムの中に、人類の歴史における宗教の最初の発現が認められることは先述した通りであり、特定のトーテム動物を氏族の守護神として崇拝し大切に扱うことは、わが国でもかつてしばしば認められた現象である。次の進歩として、崇拝される存在の擬人化が行なわれ、動物の代わりに人間的な神々が登場してくるが、これらの神々がトーテムに由来することは隠しようがない。神は、あいかわらず動物の形で表現されているか、あるいは少なくとも動物の頭部をつけている。トーテム動物が、神のお気に入りの従者として、神から離れない場合もあれば、あるいは伝説によっては、神が、自分の前段階にすぎないその動物を殺したことになっている場合もある。

その次の段階として、偉大な母性神が現われ、やがて長い間、男性神と並立するようになる。男性神は、最初は息子として偉大な母親のかたわらに現われ、後にやっと、父性神の特徴をはっきり帯びるようになる。多神教的なこの男性神たちは、家父長制の時代状況を反映するものであると考えられ、わが国における八百《やお》万《よろず》の神々がまさにその典型にあたる。

## 一神教の成立

このような神の変転が、人類の文化的前進や共同体の構成における変化と併行して進んできたのは疑いないが、フロイトが決定的な転機としてとらえたのは、ユダヤ教における一神教の樹立、そしてキリスト教におけるその存続である。なぜならば、一神教においてこそ、絶対的に支配する唯一の父としての神の再来が認められるからである。父親代理としてのトーテム動物が打ち捨てられることによって、畏れられ、憎まれ、崇拝され、しかもうらやまれていた原父自体が、神の原型となったのである。その意味で、ユダヤ教は原父の宗教なのであり、それを信仰する民族に選民の誇りを授けたのだと考えられる。

さらに、原父がその歴史的権利を回復しただけではおさまらず、有史以前の悲劇の部分もまた承認を求めて押し寄せてきた。こうして高まりつつあった罪責感がユダヤ民族をとらえたことが、キリスト教の誕生をもたらしたというのがフロイトの仮説である。まさに、〈抑圧されたものの回帰〉である。

やがて、このユダヤ民族のうちの一人物が、政治的・宗教的扇動者であることを正当化していくなかで、新たな宗教が打ち立てられてゆく。これがキリスト教であり、ユダヤ教から分離する契機となった。

この罪責感をとりあげ、原初の歴史的起源に正しく立ち戻らせたのが、タルス出身のユダヤ人、パウロである。彼は、この罪意識を「原罪」と名づけた。「原罪」が、父なる神に対して犯した罪に由来していることは疑いない。というのも、キリストが自らの生命を犠牲にすることによって、人間を原罪の重荷から救済したのだとすれば、この罪が殺害であったと結論づけてさしつかえないからである。人間精神に深く根ざしている同等報復（Talion：目には目を、歯には歯を）の掟によれば、殺人は別の生命をいけにえに供することによってしか償われない。したがって、自らの生命をいけにえとして捧げることは、殺人という行為の償いを示唆することになる。さらに、自らの生命をいけにえに供することが神との和解をもたらすとすれば、この死に値する罪とは、後に神格化されることになる原父の殺害以外ではありえないはずである。

この「原罪」に対して人類の見いだした最も有効な贖罪が、一人の息子（＝キリスト）といういけにえであった。もっとも、父なる神との両価性という心理的宿命ゆえに、想像しうる限りの最も大きな贖罪を父に対して果たすその同じ行為によって、息子は父に対する欲望も実現することになった。息子は、あらゆる人々の罪をその身に引き受けて殺されることによって、父と並んで、より正確に言えば、父に代わって、自らが神になったのである。息子の宗教が父の宗教にとって代わったのであり、この交代のしるしに、かつてのトーテム饗宴が、聖体拝領（Kommunion）として再び息を吹き返す。この聖体拝領では、兄弟群が集まって、父のではなく、息子の肉と血を食べ、自らを神聖なものにして、息子に同一化するのである。

これらの一連の流れの中で、トーテム饗宴と、いけにえとして捧げられる動物（犠牲の子山羊など）やキリスト教の聖体（Eucharistie）などとの同一性を、フロイトは指摘している。

「これらのすべての儀式の内に、人間をひどく苦しめたが、それでもそれを誇りにせざるをえなかった例の犯罪（父殺し）の反響と余波が見いだされる」。（「トーテムとタブー」）

もっとも、キリスト教の聖体拝領は、根底において、新たな父の抹殺、つまり償われるべき行為の反復にすぎない。その意味で、フレーザーの次の指摘はきわめて的確なのである。

「キリスト教の聖体拝領はそれ自体の中に、キリスト教よりもはるかに古い聖餐を吸収、同化してしまった」。

### 神と悪魔

父との両価性が、より一層鮮明に映し出されるのは、キリスト教の悪魔においてである。神が父の代理であることは、これまでの議論から明らかであるが、悪魔もまた、別の意味において父の代理であると考えられる。神が、幼児期に目に映った父の一つの似姿、いわば高められた父の代理であり、父に愛情を持って服従しようとする気持ちを反映しているのだとすれば、悪魔は、父に敵意を持って反抗しようとする気持ちを映し出したものである。父との両価的な関係においては、一方に父への憧憬が、他方に父に対する不安と反抗心が認められるが、この両者の葛藤を端的に描きだしているのが、神と悪魔の闘いなのである。

興味深いことに、悪魔は、神の敵対者と考えられているにもかかわらず、神の本性にきわめて近い存在である。とりわけキリスト教の悪魔は、キリスト教神話によれば、それ自体「堕天使」であり、神とそっくりな性質をそなえているとみなされた。

また、すべての宗教が必ずしも悪霊の存在を取り入れているわけではないとしても、一つだけたしかなのは、神々が別の新たな神々にその座を追われると、悪霊に成り変わる場合があるということである。ある民族が別のある民族に征服されると、被征服民族の打倒された神々は、征服民族にとっての悪魔に変貌することがまれではない。したがって、神と悪魔は元来、同一の存在であり、一体をなしていたのだが、後に、相反する性質の二つの姿形に分かれたと考えられるのである。

神と悪魔の相反する二つの姿形が、父との根源的な両価性を反映していることは言うまでもなく、それゆえに、フロイトは、「原父が神の原型であり、このひな型にならって後世の人々が神の姿を作り上げたのである」と述べている。その意味で、宗教は、エディプス・コンプレックスにおける父との両価的な関係から生まれたのであり、人類一般にとっての「強迫神経症」であるとフロイトは主張している。個人の強迫神経症は、多くの衝動要求、特に性衝動と攻撃衝動を「抑圧」によって抑えつけるために、その反動形成としてさまざまな強迫症状を生み出すが、宗教の教義もまた神経症的遺物にすぎないというのが、彼の達した見解であった。

## 宗教と強迫神経症

宗教と強迫神経症との類似はどの程度細部の点まで追求可能か、また宗教形成の特色や運命が、強迫神経症との対比によってどの程度まで理解されるかについては、フロイトが繰り返し指摘している。たしかに、宗教が、個人の強迫神経症に認められるようなさまざまな強迫的制約によって、信者に、過度の性的抑圧や攻撃性の抑圧を課してきたのは明らかである。

また、強迫神経症の儀式的な強迫行為と、宗教儀式における神聖な行為との間には、数多くの類似点が認められる。その行為を忘れた場合に意識に引き起こされる不安と恐怖、儀式の丹念で綿密な遂行、かき乱されることのないよう他のすべての活動から完全に孤立して遂行されること、などである。

一方、相違としては、強迫神経症の強迫行為がきわめて多彩、多様で、私的な行為であるのに対して、宗教儀式では、祈り、礼拝などの型通りの行為しか遂行されず、それらの行為が公的、集団的であること、そして何よりも、宗教儀式がどんな小さな行為であれ、意味と象徴的意図を内包しているのに対して、強迫神経症の強迫行為には、一見意味がないように見えるという点を挙げることができる。

ところが、精神分析的研究によって、一見意味がないように見える強迫行為も、じつは例外なく、あらゆる細部に至るまで意味に満たされていること、また強迫行為は、執拗に影響を及ぼし続ける過去の出来事や情動の詰まった思考を、象徴的に表現していることが明らかになったのである。

したがって、フロイトは、「信心深い人は、ある種の神経症疾患にかかる危険性に対して、高度に保護されている」と述べている。これは、宗教という普遍的な神経症を取り入れることによって、個人神経症を形成することからまぬがれるためであると考えられる。言いかえれば、宗教は、個人及び人類全体の罪責感が結びついている両親コンプレックスから信者を解放し、それを解消する役割を引き受けており、信仰を持たぬ者は独力で、この課題を果たさなければならないのである。

### 宗教における攻撃と殺人

それでは、いかなる機制によって、宗教から攻撃や殺人へと至るのであろうか。フロイトにならって、宗教を人類一般にとっての強迫神経症ととらえるならば、強迫神経症の機制に光を当てることによって、なぜ宗教から攻撃性が派生するのかを解明することができるだろう。

強迫神経症に認められる強迫観念や強迫行為などの症状は、かなりの苦悩を伴っている。それは、彼らの「ばかげているとわかっているが、抑えられない」「ばかげているとわかっているが、やめられない」などの訴えからも明らかである。ただしこの苦悩は、強迫神経症者にしばしば見いだされるサディズム的傾向や憎悪の意向に、ある種の自己満足をもたらしていることが、精神分析によって明らかになっている。これらのサディズムや憎悪は、最初は外部のある対象に向けられ、途中で自分自身に反転したものである。つまり、自己処罰という回り道を通って、患者はもとの対象に復讐しているわけである。もとの対象への敵意を直接示すことができないので、自らが病気になって、その病気を通じて対象を苦しめているのである。

これが、強迫神経症における敵意や攻撃性の発現の機制であるが、宗教においても同様の機制によって攻撃や殺人へと至るのではないかと考えられる。宗教儀式において繰り返される行為は、衝動を抑圧するための手段であると同時に、自己処罰という回り道を通って、もとの対象に復讐する手段でもある。もとの対象とは何か。衝動放棄を強制した父なる神にほかならない。父＝神の意思は、たんに人が触れてはならない何か、できるだけ高く捧げて敬わなければならない何かであっただけではなく、それが苦痛な衝動放棄を要求するがゆえに、恐れおののかなければならないものでもあった。ここから、「神聖」という概念が生まれる。「神聖」なものとは、元来、原父の意思を継承したもの以外の何物でもありえない。したがって、「神聖」という語が、たんに「聖なる」という意味だけではなく、「呪われた」とか「忌まわしい」という意味も内包しているのは当然である。こうして、「神聖」な宗教儀式において、父なる神への復讐が繰り返されることになるのである。

ここで重要なのは、宗教儀式において、父なる神との両価的な関係が反復されていることである。衝動放棄を強制した父なる神に対しては、一定量の敵意と攻撃性が生まれるが、それに由来する罪責感と復讐願望を、宗教儀式の繰り返しによって抑圧しているのである。だが、〈抑圧されたもの〉は必ず回帰する。特に、性的抑圧の強い宗教セクトにおいては、抑圧された性衝動が攻撃衝動と結びついて、外部にはけ口を求めて噴出することになる。

では、宗教集団から外部に向けられる攻撃性が、強い団結力に裏打ちされているのはなぜなのか。

フロイトは「集団心理学と自我の分析」の中で、高度に組織化された持続性のある人為的集団、つまり、集団を解体から守ってその構造に変化をきたさないように維持するために、ある外的な強制が用いられる集団として、教会（信者の共同体）と軍隊（軍人の集団）を挙げている。この二つの人為的集団では、個人は一方で指導者（神、司令官）に、他方で集団の中の他の個人に、性愛的エネルギーによって結びつけられていると指摘している。このような結びつきは、集団の中の個人が自我理想を放棄し、それを指導者によって体現された集団の理想と置き換えることによって初めて可能となる。したがって、教会や軍隊は、それぞれの自我理想のかわりに指導者という唯一の共通対象を置き、お互いに同一化するような個人の集まりである限り、固い結束を維持することができるのである。ある種の集団が「神」の名のもとに、固い団結力を誇り、攻撃や戦争を遂行することが少なくないのは、このような集団心理の特質によると考えられる。

「神」の名を口にしながら戦争におもむく人々に、「宗教は、人類にとっての強迫神経症であり、しょせん幻想にすぎない」「神も父の代理にすぎないのだ」などと言って聞かせても、おそらくむだであろう。たとえ、彼らに信仰を捨てさせることができたとしても、それは残酷なだけである。彼らから、宗教という麻薬、睡眠薬を取り上げてしまったら、眠ることさえできなくなるであろうから、というのがフロイトの結論であった。

# むすび　内なる悪を見つめて

「人はなぜ人を殺すのか」という問いが、本書の全体を貫くテーマである。このような疑問を抱くことになったのは、昨今の世相によるところが大きい。連続殺人、親殺し、子殺し、大量殺人など……これらの事件は、内外を問わず日々報道されているが、いずれも一見明確な動機が見当たらないか、あるいは不可解な動機によって遂行される「動機なき殺人」である。現在、このような殺人事件は、大人たちのみならず、少年たちをも侵食している。

精神科医である筆者が、「人はなぜ人を殺すのか」について突き詰めて考える契機となったのは、ある精神科医の犯した殺人である。精神分析を専門とする精神科医のX氏とは、直接の面識はなかったが、学会などで顔を見かけたことがあり、何よりもラカン派の精神分析の世界では知られた存在であった。X医師は、ロンドンのタヴィストック・クリニックに一年間、フランスのパリ第八大学精神分析学部に二年間留学して精神分析を学び、ジャック・ラカンの後継者であるジャック＝アラン・ミレール（パリ第八大学教授、精神分析家）から分析を受けたことを誇りにしていた。彼は帰国後、ラカンに関する著書を出版し、東京で開業していたが、患者として来院した十八歳年下の女性と婚約した。その婚約者を殺害したうえ自殺を図ったという事件が報じられたのは、二〇〇二年十二月のことである。

この殺人事件は、ラカン派の精神分析を専門とする精神科医たちの間に、少なからぬ波紋を投げかけた。筆者も、時期こそ異なるものの、X医師と同様に、パリ第八大学精神分析学部に留学し、ジャック＝アラン・ミレールのもとで精神分析を学んだだけに、心の動揺を抑えることができなかった。パリ第八大学でDEA（Diplôme d'études approfondies 専門研究課程終了証書）論文を直接指導してくださったセルジュ・コテ教授が、かつてX医師の指導教授であったことも伝え聞いていたので、二重の衝撃を受けたのである。

この事件の背後には、分析家の欲望、分析の終了あるいは中断、転移とりわけ転移性恋愛の問題など、精神分析の根幹に関わる問題が潜んでいる。ラカンは「精神分析における攻撃性」という論文の中で、分析行為とは「制御されたパラノイア」を導き出すことであると述べているが、この事件も「パラノイア」構造と全く無縁ではないように思われる。

本書の第III部第一章「病と大量殺人」で論じた「カコン（kakon）」＝内なる悪、内なる悪しき対象の投射をいかに操作するかが、精神分析における重要な課題の一つであるのだが、X医師の場合も、「攻撃する対象の中で襲おうとしたのは、その存在自身のカコン以外の何物でもない」（ラカン「心的因果性に関する論議」）からである。もっとも、この事件はまだ公判中であり、これ以上掘り下げた分析は差し控えるべきであろう。

同業の精神科医が犯した殺人事件に衝撃を受けた筆者は、他にも殺人を犯した精神科医がいるのだろうかという疑問を抱き、調べてみることにした。その結果、日本の精神医学の黎明期に華々しい活躍をした石田昇も、同じように殺人を犯していることが明らかになったのである。

石田昇は、一九六六年三月、秋元波留夫東大教授の東京大学での最終講義「精神医学はいかにあるべきか」で初めて取り上げられたが、それまではこの事件に触れることはタブーとされ、日本の精神医学史から抹殺されていた精神科医である。オイゲン・ブロイラーの命名した Schizophrenie を、「分裂病」という訳語によって日本に初めて紹介したのがこの石田昇であることからも、彼がわが国の精神医学にいかに多大な貢献をしたかがわかるであろう。

秋元波留夫が精神医学に興味を抱くきっかけとなったのは、呉秀三校閲・石田昇著『新撰精神病学』第八版（大正八年、初版明治三十九年、南江堂書店）の序文にある次の文章によるという。

「精神病は社会のすべての階級を通じて発現するところの深刻なる事実なり。いかなる天才、人傑といえども、ひとたび本病の蹂躙に遭わば性格の光、暗雲の底に埋もれ、昏々として迷妄なる一肉塊となり了らざるものまれならん、狂して存せんよりはむしろ死するの勝《ま》されるを思う者ある、まことに憐れむべきなり」（秋元波留夫著『実践精神医学講義』日本文化科学社、第二講「石田昇」）。

「この言葉は石田自身の運命の予言に他ならなかった」と秋元は述べているが、いかなる運命を石田はたどったのであろうか。東京帝国大学医科大学を卒業し、東京帝国大学精神病学教室に入局した彼は、二十九歳のときに先述の『新撰精神病学』を出版し、三十一歳で長崎医学専門学校（現在の長崎大学医学部）教授に就任している。一九一七年十二月、四十二歳のときに、当時アメリカ精神医学のメッカと言われた、アドルフ・マイアーの主宰するジョンズ・ホプキンズ大学（メリーランド州、バルチモア）に留学し、翌一九一八年五月には、シカゴで開かれた第七十四回アメリカ精神医学会で名誉会員に推薦されている。ところが、わずか半年後の同年十二月二十一日、同僚のアメリカ人医師ウォルフをピストルで射殺するという事件を起こすのである。

翌日の新聞が「日本の精神科医、同僚を殺害——東洋の神秘のヴェールに包まれたシェパードプラット病院発砲事件」というセンセーショナルな見出しで報じた事件の詳細は、周囲の証言などから徐々に明らかになった。石田は、事件の約一カ月前から、同僚のウォルフ医師がドイツ系アメリカ人であるところから、日本人である自分を敵視して、スパイであるなどとあらぬことを言いふらし、自分の名誉を傷つける言動があるので注意してもらいたいと、院長らに申し出ていたという。院長らの証言によれば、客観的にはそういう事実は全くなく、その旨を石田に説明し、本人も納得したようだったので、了解が得られたと思っていた矢先の出来事で、みな驚いているということであった。

裁判では、被告人の精神状態が争点となり、第一回の裁判では、五人の専門家（精神科医）が証言台に立ったが、そのうち二人は、犯行時「精神異常（insane）、パラノイア」と診断される状態にあったと鑑定したのに対して、残りの三人は「正常（sane）」と鑑定した。石田と一緒に渡米した千葉医学専門学校の松本高三郎教授も証言台に立ち、石田が事件の一カ月ほど前に日本の友人あてに送った手紙を提示し、ウォルフ医師に対する被害念慮が書かれていることを根拠として、石田が事件前にすでに精神病に罹患しており、事件は精神病の結果であると主張した。しかし、彼の主張は認められず、結局、第一級殺人で終身刑という判決が下ったのである。

ウォルフ医師の射殺が、精神病の徴候である「被害妄想」によるものであることは、その後の病気の経過をたどると明らかになってくる。殺人犯として七年間を異国の刑務所で過ごした石田は、一九二五年、回復したらアメリカの刑務所で服役することを条件にして、日本に送還され、十二月二十七日、松沢病院に入院した。

それに続く十五年間を、祖国の精神病院で患者として過ごした彼は、一九四〇年五月三十一日、肺結核の悪化により、六十五歳の生涯を終えたのである。皮肉なことに、一九三五年から松沢病院に勤務するようになった秋元は、晩年の石田の主治医を務めることになり、「疎通性、ラポールを欠く『精神荒廃』としかいいようのない状態」に接することになったという。

石田の生涯は、さまざまな問題を我々に投げかけてくる。まず、『新撰精神病学』の序文で触れられているように、狂気、精神病は、どんな人間をも容赦なく侵し、「いかなる天才、人傑といえども」、「迷妄なる一肉塊」と化してしまうこともある、深刻な病気であるということである。もちろん、当時はまだ有効な向精神薬も開発されておらず、精神病患者に対する精神療法も未発達の時代であったので、より重篤な患者が少なくなかったのはやむをえない。しかし、薬物療法が進歩し、精神病に対して精神療法、作業療法、行動療法などのさまざまな技法が取り入れられるようになった今日においてもなお、重篤な病状ゆえに、精神病院で何十年間かを過ごし、そこで生涯を終える患者が少なからず存在することは、厳然たる事実である。

次に、石田のような優秀な人物を「迷妄なる一肉塊」に変えてしまうこともある精神病の正体とは何か、という問題である。近年の生物学的精神医学の目覚ましい発達の中で、精神病の原因を神経伝達物質、遺伝子、ウィルスなどに求めて、原因物質の探求、ＤＮＡ発見のための研究が行なわれているが、精神病の謎を解き明かしたとは言いがたい。

さらに、アメリカの法廷における石田の狂気をめぐる論争は、精神科医による精神鑑定の妥当性という問題を、未解決のまま残している。精神鑑定の信頼性が問われた宮崎勤と宅間守の事例については、本書でも論じたが、石田の投げかけた問いは、「動機なき殺人」の増加している現在、法と精神医学の専門家の肩に、より一層重くのしかかっているのである。それは刑法三九条の、心身喪失者は罪を問えず、心神耗弱者は罪を減じるとする条項が、凶悪犯罪のたびに論争を巻き起こすことからも明らかであろう。

そして、何よりも筆者を衝き動かしたのは、人間の精神を癒すことを職業とし、ときには精神鑑定までも託される精神科医でさえも（いや、むしろそれゆえにこそと言うべきか）、殺人という徴候から免れえないという事実である。その意味で、人間の本性に根ざしたものとして、「殺人衝動」をとらえざるをえないのではないかと考えたことが、本書執筆のそもそもの動機である。

もちろん、精神分析においては、父殺しの衝動がエディプス・コンプレックスの核心をなしているし、フロイトが、「原父」殺害への罪責感を宗教の起源とみなしていたことは、本書で述べたとおりである。それゆえ、「殺し」の衝動は、精神分析をなりわいとする者にとっては、耳慣れた概念であるのだが、臨床場面で遭遇する「殺し」の衝動は、抑圧されていたものが、夢の中に、あるいは症状として現われる場合がほとんどである。それに対して、殺人衝動が抑圧されることなく、行為化した結果としての攻撃や殺人においては、ラカンが「犯罪とは、我々にとって、欲望探究の領域である」（「精神分析の倫理」、『セミネール』七巻）と指摘したように、犯罪者の欲望が赤裸々に表われているのである。

さらに、犯行動機の根底に潜む暗い欲望は、じつは我々も抱いている欲望であり、犯罪者は、我々自身の抑圧された欲望を実現したにすぎないのではないか、犯罪という形で表現された犯罪者の欲望について知ることは、我々自身の心の奥底にどす黒く横たわる欲望、抑圧されているがゆえに実現することはないが、それでもくすぶり続けている欲望を見すえることになるのではないか、と考えたのである。

こうして筆者はさまざまな資料の収集に着手したのだが、集めた数多くの資料を読み込んでいくうちに、さまざまな類型の殺人に共通する構造のようなものが見えてきた。まず、いずれの殺人においても、先述の「カコン（kakon）」＝内なる悪、内なる悪しき対象とどのように向き合うかということが、きわめて重要な問題として浮かび上がってくる。本書第I部で論じた連続殺人犯たちは、「カコン」を不特定多数の女性一般に投射して抹殺しようとしているように思われる。この場合、「カコン」の起源は母にあり、母への復讐願望が他の女性一般へと移しかえられて殺害へと至ることは、第II部の最後で指摘したとおりである。

逆に、母子のつながりが濃すぎる場合には、皮肉なことに、この「カコン」は幻想的な母子一体感の中で、母あるいは子へと投射され、第II部で示したように、母殺し、子殺し、母子心中などに至る。この「カコン」を投射して消してしまおうとする機制が最も端的に表われているのが、第III部第一章で論じた大量殺人であり、身近な親族、あるいは逆に全く面識のない赤の他人に「カコン」を投射した結果、拡大自殺のような形で他殺へと至ってしまうのである。

次に、殺人犯たちの欲望を分析すると、欲望の担い手として幻想がきわめて重要な役割を果たしていることが明らかになる。欲望を支える幻想という構造が最も端的に表われているのは、連続殺人犯であり、いかに彼らが性幻想に駆り立てられて殺人へと向かうかは、第I部で論じた通りである。連続殺人だけではなく、母殺し、子殺し、母子心中においても、また大量殺人においても、殺害する対象との強い幻想的一体感が根底に潜んでいることは、提示した事例から明らかであろう。さらに、宗教もまた幻想にすぎないというのは、フロイトの基本姿勢であった。

「カコン」、欲望、幻想は、ラカンの〈対象ａ（objet a）〉の概念によって、結び合わされる。〈対象ａ〉は、欲望の原因となる究極の対象であり、幻想を形成するうえでも重要な役割を果たしているからである。第Ｉ部第二章で取り上げたギュイ・ジョルジュは、幻想の中で常に、自分を捨てた母の乳房を追い求め、母子一体感を希求していたが、この「失われた対象」としての母の乳房こそ、〈対象ａ〉にほかならない。母による拒絶という幼児期の体験が、母の乳房＝「失われた対象」＝〈対象ａ〉への欲望をより強め、復讐願望をかき立てたために、悲劇的な結末を招くことになってしまったのである。

　そして、多くの連続殺人犯たちが、母に由来する「カコン」を不特定多数の女性一般に投射し、抹殺することによって、復讐願望を満たそうとすることからも明らかなように、〈対象ａ〉と「カコン」は密接に結びついている。したがって、殺人犯たちは、じつは「カコン」＝内なる悪に由来する幻想に衝き動かされて、殺人を犯してしまったのだということになる。

「カコン」＝内なる悪を抱えているのは、殺人犯だけではない。我々自身の内にも「カコン」は潜んでいるのであり、それに由来する幻想も欲望も、じつは誰もが持っているものだ。ただ、抑圧されているか、実現されるかという違いがあるにすぎない。その意味で、「我々は病気なのです、それだけのことです。話す存在とは、病める動物なのです。『初めに言葉ありき』というのは、同じことを言っているにすぎないのです」というラカンの言葉（一九七四年十月二十九日、ローマでイタリア人ジャーナリストのインタビューを受けた際の答え。*Le triomphe de la religion* 所収）に、謙虚に耳を傾けるべきではないだろうか。

　本書は、攻撃と殺人という徴候について、主としてフロイトの精神分析理論に依拠しながら、分析、考察したが、フロイトの論文を参照する際には、ラカンのフロイト解釈を常に念頭に置くようにした。ラカンの終生変わらなかった主張、「フロイトに帰れ（retour à Freud）」に忠実であるように心がけたつもりである。

フロイトの『夢判断』出版から百年を経て、二十一世紀に入った現在、精神分析はいかなる方向に向かうのであろうか。

一九七四年、ローマでイタリア人ジャーナリストから、「精神分析に対する宗教の勝利をどのように説明しますか」と質問されたラカンは、「精神分析が宗教に勝てないのは、宗教がパンクしないからです。精神分析が宗教に勝つことはできませんが、生き残ることはできるかもしれません。生き残らないかもしれませんが……」と答えている。

「宗教が勝利すると思いますか」という質問に対しては、皮肉をこめて次のように答えている。

「はい。宗教は、精神分析に勝利するだけではなく、さらに他の多くのものにも勝利するでしょう。……宗教家は、何にでも本当に意味を与えることができるのですから。たとえば、人生にも一つの意味を。彼らはそういうふうに訓練されているのです。かつては自然物であったものに、何であれ意味を与えることに、最初から、宗教というものすべての本質があるのです」。

さらに、「精神分析は宗教になるでしょうか」という問いに対しては、「いいえ、精神分析は宗教にはなりません。少なくとも私は、そうならないことを願っています。……精神分析は症状なのです。ただ、何の症状なのかを理解しなければなりません。明らかに、精神分析は、フロイトが論じた文明の不安の一部なのです」と答えている。

たしかに、精神分析は宗教にはならないであろうし、精神分析を宗教にしてしまってはならない。フロイトの著作を旧約聖書として、ラカンの著作を新約聖書として、ただ崇め奉るだけであってはならないのである。そのためには、常に臨床経験に立ち返って実際の事例を参照しつつ、精神分析理論を批判、検討していくという姿勢を保ち続けることが必要であろう。その一環として、本書の試みが受け入れられるならば、著者としてはとてもうれしい。

私は、「フロイトの亡霊にとりつかれている」のであろうか。たとえ、そうだとしても、フロイトの何が私を惹きつけるのか、私自身の内の何がフロイトの精神分析に魅了されているのか、さらに、その背景にある現代文明の抱える不安とは何なのかを分析していくことが、「科学（science）」にたずさわる者の使命であろう。

ラカンは、フロイト自身の欲望について、「フロイトの中には、決して分析されない何かがあった」と述べ、それを精神分析の「原罪」と名づけた（「精神分析の四つの基本概念」、『セミネール』一一巻）。精神分析家が、自分自身の欲望とは何なのかを知ること、そこからすべては始まるのだとしても、なかなか険しい道なのだということを自らに言い聞かせながら、「フロイトの亡霊」の指し示す道を歩んでいかなければならない。

# あとがき

現代はかなり物騒な時代であり、それを背景にして、「心神喪失者等医療観察法」（心神喪失等の状態で重大な他害行為を行った者の医療及び観察等に関する法律）が、二〇〇五年七月に施行される。この新法に対しては、「刑法や刑事訴訟法改正には全く触れず、医療側だけに責任を押し付ける法律だ」「人格障害の犯罪者の再犯防止には役に立たない」「被害者の応報感情に応えられない」などのさまざまな批判がある中での施行である。

また、二〇〇四年十一月に起こった奈良市の女児誘拐殺人事件を契機にして、子供を対象とする性犯罪の再犯を防ごうという気運が高まった結果、二〇〇五年六月から、十三歳未満の子供を対象とした性犯罪者の出所者情報について、警察庁が法務省の情報提供を受けることも決定された。

さらに、アメリカの「メーガン法」（性犯罪者情報公開法）の導入も検討されている。この法律では、性犯罪の加害者は出所後、住所やその他の個人情報を登録することを義務づけられており、また、警察も、これらの情報を加害者の住むコミュニティに告知するよう定められている。この法律が実際に再犯率を低下させることに有効なのかどうか、その効用を検証した実証的研究はまだ少ない。

本書の第I部で分析した連続殺人犯も、いずれも「性犯罪者」である。これらの事例が、メーガン法を導入するために、性犯罪者の再犯率が高いことだけを強調しようとする賛成論者たちの根拠として参照されるようなことがあるとすれば、著者としては心外である。精神分析を専門とする精神科医として言えるのはただ一つ、「抑圧されたものは回帰する」ということだけである。

本書執筆のお話をいただいたのは、二〇〇一年秋、処女作の『オレステス・コンプレックス――青年の心の闇へ』（NHK出版）の出版記念講演会を、横浜で行なったときのことである。あれからもう四年も経ってしまい、その間は公私ともに波瀾万丈であったが、本書をこの時期に刊行することができたのは、むしろよかったのではないかと今では思っている。

本書の出版を勧めてくださり、忍耐強く待ってくださったトランスビューの中嶋廣さんに心から感謝いたします。本当にありがとうございました。

二〇〇五年四月

著　者

庫，2002
曽野綾子：『アラブの格言』新潮新書，2003
筑波昭：『津山三十人殺し』新潮OH文庫，2001
辻由美：『カルト教団太陽寺院事件』新潮OH文庫，2000
中村一夫：大量殺人者の犯罪生物学的研究，『犯罪誌』1960，No. 26, p. 101.
中村一夫：『自殺』紀伊國屋書店，1963
松本清張：『ミステリーの系譜』中公文庫，1975
吉益脩夫：犯罪生活曲線からみた殺人者の研究，『精神神経誌』1958，No. 60, p. 1352.

## むすび

[欧文]
Guiraud, P., Cailleux, B. : Le meurtre immotivé, réaction libératrice de la maladie, chez les hébéphréniques. Annales Médico-Psychologiques. 1928 ; 12(2) : 352-360.
Guiraud, P. : Les meurtres immmotivés. L'évolution psychiatrique. mars 1931 ; 2 : 24-34.
Lacan, J. : Propos sur la causalité psychique. 1946. In Écrits. Seuil. pp. 151-193. 1966
Lacan, J. : L'agressivité en psychanalyse. 1948. In Écrits. Seuil. pp. 101-124. 1966
Lacan, J. : Le Séminaire, Livre VII, L'éthique de la psychanalyse. Seuil. 1986
Lacan, J. : Le Séminaire, Livre XI, Les quatre concepts fondamentaux de la psychanalyse. Seuil. 1973
Lacan, J. : Le triomphe de la religion. Seuil. 2005
Lacan, J. : Des Noms-du-Père. Seuil. 2005

[和文]
秋元波留夫：『実践精神医学講義』日本文化科学社，2002

## あとがき

[和文]
藤本哲也：『刑事政策概論』(全訂第4版)，青林書院，2005
町野朔編：『精神医療と心神喪失者等医療観察法』(ジュリスト増刊)，有斐閣，2002

-34.
Guttmacher, M. : L'homicide et le suicide. In : La Psychologie du meurtrier. Presses Universitaires de France. 1965
Haught, J. A. : Holy Hatred : Religious Conflicts of the '90s. Prometheus Books. 1995（名越健郎・杉山文彦・佐藤伸行訳：『世紀末宗教戦争マップ』時事通信社，1996）
Hempel, A. G., Meloy, J. R., Richards, T. C. : Offender and offense characteristics of a nonrandom sample of mass murderers. J Am Acad Psychiatry Law. 1999 ; 27(2) : 213-225.
Holmes, R. M., Holmes, S. T. : Mass Murder in the United States. Prentice-Hall. 2001
Lane, B., Gregg, W. : The encyclopedia of mass murder. Headline Book Publishing. 1994（橋本恵訳：『大量殺人紳士録』中央アート出版社，1997）
Kahn, M. W. : Psychological test study of a mass murderer. J Proj Tech. 1960 Jun ; 24 : 148-160.
Kelleher, M. D. : Flash Point : the American Mass Murderer. Praeger. 1997
Levin, J., Fox, J. A. : Mass murder : America's growing menace. Plenum Press. 1985
Levin, J., Fox, J. A. : A Psycho-Social Analysis of Mass Murder. In O'Reilly-Fleming ed. : Serial & Mass Murder ?  Theory, Research and Policy. Canadian Scholars' Press. 1996
Levin, J., McDevitt, J. : Hate Crimes. Plenum. 1993
Lunde, D. T. : Murder and madness. San Francisco Book Compagny. 1976
Mayer, J. F. : Les mythes du temple solaire. Georg. 1996
Meloy, J. R., Hempel, A. G., Mohandie, K., Shiva, A. A., Gray, B. T. : Offender and offense characteristics of a nonrandom sample of adolescent mass murderers. J Am Acad Child Adolesc Psychiatry. 2001 Jun ; 40(6) : 719-728.
Meloy, J. R., Hempel, A. G., Gray, B. T., Mohandie, K., Shiva, A., Richards, T. C. : A comparative analysis of North American adolescent and adult mass murderers. Behav Sci Law. 2004 ; 22(3) : 291-309.
Mullen, P. E. : The autogenic (self-generated) massacre. Behav Sci Law. 2004 ; 22 (3) : 311-323.
Ochonisky, A. : Contribution à l'étude du parricide. A propos de douze observations. La Psychiatrie de l'Enfant. 1964 ; 6(2) : 411-487.
Scheifler, B., Senninger, J. L. : Meurtre de Masse et Psychose. Heures de France. 2000

[和文]
影山任佐：『犯罪精神医学研究―犯罪精神病理学の構築をめざして』金剛出版，2000
佐伯啓思：『新帝国アメリカを解剖する』ちくま新書，2003
島田裕巳：『オウム―なぜ宗教はテロリズムを生んだのか』トランスビュー，2001
「新潮45」編集部：『殺ったのはおまえだ―修羅となりし者たち、宿命の９事件』新潮文

Bromberg, W.: A psychological study of murder. International Journal of Psycho-analysis. 1951; 32, PP: 117-127.
Dietz, P. E.: Mass, seria1 and sensational homicides. Bulletin of the New York Academy of Medicine. june 1986; 62(5): 477-491.
Facon, R.: La Crypte. Gallimard. 1997
Foucault, M.: Moi, Pierre Rivière, ayant égorgé ma mère, ma sœur et mon frère… Un cas de parricide au XIXe siècle présenté par Miche1 Foucalt. Gallimmard. 1973
Frazier, S. H.: "Violence and Social Impact." ln Schoolar, J. C. and Gaitz, C. M (eds.): Research and the Psychiatric Patient. Brunner/Maze1. 1975
Freud, S.: Eine Kindheitserinnerung des Leonard da Vinci. G. W. VIII. 1910（高橋義孝訳：レオナルド・ダ・ヴィンチの幼年期のある思い出，『フロイト著作集 3 』pp. 90-147, 人文書院，1969）
Freud, S.: Totem und Tabu. G. W. IX. 1912-1913（西田越郎訳：トーテムとタブー，『フロイト著作集 3 』pp. 148-281, 人文書院，1969）
Freud, S.: Vorlesungen Zer Einfuhrung in die Psychoanalyse. G.W.XI. 1916-17（懸田克躬，高橋義孝訳：精神分析入門，『フロイト著作集 1 』人文書院，1971）
Freud, S.: Trauer und Melancholie. G.W.X. 1917（井村恒郎訳：喪とメランコリー，『フロイト著作集 6 』pp. 137-149, 人文書院，1970）
Freud, S.: Eine Teufelsneurose im siebzehnten Jahrhundert. G.W.XIII. 1923（池田紘一訳：十七世紀のある悪魔神経症，『フロイト著作集11』pp. 102-133, 人文書院，1984）
Freud, S.: Selbstdarstellung. G.W.XIV. 1925（懸田克躬訳：自らを語る，『フロイト著作集 4 』pp. 422-476, 人文書院，1970）
Freud, S.: Die Zukunft einer Ilusion. G.W.XIV. 1927（浜川祥枝訳：ある幻想の未来，『フロイト著作集 3 』pp. 362-405, 人文書院，1969）
Freud, S.: Das Unbehagen der Kultur. G.W.XIV. 1930（浜川祥枝訳：文化への不満，『フロイト著作集 3 』pp. 431-496, 人文書院，1969）
Freud, S.: Neue Folge der Vorlesungen Zer Einfuhrung in die Psychoanalyse. G.W. XV. 1933（懸田克躬・高橋義孝訳：精神分析入門（続），『フロイト著作集 1 』pp. 387-536, 人文書院，1971）
Freud, S.: Warum Krieg? G.W.XVI. 1933（佐藤正樹訳：十七世紀のある悪魔神経症，『フロイト著作集11』pp. 248-261, 人文書院，1984）
Freud, S.: Der Mann Moses und die monotheistische Religion. G.W.XVI. 1939（森川俊夫訳：人間モーセと一神教，『フロイト著作集11』pp. 271-376, 人文書院，1984）
Galvin, J. A., Macdonald, J. M.: Psychiatric study of a mass murderer. Am J Psychiatry. 1959 Jun; 115(12): 1057-1061.
Guiraud, P., Cailleux, B.: Le meurtre immotivé, réaction libératrice de la maladie, chez les hébéphréniques. Annales Médico-Psychologiques. 1928; 12(2): 352-360.
Guiraud, P.: Les meurtres immmotivés. L'évolution psychiatrique. mars 1931; 2: 24

Wertham, F. : The matricidal impulse. Journal of Criminal Psychopathology. 1941 ; 2 : 455-464.

Wertham, F. : The catathymic crisis. In Kutash, I. L., Kutash, S. B.,Schlesinger, L. eds. : Violence : Perspectives on Murder and Aggression. pp. 165-170. Jossey-Bass. 1978

Wittels, F. : " Psychoanalysis and Literature," in Lorand, S. ed. : Psychoanalysis today. Albany, N. Y. : Boyd Printing Co., 1944

[和文]

アイスキュロス：『ギリシア悲劇Ｉ』(呉茂一・高津春繁他訳)，ちくま文庫，1985

アポロドーロス：『ギリシア神話』(高津春繁訳)，岩波文庫，1953

エウリピデス：『ギリシア神話III，IV』(呉茂一・中村善也他訳)，ちくま文庫，1986

小田晋：『日本の狂気誌』講談社学術文庫，1998

片田珠美：『オレステス・コンプレックス—青年の心の闇へ』NHK出版，2001

片田珠美：「精神分析から見た性」(『大航海』No. 43 pp. 170-177, 新書館，2002)

片田珠美：『17歳のこころ—その闇と病理』NHK出版，2003

ソポクレス：『ギリシア悲劇II』(呉茂一・高津春繁他訳)，ちくま文庫，1986

高橋重宏：『母子心中の実態と家族関係の健康化—保健福祉学的アプローチによる研究』川島書店，1987

中村善也：『ギリシア悲劇入門』岩波新書，1974

ブルフィンチ：『ギリシア・ローマ神話』(野上弥生子訳)，岩波文庫，1978

山本節：『神話の森』大修館書院，1989

## 第III部　病と神

[欧文]

Award, E., Nash, J. R. : Dictionary of crime, criminal justice criminology and law enforcement. Paragon House. 1992

Benezech, M. : La perte d'objet en clinique criminologique ou la passion selon Werther. Annales Medico-Psychologiques. 1987 ; 145(4) : 329-339.

Benezech, M. : Dépression et crime. Revue de la litterature et observations originales. Annales Médico-Psychologiques. 1991 ; 149(2) : 150-165.

Benezech, M. : Les tueurs en série. Forensic. 1992 décembre ; 1 : 27-32.

Benezech, M. : Des crimes fous commis par des fous et les autres. Forensic. 1994 janvier ; 5 : 41-44.

Benezech, M. : La psychiatrie légale et le fait divers criminel contemporain. Réflexions sur les mobiles apparents des homicides spectaculaires. Annales Médico-Psychologiques. 1995 ; 153(2) : 129-134.

Rascovsky, A.: Filicide: The murder, Humiliation, Mutilation, Denigration, and Abandonment of Children by Parents. Jason Arronson Inc. 1995

Resnick, P. J.: Child murder by parents: a psychiatric review of filicide. Am J Psychiatry. 1969 Sep; 126(3): 325-334.

Revitch, E., Schlesinger, L. B.: Psychopathology of homicide. Charles C. Thomas. 1981

Revitch, E., Schlesinger, L. B.: Sex murder and sex aggression. Springfield, III. Thomas. 1989

Rheingold, J. C.: The Fear of Being a Woman; A Theory of Maternal Destructiveness. Grune & Stratton. 1964

Rheingold, J. C.: The Mother, Anxiety, and Death; The Catastrophic Death Complex. Little, Brown and Co. 1967

Rubinsten, L. H.: The theme of Electra and Orestes: a contributi0n to the psychopathology of matricide. Br J Med Psychol. 1969; 42: 99-108.

Schlesinger, L. B.: Adolescent sexual matricide following repetitive mother-son incest. J Forensic Sci. 1999 Jul; 44(4): 746-749.

Schwartz, L. L., Isser, N. K.: Endangered children-Neonaticide, Infanticide, and Filicide. CRC Press. 2000

Scott, P. D.: Parents who kill their children. Med Sci Law. 1973; 13: 120-126.

Shakespeare: Hamlet. 1601-1602（市河三喜・松浦嘉一訳：『ハムレット』岩波文庫, 1949）

Silva, J. A., Leong, G. B.: A new classification schema for maternal filicide. J Am Acad Psychiatry Law. 2003; 31(1): 143-144.

Singhal, S., Dutta, A.: Who commits patricide? Acta Psychiatr Scand. 1990 Jul; 82(1): 40-43.

Singhal, S., Dutta, A.: Who commits matricide? Med Sci Law. 1992 Jul; 32(3): 213-217.

Stanton, J., Simpson, A., Wouldes, T.: A qualitative study of filicide by mentally ill mothers. Child Abuse Negl. 2000 Nov; 24(11): 1451-1460.

Stern, E. S.: The Medea Complex: Mother's Homicidal Wishes to Her Child. Journal of Mental Science. 1948; 94: 321-331.

Tuteur, W., Glotzer, J.: Murdering Mothers. Am J Psychiatry. 1959; 116: 447-452.

Vanamo, T., Kauppi, A., Karkola, K., Merikanto, J., Räsänen, E.: Intra-familial child homicide in Finland 1970-1994: incidence, causes of death and demographic characteristics. Forensic Sci Int. 2001 Apr 1; 117(3): 199-204.

Wertham, F.: The catathymic crisis: a clinical entity. Archives Neurolog Psychiat. 1937; 37: 974-978.

Wertham, F.: Dark legend: a study of murder. Duell, Sloan & Pearce. 1941

Holden, C. E., Burland, A. S., Lemmen, C. A. : Insanity and filicide : women who murder their children. New Dir Ment Health Serv. 1996 Spring ; (69) : 25-34.

Jones, E. : Hamlet and Oedipus. Norton. 1976

Kaplan, K. J. : Isaac versus Oedipus : an alternative view. J Am Acad Psychoanal. 2002 Winter ; 30(4) : 707-717.

Kunst, J. L. : Fraught with the utmost danger : the object relations of mothers who kill their children. Bull Menninger Clin. 2002 Winter ; 66(1) : 19-38.

Lesnik-Oberstein, M. : Multitherapeutic approach to clinical treatment for a child at risk for maternal filicide. Child Abuse Negl. 1986 ; 10(3) : 407-410.

Lewis, C. F., Bunce, S. C. : Filicidal mothers and the impact of psychosis on maternal filicide. J Am Acad Psychiatry Law. 2003 ; 31(4) : 459-470.

Lindner, R. M. : The equivalent of matricide. The Psychoanalytic Quarterly. 1948 ; 17 : 453-470.

Lipson, C. F. : A case report of matricide. Am J Psychiatry. 1986 Jan ; 143(1) : 112-113.

Marks, M., Lovestone, S. : The role of the father in parental postnatal mental health. Br J Med Psychol. 1995 Jun ; 68 (Pt 2) : 157-168.

Marleau, J. D., Roy, R., Laporte, L., Webanck, T., Poulin, B. : Homicide d'enfant commis par la mère. Can J Psychiatry. 1995 Apr ; 40(3) : 142-149.

Marleau, J. D. : Methods of killing employed by psychotic parricides. Psychol Rep. 2003 Oct ; 93(2) : 519-520.

McKee, G. R., Shea, S. J. : Maternal filicide : a cross-national comparison. J Clin Psychol. 1998 Aug ; 54(5) : 679-687.

McKnight, C.K. : Matricide and mental illness. Canad Psychiat Association Journal. 1966 ; 2 : 99-106.

Meyer, C. L., Oberman, M. : Mothers who kill their children. New York University Press. 2001

Meyerson, A. T. : Amnesia for Homicide (" Pedicide ") : Its Treatment with Hypnosis. Arch Gen Psychiat. 1966 ; 14 : 509-515.

Murray, G. : Hamlet and Orestes. Annual Shakespeare Lecture of the British Academy. 1914

Oberman, M. : Mothers who kill : cross-cultural patterns in and perspectives on contemporary maternal filicide. Int J Law Psychiatry. 2003 Sep-Oct ; 26(5) : 493-514.

O'Connell, B. A. : Matricide. Lancet. 1963 ; 1 : 1083-1084.

Pruett, M. K. : Commentary : pushing a new classification schema for perpetrators of maternal filicide one step further. J Am Acad Psychiatry Law. 2002 ; 30(3) : 352-354.

Bourget, D., Bradford, J. M. W. : HomiddaI Parents. Can J Psychiatry. 1990 ; 35 : 233-237.
Bourget, D., Gagné, P. : Maternal filicide in Quebec. J Am Acad Psychiatry Law. 2002 ; 30(3) : 345-351.
Bunker, H. A. : Mother-murder in myth and legend. The Psychoanalytic Quarterly. 1944 ; 13 : 198-207.
Bureau of Justice Statistics : Homicide Trends in the United States. Washington, DC : United States Department of Justice. 2001
Campion, J., Cravens, J. M., Rotholc, A., Weinstein, H. C., Covan, F., Alpert, M. : A study of 15 matricidal men. Am J Psychiatry. 1985 Mar ; 142(3) : 312-317.
Carp, E. : Psychologic Study of Murder of Own Child ; Case, Nederl. T. Geneesk. 1947 ; 91 : 1766-1769.
Clark, S. A. : Matricide : the schizophrenic crime ? Med Sci Law. 1993 Oct ; 33(4) : 325-328.
De Vallet, J., Scherrer, P. : Un cas de Psychose de Dégoût Conjugal avec Réaction Infanticide. Ann Médicpsycholo. 1939 ; 97 : 80-88.
d'Orban, P. T. : Women who kill their children. Br J Psychiatry. 1979 Jun ; 134 : 560-571.
d'Orban, P. T., O'Connor, A. : Women who kill their parents. Br J Psychiatry. 1989 Jan ; 154 : 27-33.
Dugit, E. : Oreste et Hamlet. Annales de l'enseignement supéieur de Grenoble. p. 143, 1889
Eliade, M. : Le Mythe de l'éternel retour : archétypes et répétition. Gallimard. 1949.（堀一郎訳：『永遠回帰の神話―祖型と反復』未來社，1963）
Eliade, M. : Mythes, Rêves et Mystères. Gallimard. 1957.（岡三郎訳：『神話と夢想と秘儀』国文社，1972）
Federal Bureau of Investigation : Uniform crime Reports. Washington, DC. FBI. 2001
Fontaine, I., Guérard des Lauriers A. : A propos de trois observations de matricide. Annales Médico-Psychologiques. 1994 Oct ; 152(8) : 497-510.
Freud, S. : Die Traumdeutung. G.W.l/III. 1900（高橋義孝訳：『夢判断』上・下巻，新潮社，1969）
Freud, S. : Drei Abhandlungen zur Sexualtheorie. G.W.V. 1905（中村元編訳：性理論三篇，『エロス論集』pp. 15-200, 筑摩書房，1997）
Freud, S. : Beitrage zur Psychologie des Liebeslebens G.W.Ⅷ. 1910-12（高橋義孝訳：「愛情生活の心理学」への諸寄与，『フロイト著作集10』pp. 176-194, 人文書院，1983）
Green, C. M. : Matricide by sons. Med Sci Law. 1981 Jul ; 21(3) : 207-214.
Holcomb, W. R. : Matricide : primal aggression in search of self-affirmation. Psychiatry. 2000 Fall ; 63(3) : 264-287.

Ressler, R. K., Burgess, A. W., Douglas, J. E.: Sexual Homicide? Patterns and Motives. The Free Press. 1992
Ressler, R. K., Shachtman, T.: Whoever fights monsters. St. Matin's Paperbacks. 1992（相原真理子訳：『FBI心理分析官　1』早川書房，1994）
Ressler, R. K., Shachtman, T.: I have lived in the monster…William Morris. 1996（田中一江訳：『FBI心理分析官　2』早川書房，1996）
Ressler, R. K.: Abnormal killers. William Morris. 1996（河合洋一郎訳：『FBI心理分析官—異常殺人者ファイル』1・2，原書房，1996）
Vēzard, F.: La France des tueurs en sérié. Flammarion. 2002

［和文］
飯塚訓：『完全自供—殺人鬼大久保清VS捜査官』講談社，2003
内沼幸雄，関根義夫：『連続幼女殺人事件』（福島章編著：『現代の精神鑑定』pp. 517-610, 金子書房，1999）
佐木隆三：『宮崎勤裁判』上・中・下，朝日新聞社，1995
筑波昭：『連続殺人鬼大久保清の犯罪』新潮社，2002
中田修：「大久保清と精神鑑定」（中田修・小田晋・影山任佐・石井利文編著：『精神鑑定事例集』pp. 21-136, 日本評論社，2000）
中安信夫：『宮崎勤精神鑑定書別冊—中安信夫鑑定人の意見』星和書店，2001
福島章：「喪と殺人」1979（福島章：『犯罪心理学研究II』pp. 31-55, 金剛出版，1984）
福島章：『殺人者のカルテ』清流出版，1997

## 第II部　親と子の深層

［欧文］
Adelson, L.: Some Medicolegal Observations on Infanticide. J Foresnic Sci. 1959; 4: 60-72.
Adelson, L.: Homicide by Pepper. J Foresnic Sci. 1964; 9: 391-395.
Akuffo. E., McGuire, B. E., Choon, G. L.: Rehabilitation following matricide in a patient with psychosis, temporal lobe epilepsy and mental handicap. Br J Hosp Med. 1991 Feb; 45(2): 108-109.
Alder, C., Pork, K.: Child victims of homicide. Cambridge University Press. 2001
Anderson, F. M. B.: The Insanity of the Hero-an Intrinsic Detail of the Orestes Vendetta. Transcription of the American Philological Association, p.431, 1927
Batt, J. C.: Homicidal Incidence in Depressive Psychoses. Journal of Mental Science. 1948; 94: 782-792.
Bender, L.: Psychiatric Mechanisms in Child Murderers. J Nerv Ment Dis. 1934; 80: 32-47.

# 参考文献

## 第Ⅰ部　性と幻想

[欧文]

Freud, S.: Zur Ätiologie der Hysterie. G. W. I. 1896（懸田克躬，吉田正己訳：ヒステリー病因論，『フロイド選集 9 ―ヒステリー研究』pp. 337-385, 日本教文社，1969）

Freud, S.: Die Traumdeutung. G.W. 1/III. 1900（高橋義孝訳：『夢判断』上・下巻，新潮社，1969）

Freud, S.: Drei Abhandlungen zur Sexualtheorie. G.W.V. 1905（中村元編訳：性理論三篇，『エロス論集』pp. 15-200, 筑摩書房，1997）

Freud, S.: Eine Kindheitserinnerung des Leonardo da vinci. G.W.VIII. 1910（高橋義孝訳：レオナルド・ダ・ヴィンチの幼年期のある思い出，『フロイト著作集 3』pp. 90-147, 人文書院，1969）

Freud, S.: Beiträge zur Psychologie des Liebeslebens G.W.VIII. 1910-12（高橋義孝訳：「愛情生活の心理学」への諸寄与，『フロイト著作集10』pp. 176-194, 人文書院，1983）

Freud, S.: Totem und Tabu. G. W. IX. 1912-1913（西田越郎訳：トーテムとタブー，『フロイト著作集 3』pp. 148-281, 人文書院，1969）

Freud, S.: Vorlesungen Zer Einführung in die Psychoanalyse. G.W.XI. 1916-17.（懸田克躬・高橋義孝訳：精神分析入門，『フロイト著作集 1』人文書院，1971）

Freud, S.: Das lch und das Es. G.W.XIII. 1923（小此木啓吾訳：自我とエス，『フロイト著作集 6』pp. 263-299, 人文書院，1970）

Freud, S.: Die infantile Genitalorganisation. G. W. XIII. 1923（中村元編訳：幼児の性器体制，『エロス論集』pp. 201-209, 筑摩書房，1997）

Freud, S.: Der Realitätsverlust bei Neurose und Psychose. G.. W. XIII. 1924（井村恒郎訳：神経症および精神病における現実の喪失，『フロイト著作集 6』pp. 316-319, 人文書院，1970）

Freud, S.: Fetischismus. G. W. XIV. 1927（中村元編訳：フェティシズム，『エロス論集』pp. 281-292, 筑摩書房，1997）

Guendouz, O., Spengler, F.: Guy Georges?　contre-enquête sur le 〈tueur de l'Est parisien〉. Mango Document. 2001

Kühn, R.: An Attempt Murder of Prostitute. In: R. May et a1. (ed.): Existenz. Basic Books. 1959

Leclair, P.: Cinq Profils-Enquêtes Criminelles. e-dite 2001

Montet, L.: Tueurs en serie?　Introduction au profilage. Presses Universitaires de France. 2000

**片田珠美**（かただ たまみ）

1961年生まれ。大阪大学医学部卒業、京都大学大学院人間・環境学研究科博士課程修了。京都大学博士（人間・環境学）。専門は精神医学、精神分析。フランス政府給費留学生としてパリ第八大学でラカン派の精神分析を学び DEA（専門研究課程修了証書）取得。精神科医として臨床に携わりつつ、精神分析的視点から欲望の構造について研究。日生病院神経科医長、人間環境大学助教授を経て、現在、神戸親和女子大学教授。著書に『オレステス・コンプレックス―青年の心の闇へ』『17歳のこころ―その闇と病理』（共にNHK出版）、『分裂病の精神病理と治療７―経過と予後』（共著、星和書店）など、訳書に『フロイト&ラカン事典』（共訳、弘文堂）などがある。

攻撃と殺人の精神分析

二〇〇五年六月一〇日　初版第一刷発行

著　者　片田珠美

発行者　中嶋　廣

発行所　株式会社トランスビュー
東京都中央区日本橋浜町二-一〇-一
郵便番号一〇三-〇〇〇七
電話〇三（三六六四）七三三四
URL http://www.transview.co.jp
振替〇〇一五〇-三-四一一二七

印刷・製本　中央精版印刷



ISBN4-901510-31-2　C1011